뉴스와 거짓말

Fake News
False Report

한국 언론의 오보를 기록하다

정철운 지음

프롤로그

1991년 10월 7일, 10세의 초등학생이 여동생을 살해한 후 불을 질렀다는 보도가 나왔다. 오락실에서 놀다 늦게 들어오자 동생이 대들어 싸우다 홧김에 배를 찔렀다는 끔찍한 내용이었다. 대부분의 언론이 오빠를 범인으로 단정했다. 언론은 상식적으로 10세의 어린이가 이런 끔찍한 범행을 저지를 수 있는지에 대해 의문을 던지지 않았다. 범행 동기를 면밀히 취재할 필요가 있었다. 결국 대한변호사협회가 국립과학수사연구원(국과수)을 상대로 자체 조사한 결과 여동생은 칼에 찔린 것이 아니었다. 질식사였다.

서울중앙지방법원은 1993년 "살해범은 오빠가 아니다"라며 "경찰이 강압 수사 후 오빠를 범인으로 단정, 발표하는 등 국가의 불법행위가 인정되므로 국가는 8,000만 원을 배상하라"는 판결을 내렸다. 법원은 "사건 직후 권 군이 머리와 얼굴 등에 화상을 입고 연기에 질식해 입원했던 병원에서 산소호흡까지 받는 등 스스로 불을 지른 것으로는 보기 어렵다"고 밝혔다. 당시 언론은 "권 군이 교과서도 제대로 읽지 못할 정도로 교육을 부실하게 받았으며 폭력 비디오에 빠져 모방 범죄를 했다"고 보도했다.

오보는 대상을 가리지 않는다. 초등학생뿐만 아니라, 권력의 정점에 있는 대통령도 오보 피해자였다. 『조선일보』는 2004년 1월 12일자에 노무현 대통령이 2003년 12월 30일 측근과 송년 오찬 자리에서 검찰의 측근 비리 수사에 불만을 표시하며, "내가 (검찰을) 죽이려 했다면 두 번은 갈아 마실 수 있었겠지만 그러지 않았다"고 말했다고 보도했다. 해당 보도는 검찰 수사권 독립을 강조했던 노무현 대통령에게 치명타였다. 1년 뒤인 2005년 2월, 『조선일보』는 "확인 결과 (갈아 마시겠다는) 발언을 한 사실이 없는 것으로 밝혀져 바로잡는다"고 정정 보도했다. 그게 전부였다.

오보는 반복된다. 국정감사 시즌이던 2014년 10월, 어느 의원실에서 변리사가 전문직 소득 1위라는 보도자료를 냈다. 수십여 곳의 언론사가 "변리사의 2013년 1인당 평균 수입이 5억 5,900만 원"이라며 '복붙(복사하기+붙여넣기)'했다. 하지만 오보였다. 1인당 연봉이 아닌 변리사 사무소의 평균 매출이라고 보는 게 정확했다. 한 사무소에 변리사가 여러 명 있는 경우도 있고, 인건비와 임대료 등을 빼면 실제 소득은 훨씬 못 미친다는 게 대한변리사회의 설명이었다. 매년 국정감사마다 의원실에서 뿌리는 보도자료를 앞의 사례처럼 검증 없이 받아쓰는 경우가 허다하다. 변리사 연봉 오보는 이미 2009년에도 반복된 사건이었다.

오보는 피해자를 만든다. 2015년 1월 10일 방영된 SBS 〈그것이 알고 싶다〉는 소위 '땅콩 회항' 사건을 다루며 사건의 목격자이자 주요 참고인인 승무원 A씨가 검찰 조사를 받기 위해 출석해 엘리베이터 앞에서 웃음을 지은 사실을 두고 "이 웃음은 뭘 의미하는 걸까"라고 언급하며 A씨가 대한항공 측의 회유를 받고 거짓 진술을 한 것처럼 비춰지게 보도했다. SBS는 승무원들이 사측의 회유로 국토교통부(국토부) 조사에서 거짓 진술을 했다는 박창진 사무장 인터뷰를 내보내기도 했다. A씨는 방송 이후 '악마의 미소'로 지칭되며 여론의 비난을 받았다.

그러나 A씨는 국토부 조사를 받은 사실이 없었다. 검찰 조사에선 조현아 전 대한항공 부사장이 고성을 지르며 매뉴얼을 던지고 박창진 사무장에게 내리라고 지시했다고 진술해 거짓 진술을 하지 않은 것으로 드러났다. 이에 따라 1심 법원은 A씨가 SBS를 상대로 제기한 민사소송에서 정정 보도 및 2,000만 원 손해배상 판결을 내렸다. 재판부는 "A씨가 웃는 모습과 관련한 보도가 단순히 웃고 있는 모습을 그대로 방영했다고 볼 수 없고 대한항공 측의 거짓 진술 지시와 관련 있다는 사실을 강하게 암시한 것으로 봐야 한다"며 명예훼손을 인정했다.

오보는 역사를 바꿀 수도 있다. 『동아일보』는 1945년 12월 27일자 1면 기사에서 "소련은 신탁통치 주장, 미국은 즉시 독립 주장"이라고 보도했다. 모스크바삼상회의에서 미국이 조선의 독립을 주장한 반면 소련은 조선을 다시 식민지로 만들려고 한다는 내용이었다. 하지만 오보였다. 훗날 역사는 신탁통치안을 제시한 쪽이 미국이었다고 기록한다. 우익 성향의 『동아일보』 기사 이후 한반도는 찬탁 · 반탁으로 갈라졌고, 미소 공동위원회의 실패를 초래했으며 6 · 25전쟁과 분단으로 이어졌다.

경성대학교 신문방송학과 우병동 교수는 1996년 『언론과 사회』 기고글에서 오보를 두고 “부정확한 정보가 사실처럼 보도되면 수용자들의 현실 인식이 잘못되고 거기에 따라 잘못된 의사 결정이 이루어지며 모두가 피해를 입는다”고 지적했으며, “단편적 정보를 입수했을 때도 경쟁 심리나 저널리즘적 확대 · 과장 의욕에 쫓겨 앞질러 보도함으로써 사실을 일그러뜨리고 조작하는 경우가 나타난다”고 우려했다. 지금도 유효한 비판이다.

편파 · 왜곡 보도는 대표적인 오보 유형이다. 한국 언론은 5 · 16 군사쿠데타와 유신 독재, 5 · 18 광주민주화운동 등 굵직한 사회적 사건마다 정부 권력의 입장만 받아쓰며 오보를 내왔다. 노동자들에게 보장된 법적 권리를 주장하던 YH무역 여공들을 좌경 세력으로 호도하고 파업은 불법으로 매도했다. 2005년 MBC 〈PD수첩〉이 ‘황우석 신화의 난자 의혹’편을 내보냈을 때도 대다수 언론은 『사이언스』에 실린 논문에 대한 검증보다 황우석 박사의 입장을 대변하며 〈PD수첩〉을 비판하기 바빴다. 이 같은 편파 · 왜곡 보도의 사례는 너무 많아서 책 한 권에 담을 수 없다.

2014년 ‘세월호 탑승객 전원 구조’라는 참담한 오보에 언론인은 고개를 숙였다. 언론은 20년 전에도 서해 훼리호 참사 당시 선장이 살아 있다고 호들갑을 떨다 시체를 발견하고 고개를 숙였다. 20년 전이나 지금이나 오보가 발생하는 과정은 달라지지 않았다. 오히려 인터넷이 등장하고 기사 복제가 초 단위로 이루어지며 오보는 전보다 더욱 확대 · 재생산되고 있다.

정의당 노회찬 의원이 스스로 목숨을 끊는 비극이 벌어졌을 때, 공분을 산 기사가 있다. 『조선일보』 2018년 7월 21일자 '옐로카드' 코너, 「노동자 대변한다면서 아내의 운전기사는 웬일인가요」라는 제목의 칼럼이었다. 이 칼럼에서 『조선일보』는 "지지자들이 (노 의원에 대한) 배신감에 휩싸였다"고 주장한 뒤 "아내 운전기사까지 둔 원내대표의 당이 '노동의 희망', '시민의 꿈'이라고 볼 수 있을까. '정의당'이라는 당명은 과연 이 상황에 어울릴까"라며 노회찬 의원을 비판했다. 이 칼럼은 노회찬 의원이 스스로 목숨을 끊기 이틀 전 보도되었다.

기사가 나간 뒤 정의당 김종철 원내대표 비서실장은 페이스북에 기사를 공유하며 "노 의원 부인은 전용 운전기사가 없다"고 반박했다. 『조선일보』는 8월 11일 "사실을 오인해 고인과 유족, 그리고 독자 여러분께 상처를 드린 점 사과 드립니다"며 공식 사과했다. 『조선일보』는 "정의당은 '고 노회찬 의원의 부인은 전용 기사를 둔 적이 없으며, 2016년 총선 기간 후보 부인을 수행하는 자원봉사자가 20일가량 선거운동을 도왔을 뿐'이라고 알려왔기에 바로잡는다"고 밝혔다. '바로잡습니다'가 나가기까지 20일이 걸렸다. 그런데 20일이 걸릴 일은 아니었다. 사람들은 오보만큼 오보를 정정하는 과정에 분노했다.

『동아일보』는 2018년 9월 11일자 「험난했던 '시골 판사'의 첫 출근길…시위대에 밀려 넘어지기도」라는 제목의 기사에서 박보영 전 대법관이 여수시 법원 판사로 부임하는 첫날, 관련 판결에 항의하는 쌍용차 해고 노동자들에게 밀려 넘어졌다고 보도했다. 그러나 사실이 아니었다. 『동아일보』는 9월 20일 정정 보도문을 내고 "사실 확인 결과 박보영 판사는 시위대에 밀려 넘어진 사실이 없고, 쌍용차 해고 노동자들은 박보영 판사를 만나지도 못했던 것으로 밝혀져 이를 바로잡습니다"고 밝혔다. 당시 『동아일보』는 "첫 출근길은 그야말로 아수라장이었다", "현장에서는 고성이 오갔고, 박 전 대법관이 인파에 휩쓸려 넘어지기도 했다", "노조원들은 법원 민원실에서 난동을 부렸다"고 보도했다. 노동운동을 보도하는 『동아일보』의 '관성'이 오보를 낳은 셈이었다.

최저임금 부담 때문에 식당에서 해고된 50대 여성이 스스로 목숨을 끊었다던 2018년 8월 24일자 『한국경제』 기사는 삭제된 이후 공분을 샀다. 『한국경제』는 「"최저임금 부담" 식당서 해고된 50대 여성 숨져」라는 제목의 온라인판 기사에서 "급격한 최저임금 인상으로 일자리를 잃은 50대 여성이 최근 스스로 목숨을 끊은 것으로 확인됐다"고 보도했다. 이 기사는 온라인에서 적지 않은 반향을 일으켰다.

해당 보도에 따르면 이 여성은 수년간 일해온 식당에서 "최저임금 인상 부담이 크다"며 그만 나오라는 통보를 받았다. 이후 다른 식당 일을 찾았지만 실패한 뒤 막다른 선택을 했다는 것이다. 『한국경제』는 문재인 정부가 최저임금을 2017년 대비 16.4퍼센트 올린 데 이어 2019년에는 10.9퍼센트 인상할 예정이라고 전하며 "식당, 편의점, 주유소 등에선 최저임금 적용을 받는 종업원들을 해고하거나 아예 폐업하는 사례가 속출하고 있다"고 보도했다.

그러나 기사는 삭제되었다. 해당 기사를 쓴 『한국경제』 기자는 기사 삭제와 관련해 "논란이 확산되면서 유족의 2차 피해가 우려됐고 경찰 쪽에서도 피해자 나이가 다르다는 이유로 지속적인 삭제 요청을 해왔다"며 "당초 기사 자체는 충분한 취재와 팩트 확인을 거쳐 출고했던 것"이라고 말했다. 기사의 핵심은 사망과 최저임금 인상의 연관성이었다. 그러나 최저임금과 사망 간의 합리적 연결 고리는 찾기 어려웠다. 더욱이 후속 기사에 따르면 이 여성은 50대가 아닌 30대였고, 자녀 2명 부양이 아니라 3명 부양이었고, 사망 시점도 7월 말이 아니라 7월 중순이었으며, 기초생활수급자가 아니라고 했는데 기초생활수급자였다. 해당 기사는 최저임금 인상에 비판적인 언론이 한 사람의 죽음과 최저임금 이슈를 무리하게 연결시켰다는 비판을 받았다.

바스쿠트 툰작Baskut Tuncak 유엔 특별보고관은 2016년 9월 15일 제33차 유엔 인권이사회의 '유해물질 및 폐기물 처리 관련 인권 특별보고관 방한 보고서' 발표 자리에서 이렇게 말했다. "지난 주 한국 언론들이 잘못 전달한 내용이 있어 이 기회에 특별히 한 가지를 강조하고 싶다. 삼성전자와 정부는 삼성전자가 보상한 120여 명의 피해자들이 노동환경 때문에 죽거나 병든 것이 아니라는 점을 입증하지 않았다." 유엔에서 한국 언론이 집단 오보로 망신을 당한 순간이었다.

3일 전인 9월 12일 수십여 곳의 한국 언론은 유엔 인권보고서가 삼성전자의 직업병 문제 해결 노력을 긍정적으로 평가했다는 기사를 일제히 쏟아냈다. 인권보고서에 등장하는 "삼성의 협력과 개방성, 지속적인 대화 노력을 높이 평가한다", "삼성이 취한 내부적 변화와 노력을 인정한다"는 단 두 문장을 인용한 보도였다. 툰작 특별보고관은 당시 『뉴스타파』와 인터뷰에서 "삼성에 대한 칭찬으로 (보고서를) 사용하는 건 단순한 오역 이상"이라고 비판하며, "삼성의 행동에 칭찬할 부분이 없다"고 잘라 말했다.

유엔 인권보고서의 대부분은 "노동자들이 독성 화학물질의 영향에 대한 효과적인 구제를 받을 권리를 실현하기 위해 인과관계를 충분히 증명하기가 상당히 어렵다", "특별보고관은 청구인(노동자)에게 부과된 과도한 입증 책임 때문에 보상을 받기 어려워지는 점을 우려하고 있다"는 등 삼성전자와 정부 비판 내용이 주를 이루었다. 하지만 이 대목은 제대로 보도되지 않았다.

삼성전자는 자신들의 생산 공정에서 유해물질이 사용되지 않는다고 주장했지만, 이를 입증할 정보를 제공하지 않았다. 하지만 언론은 이에 대한 검증이나 비판 대신 유엔 인권보고서라는 권위를 이용해 삼성에 유리한 주장을 확대재생산했다. 당시 『연합뉴스』는 "반도체 업계에서는 유엔 인권 특별보고관이 반도체 백혈병 논란에 대해 과학적 인과관계를 확인할 수 없다는 것을 사실상 인정하고 기업의 해결 노력을 높이 평가함에 따라 백혈병 논란이 마무리 수순을 밟을 것으로 관측했다"고 보도하기도 했다. 언론은 삼성 앞에서 무력했다.

훗날 『연합뉴스』 편집국장 직무대행이 그해 7월, 이와 같은 기사가 나가기 두 달 전, 장충기 전 삼성그룹 미래전략실 사장에게 보낸 문자가 세상에 알려졌다. 문자 내용은 이랬다. "편하실 때 국가 현안 삼성 현안 나라 경제에 대한 선배님 생각을 듣고 싶습니다. 평소에 들어놓아야 기사에 반영할 수 있습니다." '삼성이 심어준 소신'이었다.

나는 이 같은 오보 사례들을 일컬어 '실패한 저널리즘'이라 표현하고

자 한다.

나도 오보를 냈다. 2018년 7월 4일자 「2018년 여름, 고故 장자연과 『조선일보』에 쏠리는 눈」이란 제목의 『미디어오늘』 기사에서 "2009년 3월 장자연 씨는 유력 언론계 인사와 기업인 등 31명에게 100여 차례에 걸쳐 성 접대와 술 접대를 강요받았다는 문건을 남기고 스스로 목숨을 끊었다"고 보도했다. 하지만 사실이 아니었다. 실제 문건에는 "사장님의 강요로 얼마나 술 접대를 했는지 셀 수가 없습니다"라는 대목만 나와 있다. "소속사 대표 김 아무개씨 일정표에도 '『조선일보』 방 사장'이 등장한다"고 보도했으나 이 역시 사실이 아니었다. 실제로는 '『조선일보』 사장 오찬'이라고만 적혀 있었다. 『미디어오늘』은 '바로잡습니다'를 냈다.

나는 기사 작성 과정에서 장자연 사건과 관련해 2009년 3월경 작성된 『한겨레』 기사를 인용했다. 『한겨레』 기사는 그 무렵 SBS가 단독 보도했던 장자연 사건 리포트를 바탕으로 작성되었다. 하지만 SBS 보도의 핵심이었던 일명 '장자연 편지'는 국과수의 필적 감정 결과 장자연이 쓴 편지가 아닌 것으로 밝혀지며 오보가 되었다. 그러나 오보로 판명나기 전 SBS 보도를 인용한 『한겨레』 기사를 인용하면서 오보를 냈다.

우리는 오보라는 일상 속에 살고 있다. 습관으로 형성된 고정관념, 내가 정확한 정보를 갖고 있다는 착각, 권위에 대한 맹신, 귀차니즘이 오보를 만든다. 때론 권력과의 유착 속에서 미필적 고의로 오보를 내는 경우도 있다. 사실관계가 잘못된 것만이 오보는 아니다. 진실을 왜곡하는 사실관계의 나열도 오보의 한 갈래다.

기자보다 현명한 사람들이 구글과 정부 부처 사이트에서 정보를 확인하고 오보를 초 단위로 파악할 수 있는 시대에 온라인 속보와 트래픽 경쟁에 몰린, 그야말로 모든 조건이 기자에게 불리한 최악의 상황에서 오보를 낸 기자들만 탓해서는 문제가 근본적으로 해결될 수 없다. 오보를 낸 사람들에게 악감정은 없다.

하지만 대다수 언론인이 '기레기'로 취급받는 현실에서 기억해야 할 역사가 있다면 그것은 '오보의 역사'다. 기레기는 '기자와 쓰레기의 합성어로 대한민국에서 허위 사실과 과장된 부풀린 기사로 저널리즘의 수준을 현저하게 떨어뜨리고 기자로서의 전문성이 상당히 떨어지는 사람'(『위키백과』)으로 나와 있다. '기레기 저널리즘'은 오보의 시대와 무관치 않다. 더욱이 오늘날 한국 사회는 유튜브를 중심으로 한 극우의 가짜뉴스로 혐오와 갈등이 확산되고 있다. 가짜뉴스의 득세는 그동안 실패를 반복해온 저널리즘이 자초한 일이다.

오보를 기록하는 이유는 반복하지 않기 위해서다. 이 책은 훗날 언론계 선배들의 발자취를 따라갈 후배들과 슬기로운 시민들을 위해 쓰였다. 지금껏 한국 사회에 오보를 충실히 기록해놓은 책이 없다는 사실이 나를 모니터 앞으로 이끌었다. 특히 이 책은 언론사 입사 준비생에게 유용하다. 이렇게 쓰면 안 된다는 생생한 사례를 지면에 담았기 때문이다. 언론사 입사 준비생을 위한 책은 보통 선배들의 영광스런 발자취, 예컨대 특종이나 탐사보도를 소개하는 경우가 많지만 이 책은 선배들의 부끄러운 발자취에 대한 기록이다. 감추고 싶었던 언론계의 나머지 반쪽이다.

이 책에 등장하는 사례의 대부분은 『미디어오늘』 기자로서 써냈던 기사들이다. 이 책을 쓸 수 있었던 것은 미디어비평지 기자이기에 가능했다. 이 책은 언론계의 주목을 못 받고 끝날 운명일지도 모른다. 그래도 상관없다. 결국 이러한 작업은 부끄러움을 아는 이들의 몫이다.

당연하지만 이 책에 등장하는 오보는 이 세상에 존재하는 오보의 극히 일부다. 이 책을 준비하면서 이 세상에 오보가 너무 많다는 사실을 새삼 깨닫게 되어 무력감을 느끼기도 했다. 그럼에도 이 책이 한국 사회의 저널리즘을 고민하고 연구하는 이들에게 도움이 된다면 더할 나위 없는 보람이다. 실패한 저널리즘에서 저널리즘의 미래를 찾는 작업은 계속되어야 한다.

이 책에 등장하는 오보 사례는 특정 매체를 겨냥하지 않았다. 사회적으로 유의미한 오보를 중심으로 정리했고, 이 과정에서 부득이하게 영향력 있는 매체일수록 등장 횟수가 많아졌다. 이 책은 오보를 낸 언론인을 질타하려는 목적으로 쓰이지 않았다. 물론 양심이 있는 기자라면 과거 자신이 저지른 오보의 무게를 곱씹으며 살아내고 있으리라 믿는다.

이 책을 구성하기 위해 오보를 분류하는 작업이 필요했다. 제1장 '팩트 체크는 없었다'에선 사실 확인에 소홀하고 기자의 의심이 부족했던 오보를 모았다. 제2장 '야마가 팩트를 앞서면 진실을 놓친다'에선 기사를 쓰는 의도가 너무 강해 사실 확인을 놓쳤거나 왜곡한 사례를 중심으로 정리했다. 제3장 '쉽게 쓰면 쉽게 무너진다'에선 단독·속보 경쟁에 받아쓰기 보도로 인한 문제적 사례를 모았다. 제4장 '뉴스인가, 조작인가?'에선 오보를 넘어 조작 보도라는 비판이 가능한 사례를 꼽아보았다.

제5장 '오보를 기억하라' 는 일종의 총론이다.

이 책이 탄생하기까지 큰 도움을 준 『미디어오늘』 이정환 대표이사와 인물과사상사 강준우 대표에게 감사의 말씀을 드린다. 『미디어오늘』의 동료 기자들에게도 항상 고마운 마음뿐이다. 그 누구보다 내 삶을 충만하게 하는 나의 희망들, 정인호·정시원·정우성에게도 고맙다. 부끄럽지 않은 아빠가 되고 싶어 매일 힘내고 있다. 늘 옆자리를 지켜주는 삶의 동반자 석진규에게는 평생 갚을 수 없는 빚을 졌다.

이 책에서도 오보가 나올 수 있다는 생각에 밤잠을 설쳤다.

2019년 1월

서늘한 폭염 속에서

정철운

차례

제4장 뉴스인가, 조작인가?

제5장 오보를 기억하라

에필로그

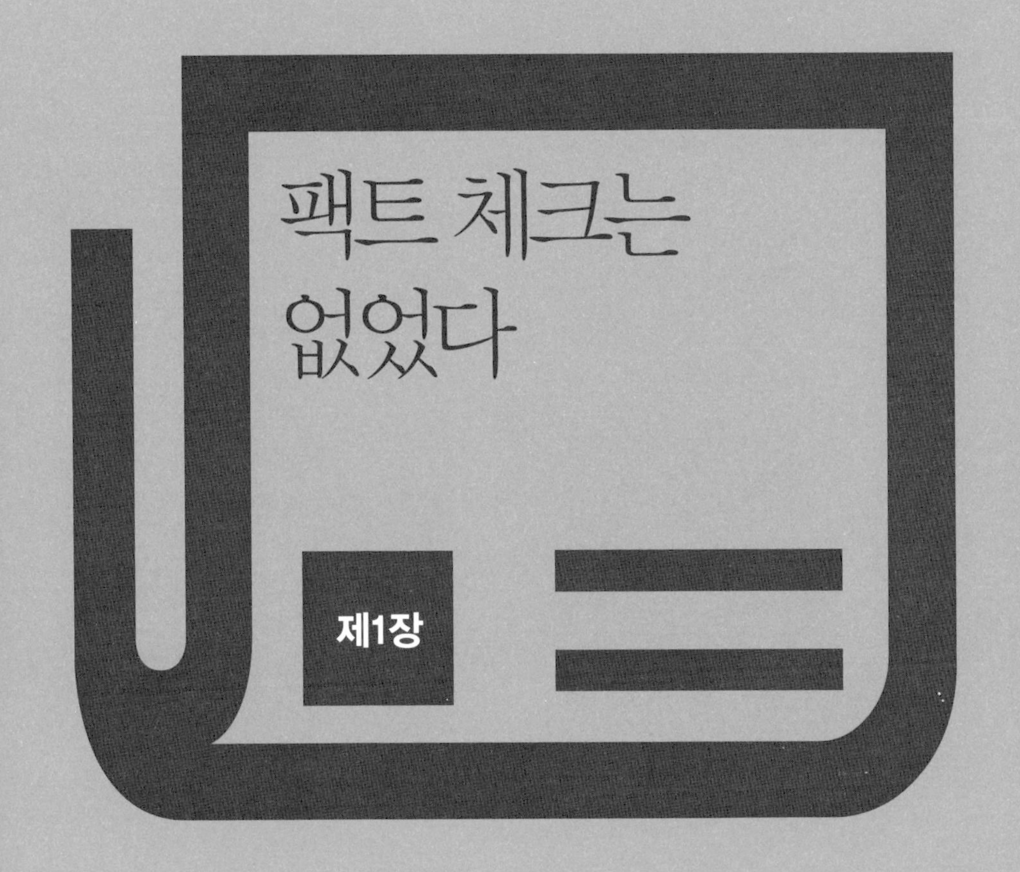

제1장

팩트 체크는 없었다

호랑이는 그곳에 없었다

기자가 마지막까지 의심하지 않으면 그 끝은 보통 희극 같은 비극으로 끝난다. 과거에도 마찬가지였다. 1980년 1월 24일자 『동아일보』는 1면에서 호랑이 사진을 내보내고 "멸종됐던 것으로 알려졌던 한국산 호랑이가 발견돼 학계의 관심을 끌고 있다"고 보도했다. 『동아일보』는 시민 박 아무개가 1979년 12월 29일 경북 경주 부근의 대덕산 기슭에 등산 갔다가 호랑이를 발견, 사진 2장을 찍었다고 보도했다. 한국산 호랑이가 58년 만에 등장해 동물학계는 뒤집혔다.

하지만 다음 날 『한국일보』는 사진 속 호랑이가 어린이대공원에 살고 있는 벵골산 호랑이라고 보도했다. 이에 『동아일보』가 박씨를 추궁해 박씨가 어린이대공원에서 촬영한 것이란 실토를 받아냈다. 취재원의 거짓 정보에 언론사가 농락당한 것이다. 『동아일보』는 당시 교수 코멘트를 통해 한국산 호랑이가 틀림없다고 보도하기도 했다. 하지만 『동아일보』는 박씨가 일반 카메라로 어떻게 호랑이가 뚜렷하게 나올 만큼 근접 촬영을 할 수 있었는지, 상식적인 의문을 갖지 않고 특종에 눈이 멀었던 결과 오보를 내고 말았다.

1993년 3월 19일자 『국민일보』에 뇌종양 수술을 받고 쾌유한 사람의 이야기가 등장했다. 『국민일보』는 "홍씨는 감마나이프 수술을 받았다. 수술 2개월째 홍씨 뇌종양은 지름이 1cm 정도로 줄어든 것으로 나타났고 종양의 감소가 꾸준히 확인됐다. 그는 몸무게가 7kg 정도 늘었을 뿐 모든 것이 정상이라고 말했다"고 보도했다.

그러나 기사가 나간 당시 홍씨는 이미 뇌종양으로 사망한 뒤였다. 홍씨 가족은 홍씨가 사망했는데, 주위 사람들이 자꾸 물어봐 피해가 크다며 언론중재위원회에 조정 신청을 내기도 했다. 홍씨는 보도가 나가기 20여 일 전 사망한 것으로 확인되었고, 『국민일보』는 정정 보도문을 냈다. 당시 기자는 "솔직히 시간에 쫓겨 확인을 하지 않고 썼다. 홍씨는 전부터 알고 있었고 가끔 병세 확인도 했는데 마지막 순간에 확인하지 않고 쓰는 바람에 실수를 했다"고 말했다. 기사를 보도하기 직전 전화 한 통화만 했어도 오보를 막을 수 있었다.

기본적인 실수는 수십 년이 흐른 지금도 반복되고 있다. 2014년 4월 19일자 『오마이뉴스』는 「용산역 화장실에 붙은 창피한 표지판」이란 제목의 기사를 올렸다. 용산역 화장실에 금연 스티커가 'Smoke-free Building'이라고 적혀 있는데, 사실 이는 영어로 '흡연'이란 의미라며 비판하는 기사였다. 해당 기사에는 화장실에서 나오는 독일인에게 이 문구가 담긴 사진을 보여주고 함께 박장대소했다는 내용도 담겼다. 기사는 "외국인이 많이 이용하는 곳에 표기하는 영어는 주의해야 한다"며 마무리했다.

하지만 이 기사에는 곧 "기자님 창피한 줄 아세요……사전만 봐도 바로 나오는데"라는 댓글이 달렸다. 네이버에 'Smoke-free'를 검색하면 바로 '금연'으로 번역된다. 자신의 영어 실력을 과신하지 말고 기사를 올리기 전에 한 번만 검색을 했더라면 망신은 당하지 않을 사안이었다. 그나저나 그 독일인은 대체 누구였을까? 아무튼 기사는 삭제되었다.

2015년 6월 25일자 『한국일보』 자매지 『한국스포츠경제』는 「[단독] 원빈, 누드화까지…화가 빰치는 그림 실력」이란 제목의 기사를 보도했다. 해당 매체는 "원빈은 아마추어의 수준을 뛰어넘는 실력과 감각을 갖춘 것으로 알려졌다"고 보도하며 그림 2장을 올렸다. 기사에 따르면, 두 그림 모두 원빈의 작품으로 묘사되었다. 해당 기사에는 "(원빈은) 자신의 모바일 메신저 프로필에도 데생 작품을 올려 그림에 대한 애정을 짐작게 하고 있다"는 문장이 담겼다.

그러나 기사에서 원빈이 그렸다고 묘사된 누드화는, 원빈이 그린 것이 아니었다. 사실은 빈센트 반 고흐Vincent van Gogh가 1882년 그린 작품 〈슬픔sorrow〉이었다. 누리꾼들은 해당 기사에 댓글을 달며 "두 번째 그림은 반 고흐의 그림이다", "기사를 보면 두 번째 그림도 원빈이 그린 것 같다"며 정정을 요구했다. 이후 기사는 수정되었다. 누리꾼들은 "기자라는 사람이 고흐 작품인지 원빈 작품인지 구분도 못하나"라고 꼬집었다. 확인 없이 고흐 그림을 원빈이 그렸다고 썼다가 망신을 당한 것이다. 과거와 달리 최근에는 독자들에 의해 즉각적으로 오보가 드러나는 경우가 많다. 온라인과 오프라인의 차이다.

'내 기사에는 반드시 오탈자가 있다'는 전제를 갖는 것도 기자들의 의무다. 『한국일보』는 1956년 3월 12일자 기사에서 이승만 대통령을 이승만 견통령으로 내보냈다. 大統領을 뽑는다는 것이 犬統領을 뽑았고 교열에서도 이를 잡아내지 못했다. 당시는 납 활자를 쓰던 시대였는데, 직원이 大(대)자를 犬(견)자로 잘못 뽑은 것이라는 설과 大자 위에 이물질이 끼었다는 설이 돌았다. 어쨌든 대통령을 하루아침에 '개'로 만들어 버린 이 사건으로 '큰 위기'를 겪은 『한국일보』는 이후 大統領이란 글자를 하나로 묶어 고정 활자로 만들어 썼다.

북한도 때론 남한의 글을 '펌질'한다

북한산 추정 무인 정찰기로 온 나라가 시끄럽던 2014년 4월 3일, KBS가 「북한, 뭘 노렸나?…청와대 경호 비상」이란 제목의 리포트를 내놨다. KBS는 "군 당국은 북한이 유사시 서울 공격 루트를 사전 정탐하기 위해 (무인기를) 보냈을 가능성을 주목하고 있다. 지난해 북한의 인터넷 선전 매체인 『우리민족끼리』에 소개된 청와대 공격 시나리오도 이런 분석을 뒷받침하고 있다"고 보도한 뒤 "지난해 북한의 인터넷 선전 매체인 『우리민족끼리』는 산을 끼고 있는 청와대와 수도방위사령부는 다른 무기로는 어렵지만 무인 타격기로는 2분 40초 만에 청와대에 도달해 자유로이 공격할 수 있다고 주장했다"고 강조했다.

『문화일보』·『서울신문』·『중앙일보』·『조선일보』 등이 7일과 8일 이 같은 내용을 그대로 보도했다. 『조선일보』는 「북, 1년 전부터 "무인기로 청靑 타격" 공언」이란 제목의 기사를 썼다. 『문화일보』는 "북한 대남 선전 매체 『우리민족끼리』가 지난해 5월 21일·22일 2차례에 걸쳐 연재한 '북 무인 타격기의 청와대 타격 가능성' 글은 충격적이다. 최근 파주 무인기는 청와대 무인기 타격을 위한 예행연습으로 볼 수 있는 예고편 성격이었다"고 보도했다. 모든 게 그럴듯했다.

이 기사의 근거는 북한 조국평화통일위원회가 운영하는 대남 선전 매체 『우리민족끼리』가 2013년 5월 21일과 22일 게재한 「북 무인 타격기의 청와대 타격 가능성」이란 제목의 글이다. 혹시 여기서 이상한 점을 느꼈는가? 『미디어오늘』 출신의 황방열 『오마이뉴스』 기자는 이 글의 제목에서 이상한 점을 느꼈다. 북한이 무인기로 청와대 타격을 공언한 것이라면, 왜 제목에 조선이나 인민군이 아닌 북이라는 표현이 들어갔을까? 황방열 기자가 원문을 확인한 결과 이 글은 북한의 주장이 아니었다.

이 글은 국내 통일 전문 인터넷매체 『통일뉴스』의 2013년 5월 18일자 기사였다. 이 기사는 곽동기 우리사회연구소 상임연구원의 연재물 「북한의 군사 무기 1편: 북한 무인 타격기의 청와대 타격 가능성」이었다. 즉, 『우리민족끼리』가 『통일뉴스』에 실린 기사를 '복붙'한 것이었다. 그런데 한국 언론은 이 글을 북한이 작성한 걸로 착각하고 호들갑을 떤 것이다.

그렇다면 『우리민족끼리』는 기사를 퍼오면서 출처를 밝히지 않았는가? 그렇지 않았다. 『우리민족끼리』는 글 서두부터 "남조선의 인터네트에 우리 인민군대의 무인 타격기에 대한 글이 실렸다. 글을 련재로 소개한다"고 밝혀놨다. 해당 글은 북한을 북으로, 한반도 정세를 조선반도 정세로, 연합군을 련합군으로 바꾸는 등 자신들이 꺼리는 표현만 교체하고 기사 전문을 그대로 실었다.

당시 글에서 곽동기 연구원은 『연합뉴스』·『뉴스1』 등 관련 기사를 인용하며 북한의 군사 무기를 소개한 뒤 "청와대에 대한 미사일과 포탄 공격은 불가능하지만, 무인 타격기를 동원할 경우 인왕산을 에돌아 청와대를 공격할 수 있으며 관악산을 에돌아 수도방위사령부를 공격할 수 있다"고 지적했으며, "당장 청와대, 수도방위사령부에 대한 북한의 폭격 가능성에 대한 대책이 시급하다"고 밝혔다. 『우리민족끼리』에는 이와 같은 뒷부분은 빠져 있었다.

결국 북한의 군사력을 제대로 짚어보고 폭격 대응책을 마련해야 한다는 국내 글이, KBS와 『조선일보』 등 주요 언론을 통해 북한의 '폭격 예고'처럼 둔갑한 셈이었다. 어느 언론도 이 내용을 보도하며 "남조선의 인터네트에 실린 글을 련재한다"는 내용을 소개하지 않았다. 누군가의 전언만 들은 채 원문을 확인하지 않았거나, 원문을 확인하고도 고의적으로 왜곡한 것이라는 추측이 가능하다. 이 사건의 결론은, 인용을 할 때는 원문을 확인하는 습관을 길러야 한다는 것이다.

사건은 전혀 다르지만 유사한 사례는 또 있다. 2008년 4월 26일자

『중앙일보』 인물면에 「우장춘 박사 딸, 미 버지니아대 문리대 학장 됐다」란 제목의 기사가 등장했다. 『중앙일보』는 "씨 없는 수박으로 유명한 육종학자 우장춘 박사의 딸인 우정은(49) 미시간주립대 교수가 버지니아대 문리대·대학원 학장을 맡게 됐다"고 보도했다. 하지만 우정은 교수는 우장춘 박사 딸이 아니었다.

우정은 교수는 박정희 정부 시절 경제기획원 기획차관보를 맡았던 우용해 전 쌍용그룹 회장의 딸이었다. 우장춘 박사는 우정은 교수가 태어날 즈음인 1959년 8월에 이미 사망했다. 우장춘 박사의 2남 4녀 자녀들은 1950년 이전에 태어났기 때문에 가족관계상으로 우정은 교수 나이대의 자녀가 있을 수 없었다. 『중앙일보』 첫 보도 이후 『연합뉴스』와 『매일경제』, YTN 등에서 우정은 교수를 우장춘 박사의 딸로 보도하며 '신나는' 오보 행진을 이어갔다. 이 사건은 우정은 교수가 당시 『오마이뉴스』와 통화에서 우장춘 박사와 자신은 아무런 관련이 없다고 밝히며 종결되었다.

왜 이런 황당한 기사가 등장했을까? 당시 우정은 교수 관련 오보를 작성한 기자는 이상일 『중앙일보』 워싱턴 특파원으로 훗날 새누리당 국회의원을 지냈다. 그는 당시 "내가 서울로 보낸 기사에는 우장춘 박사의 딸이란 내용은 없었다"고 해명했다. 도대체 어디서 문제가 생긴 걸까?

『중앙일보』는 4월 28일자에 정정 보도문을 내고 "사람면 기사로 다듬는 과정에서 부정확한 내용이 들어가게 됐다"며 위키피디아를 지목했다. 인터넷백과사전 위키피디아 영문판의 우정은 교수 항목에 "한국에서 그녀는 유명한 농학자이자 식물학자인 우장춘 박사의 딸로 잘 알려져 있다"라고 나와 있어서 위키피디아를 믿었다가 망신을 당했다는 것이다. 위키피디아는 이후 "우 교수는 저명한 한국의 농업 과학자이자 식물학자인 우장춘 박사의 딸이 아니다. 우용해 전 회장의 딸이다"라고 수정했다. 마감 시간에 쫓긴 기자들은 구글에서 위키피디아를 통해 정보를 확인하는 경우가 많다. 하지만 위키피디아를 믿고 인용하다가는 이렇듯 오보를 낼 수 있어 크로스 체크가 필요하다.

한총련의 조작 문건에 속았다

1997년 6월 19일자 『한겨레』 1면 톱기사 제목은 「기무사 학원 사찰 여전」이었다. 『한겨레』는 "국군기무사령부(기무사)가 한총련 출범식을 전후해 서울 시내 주요 대학에 요원들을 대거 투입해 학원 정보를 수집하는 등 사찰을 계속하고 있는 것으로 드러났다"며 "이런 사실은 『한겨레』가 입수한 '제5기 한총련 출범식 동향 보고서'란 제목의 기무사 문건을 통해 드러났다"고 보도했다. 이 기사의 부제는 "한총련 출범식 때 4개 대학에 186명 투입 · 정보 수집"이었다.

이 문건은 가짜였다. 문건은 운동권 출신으로 공군 방공포 부대에 입대한 공 아무개 병장이 날조한 것이었다. 기무사는 『한겨레』에 정정 보도를 요구했으나 받아들여지지 않자 명예훼손 혐의로 고발해 1년여 동안 법적 공방을 벌였다.

당시 언론 보도에 따르면 NL(민족해방) 계열인 인제대학교 '활동가 조직' 출신 공 병장은 부대 행정반에 혼자 있던 1997년 6월 2일, 컴퓨터에 저장된 자기 부대 공문서 양식을 불러내 기무사 문건으로 조작했다. 이때 기무사 편제를 알지 못한 공 병장은 원 문서에 '참조: 인행계장'으로 되어 있는 것을 '참조: 작통처장'으로 바꾸었다. 이어 가공 인물인 '허재영 중령'을 문서 통제관으로 기재했다. 이후 외박을 나와 6일 오후 인제대학교 활동가 조직 교육국장 길 아무개에게 전달했다.

대외비일 경우, '대외비' 도장을 문서에 한 번만 찍는 것은 군에서는 상식이다. 그런데 공 병장은 대외비 도장을 문서 상·하단에 2개 찍었다. 이어 공 병장은 공군 본부가 발행하는 계간지 『공군』에 실린 학생운동 분석 기사를 정리해, 기무사 요원이 직접 대학가에 들어가 자료를 수집한 보고서처럼 문서를 꾸몄다. 당시 기무사 관계자는 "이 문건은 그 뒤 부경총련(부산-경남지역대학 총학생회연합)을 통해 한총련 중앙 조직에 보고됐으며, 한총련은 당시 이석 치사 사건 등으로 수세에 몰린 상황을 반전시킬 목적으로 허위 문건을 일부 언론사에 제공했다"고 밝혔다.

1998년 6월 16일 기무사가 이런 사실을 밝혀내자, 『한겨레』는 다음날인 6월 17일자에서 "기무사 발표와 무관하게 지난 1년여 동안 확인 작업을 벌여온 결과, 문제의 문건이 조작됐다는 결론을 내렸다"며 "기무사 관계자들에게 유감으로 생각한다"고 밝혔다. 1년 만의 사과였다.

1997년 보도 당시 한총련은 위기에 몰려 있었다. 한총련 학생들이 프락치 혐의를 조사한다며 민간인 이석을 '멍석말이'로 폭행해 숨지게 한 사건이 6월 3일 벌어졌다. 보도는 보름 뒤인 6월 19일 등장했다. 1998년 7월 2일자 『시사저널』은 당시 『한겨레』 보도를 두고 "한총련이 이석 씨 치사 사건으로 잔뜩 궁지에 몰려 있을 때 나온 것"이라며 『한겨레』가 조금만 확인 취재를 했더라도 오보를 막을 수 있었다고 지적했다.

예컨대 당시 기무사에는 기무·보안·방첩 3개 처가 있었다. 그런데 『한겨레』가 입수했다는 기무사 보고서에는 '참조: 작통처장'이라는 글귀가 있었다. 작통처장은 '작전통제처장'의 약자로, 기무사에는 없고 공군 방공포사령부에만 있다. 『시사저널』은 "이런 사실은 국방부 출입 기자를 통해 쉽게 확인할 수 있는데도, 이 기사를 쓴 『한겨레』 기자와 데스크는 자신들이 옳다며 지루한 법정 싸움을 벌여왔다"고 비판했다.

이 사건을 두고 『시사저널』은 "이 사건은 그동안 여러 차례 지적되었던 한총련의 도덕성 부재 문제를 다시 한번 드러냈다. 그러나 그보다 더 큰 문제는 공적인 기능을 하는 언론 기관이 체제 수호 세력은 무조건 틀렸다는 고정관념에 사로잡혀 자신의 실수를 끝까지 인정하지 않으려 했다는 점"이라고 지적했다.

천연기념물을 먹을 수 있는가?

2014년 3월 13일자 MBC 〈뉴스데스크〉 리포트 제목은 「라면에 넣었던 반딧불 오징어…알고 보니 일日 천연기념물」이었다. 제목부터 눈길을 끄는 리포트였다. 앵커는 "울릉도에서 꼴뚜기인 줄 알고 라면에 넣어 먹고 데쳐 먹었는데 알고 보니 일본에서 천연기념물로 지정된 반딧불 오징어라고 합니다"라고 말했다. 한 울릉도 주민은 리포트에서 "초고추

장 무침에 회도 해서 먹고 또 국물 내서 라면 삶아 먹고 하는 데도 넣어 먹고"라고 말했다. 김종만 울릉도·독도 해양연구기지장은 리포트에서 "일본 국가 천연기념물로 지정돼 있는 반딧불 오징어로 밝혀졌다"고 말했다.

MBC뿐만 아니라 같은 날 『중앙일보』 역시 "반딧불 오징어는 일본에선 천연기념물로 지정됐다"며 관련 내용을 단정적으로 보도했다. 김경학 울릉군 해양수산 과장은 해당 기사에서 "울릉도 북쪽 해안 도로에 가로등이 설치되면서 불빛을 보고 몰려와 살기 시작한 것으로 보인다"고 설명하기도 했다. 이 소식은 『연합뉴스』와 『한겨레』를 비롯한 주요 매체 20여 곳에서 보도되었다.

『연합뉴스』는 "반딧불 오징어는 일본에서 1950년대부터 특별 천연기념물로 관리되고 있다. 특히 일본 도야마현은 오징어를 주제로 축제를 여는 등 귀한 어종으로 대접하고 있다"고 보도했고, 『한겨레』는 "울릉군은 귀한 대접을 받는 일본에 반딧불 오징어를 수출하는 방안을 찾고 있다"고 보도했다. 물론 이 모든 내용은 오보였다.

정작 가장 중요한 팩트fact가 틀렸기 때문이다. 일본 문화청과 일본 농림수산기술정보협회에 따르면, 반딧불 오징어(호타루이카)는 천연기념물이 아니다. 다만 이 반딧불 오징어가 떼 지어 헤엄치는 해역(일본 도야마현)이 국가 천연기념물(보호구역)로 지정되어 있었다. 반딧불 오징어는 실제로 일본 내 음식점에서 식용으로 널리 판매되고 있어서 먹는 건 새로운 일이 아니었다.

이 같은 오보를 찾아낸 사람은 MBC노동조합에서 MBC 보도를 감시하고 있는 민주언론실천위원회(민실위) 소속 MBC 기자들이었다. 각종 방송 인터뷰에 출연했던 울릉군 해양수산과 관계자는 MBC 민실위와 통화에서 "바다가 보호구역으로 돼 있다는 사실만 알고 있었고, 오징어 자체가 천연기념물인지 여부는 솔직히 확인하지 않았다"고 실토했다. 이 같은 해프닝은 비단 MBC만의 문제가 아니었다.

대부분의 언론사는 출처에 대한 검증 없이 기사를 '초쳐서' 썼다. 일본 사람들이 천연기념물로 지정해 보호하는 오징어를 울릉도 어민들이라면 국물에 넣어 끓여 먹는다는 웃기는 상황을 드러내고 싶었던 결과 검증에 소홀했던 것이다. 이를 두고 MBC 민실위는 "코믹하고 말초적인 아이템을 많이 하면 시청률에 도움이 된다고 생각할 수 있다. 특히 시청자들의 호기심을 자극하기 위한 선정적인 '연성 아이템'의 경우, 코믹하고 드라마틱하게 리포트를 구성하려는 유혹에서 벗어나기 힘들다. 하지만 그러다 보면 사고로 이어질 수 있다"고 지적했다.

민실위 소속 MBC 기자들은 어떻게 오보를 잡아냈을까? 여러 기사를 보면 말미에 일본 수출 계획이 잡혀 있는 대목을 확인할 수 있는데 기자들은 이것을 보고 의아했다고 한다. 수출이 가능하려면 일본에서 식용이 가능해야 하는데, 천연기념물인데 식용이 가능할까라는 의문이 들었다는 것이다. 결국 몇몇 인터넷 사이트를 뒤지고 취재한 결과 오보를 확인했다. 『중앙일보』는 당시 오보에서 "일본에서는 반딧불 오징어를 천연기념물로 정했으면서도 때론 먹기도 한다. 7마리 포장에 580엔(6,000원)이다"라고 보도했는데, 여기서 조금만 의문을 품었다면 오보를 내지 않았을 것이다. 상식적으로, 천연기념물을 먹는 곳이 어디 있는가?

아무리 이석기가 싫어도……

검증 없는 받아쓰기 유혹은 사실 기자들의 일상이다. 2013년 11월 12일 내란 음모 혐의 등으로 구속 기소된 이석기 전 통합진보당 의원의 첫 공판 날에도 오보가 쏟아졌다.

이날 수원지방법원에 도착해 호송 차량에서 내리고 있는 이석기 전 의원의 사진이 찍혔다. 재판을 취재하러 왔던 사진기자들은 공동 취재단을 꾸려 찍은 사진을 공유했고, 『뉴시스』 사진기자가 찍은 '이석기 수의' 사진이 공유되었다. 그런데 이석기 전 의원은 이날 수의(관복)를 입지 않았다. 기자들은 이 사실을 인지하지 못했다. 사진 속 얼굴이 이 의원과 비슷해 보였기 때문이다. TV조선은 12일 속보를 통해 "호송 버스에서 내릴 때 수의를 입고 호승줄을 멘 모습이 정확하게 확인이 됐다"며 거리낌 없이 오보를 냈다.

이석기 전 의원은 한 번도 수의를 입고 재판에 나선 적이 없었다. 구치소 내에서만 관복을 입었고, 재판 받을 때는 관복 또는 양복을 선택할 수 있어 양복을 줄곧 입었다. 통합진보당이 기자들에게 오보 사실을 알렸고, 언론사들이 사진을 내렸다. 물론 공식 사과는 없었다. 그러나 이미 시민들은 수의를 입은 이석기 전 의원을 떠올렸다. 수의를 입은 이석기 전 의원의 모습을 보고 싶었던 기자들의 욕망도 오보에 일조했다.

문제는 이날의 오보가 반복되었다는 사실이다. 『문화일보』는 그해 12월 10일자 8면에 이석기 재판 중간 점검 기사를 내보내며 이석기 전 의원이 아닌 다른 사람이 수의를 입고 있는 사진을 내보냈다. 곧바로 『문화일보』는 11일자 '바로잡습니다' 면을 통해 "10일자 8면에 게재된 이석기 통합진보당 의원의 수원지방법원 출정 사진은 다른 사람의 사진이기에 바로잡는다"고 밝혔다. 재검증 없이 과거의 오보를 받아쓴 결과다. 이석기 전 의원의 이미지는 그렇게 또 다시 수의로 덧씌워졌다.

소설 같은 순애보의 결말

1998년 4월 25일자 『중앙일보』에 「첫사랑, 46년 만에 백발 화촉」이란 제목의 미담 기사가 실렸다. 6·25전쟁 중 우연히 만나 첫사랑에 빠졌던 육군 소위와 여고생이 46년 만에 60대 노인으로 재회, 사랑의 결실을 이루었다는 영화 같은 러브 스토리였다.

『중앙일보』 기사에 따르면, 두 사람은 1951년 10월 만났다. 소위로 임관해 강원 백암산 전투에서 부상당해 마산의 병원으로 후송된 정 아무개는 한 여고생 황 아무개를 알게 되었다. 정씨는 미 보병부대 파견 교육을 앞두고 합숙 훈련 중으로 황씨를 만나지 못했다. 그래서 그녀의 친구에게 편지를 맡기고 돌아왔다. 그러나 출국 직전 정씨는 황씨가 결혼한다는 청첩장을 받았다. 두 사람 사이를 질투한 황씨 친구가 가짜 청첩장을 만들었던 것이다.

황씨 역시 정씨에게 다른 여자가 생겨 미국으로 건너갔다는 친구의 거짓말에 속았다. 미국에 다녀온 정씨는 결혼 뒤 소령으로 예편한 뒤 제분회사에 다니며 살았다. 기사에 따르면, 황씨는 정씨에 대한 그리움 속에 무려 46년간 혼자 살았다. 황씨는 『중앙일보』와 인터뷰에서 "정씨를 찾기 위해 안 가본 곳이 없어요. 왜 나를 버렸는지 그 이유라도 묻고 싶었지요"라고 말했다.

두 사람은 1997년 10월, 드디어 만나게 된다. 정씨가 6 · 25전쟁 경험을 쓴 『탈주 4백리』라는 책을 썼는데, 이 책을 황씨가 발견하고 수소문 끝에 정씨를 찾아낸 것이다. 정씨 역시 성격 차이로 부인과 이혼한 상태였고, 두 사람은 1998년 4월 25일 오후 서울 근교의 한 사찰에서 뒤늦게 백년가약을 맺는다는 게 보도 내용이었다.

이 이야기는 『중앙일보』 보도 이후 SBS 〈생방송 행복 찾기〉에서도 순애보로 소개되었다. 시청자들은 황씨가 정씨를 못 잊어 46년간 독신으로 살았다는 점에 충격을 받았다. 황씨는 SBS에 출연해 한 의사와 결혼하려 했으나 책상 서랍에 쌓인 정씨의 옛 편지를 보고 결혼을 단념했다고 밝히기도 했다.

하지만 소설 같은 순애보는 진짜 소설이었다. 황씨는 1954년 7월, 이아무개와 결혼해 3남 3녀를 둔 아내이자 어머니였다. 46년 독신은 사실이 아니었다. 황씨는 정씨와 헤어진 지 3년 뒤 결혼했다. 황씨가 정씨를 다시 만나게 된 과정도 따로 있었다. 1985년부터 불면증과 신경통으로 힘들어하던 황씨는 남편 이씨에게 "죽기 전에 한 번만 만나봤으면 좋겠다"는 말을 입버릇처럼 해서 남편 이씨가 직접 정씨를 찾아 나섰던 것이다. 이씨는 보훈처에 들러 정씨를 찾던 중 『탈주 4백리』를 기억해낸 직원들의 도움으로 주소를 파악해 황씨와 정씨의 재회를 주선했다. 남편 이씨가 어찌 보면 아내의 첫사랑을 찾아준 셈이다.

당시 이씨는 1998년 『미디어오늘』과 인터뷰에서 정씨를 만나면 아내 황씨의 병세가 호전될 거라 기대했고 둘 다 가정을 가진 고령인데 무슨 일이야 있겠나 생각했다고 밝혔다. 하지만 이씨에게 돌아온 것은 이혼 청구 소송이었다. 이씨는 1998년 3월 법원이 황씨의 이혼 청구 소송을 받아들이자 이의신청을 내는 한편 황씨와 정씨를 간통죄와 불법가택침입 혐의 등으로 의정부경찰서에 고소했다. 이씨는 『중앙일보』와 SBS를 상대로도 정정 보도 및 손해배상 청구 소송을 제기했다. 당시 『중앙일보』 기자는 오보를 인정하면서 "비록 이씨와 황씨가 결혼 관계를 맺었다고는 하나 관계가 순탄치 않아 혼자 산 것과 다를 바 없다는 것이 황씨의 주장"이라고 말했다.

순애보 소설의 주인공인 두 사람은 2002년 1월 실화 소설 『장교와 여고생의 첫사랑』이란 책을 함께 펴냈다. 나는 이 사건이 궁금해 이 책을 사서 읽었다. 이 책에 따르면, 황씨는 아버지의 일방적 강요에 의해 억지로 이씨와 결혼했다. 또 책에서 이씨는 재산을 탕진하고 집안을 말아먹은 파렴치한이었으며 정씨와 황씨가 만난 이후에는 "나 인생 패잔병은 가겠소"라며 홀연히 황씨 곁을 떠난 인물로 묘사되었다. 실화 소설이기 때문에 어디까지가 진실이고 소설인지는 오직 당사자들만 알 것이다. 그러나 두 사람에게는 순애보였을 사건이, 누군가에게는 법적 대응이 오고가는 사회부 사건이었던 것만은 분명해 보인다.

사실 확인을 소홀히 한 결과 소설을 쓴 경우는 또 있다. 2012년 10월 17일 오전 7시 12분에 보도된 『CBS노컷뉴스』의 단독 기사 「그룹 쿨 멤버 유리, 17일 사망(1보)」이다. "쿨의 멤버 유리(차현옥)가 17일, 불의의 사고로 사망했다"는 소식에 이날 출근길이 어수선했다. "유리는 17일 새벽, 서울 강남의 한 주점에서 룰라 출신 채리나 씨와 지인들과 함께 모임을 가지던 중 다른 손님들과 시비가 붙어 폭행을 당해 중상을 입었다. 유리는 사고 직후 서울 한남동 순천향병원으로 긴급 후송됐지만 끝내 숨을 거뒀다." 구체적이었다. 모든 게 명확해 보였다. "유리의 한 측근은 '이런 사건이 처음이라 경황이 없다'라며 긴 한숨을 내쉬었다"는 대목까지 등장했다.

하지만 오보였다. 사망자는 유리가 아니었다. 『CBS노컷뉴스』는 신원을 착각했다. 엄청난 실수였다. 결국 기사는 20분 만에 오보로 밝혀졌다. 당시 온라인매체 『이투데이』는 오전 7시 38분경 「[단독] 쿨 유리 사망 오보인 것으로 밝혀져(1보)」란 기사를 통해 "17일 『이투데이』가 소속사 측에 확인한 결과 유리 본인과 통화했다고 전했다"고 보도했다.

당시 하근찬 CBS 문화체육부장은 『미디어오늘』과 통화에서 "취재기자가 믿을 만한 SBS 연예담당 PD로부터 제보를 받고 PD와 함께 새벽 4시 30분경 순천향병원으로 가서 현장을 취재했다"고 밝혔다. 그에 따르면, 기자가 그곳에 있던 119 구급대원에게 '유리가 사망했느냐'고 물었더니 대원이 '사망한 게 맞다'로 이야기했다는 것이다. 당시 구급대원은 사람의 '죽음'에 방점을 찍고 그와 같이 대답했고, 취재진은 '유리'에 방점을 찍고 있다가 커뮤니케이션의 오류가 생겼다는 해명이다.

그렇다면 기사에 등장하는 '현장에 있던 유리의 측근'은 누구였을까? 배우 공형진이었다. 공형진의 대답은 그럼 어떤 맥락이었을까? 공씨는 당시 처제의 일 때문에 현장에 있었다. 실제 현장에서 사망한 강 아무개씨는 쿨의 멤버인 김성수의 전 부인이자 공형진의 처제였다. 강씨는 옆 테이블에 있던 사람과 말싸움 끝에 흉기에 옆구리 등을 찔려 사망했다. 믿을 수 없는 오해가 반복된 셈이다.

『CBS노컷뉴스』는 즉각 정정 보도문을 내고 기사를 내렸다. 유리의 소속사는 입장을 내고 "어떻게 이런 사망 기사를 소속사에 확인 전화 한 통 없이 내실 수 있는지 담당자로서 너무 가슴이 답답하고 아프다"고 밝히며, "전화 한 통만 주셨어도 충분히 확인할 수 있는 일이었다"고 유감을 표명했다. 이 사건은 정말 모든 게 명확해 보여도 침착하게, 사망자를 정확히 확인해야 한다는 교훈을 남겼다. 오보는 늘 명확해 보이는 상황에서 벌어지기 때문이다.

언론이 만든 천재 소녀

"한국에서 전화하셨어요? 잘 모르겠어요. 이게 어떻게 된 일인지." 『미주중앙일보』 기자가 수화기 너머로 내게 말했다. 논란의 시작은 『미주중앙일보』 워싱턴D.C.에서 2015년 6월 2일 송고한 기사에서 출발했다. 해당 기사를 쓴 객원기자 전 아무개는 교육 전문 컨설턴트였다. 그는 수년 전부터 미국에서 아이비리그 등 대학 진학 칼럼을 써왔다. 대학 입학 관련 정보에 밝은 전씨는 김정윤(18) 양이 하버드대학 · 스탠퍼드대학 동시 입학 제안을 받았다고 최초 보도했다. 하버드대학과 스탠퍼드대학 동시 입학이라니!

『미주중앙일보』는 이미 2014년 12월 19일 기사에서 "김정윤 양이 하버드대의 제한적 조기 전형에 지원해 합격 통지를 받았다"고 보도한 바 있었다. 『미주중앙일보』는 김 양의 성적까지 구체적으로 공개하며 "하버드와 스탠퍼드는 합의하에 김 양으로 하여금 스스로 졸업할 대학을 결정토록 하기 위해 스탠퍼드에서 1~2년, 하버드에서 2~3년 동안 공부할 수 있도록 하겠다는 제안을 했다"고 보도했다. 전례가 없는 일이었다. 기사에는 페이스북 CEO 마크 저커버그Mark Zuckerberg에게서 김 양이 직접 전화를 받았다는 일화도 덧붙여져 있었다. 이 정도면 미국 현지 언론도 다룰 법한 사건이었다.

한국과 같은 학벌 중심 사회에서 '천재 소녀'의 등장은 단연 화제였다. 김 양의 아버지가 『중앙일보』 워싱턴 특파원 출신이란 사실까지 더해지며 김 양의 '신상'에 대한 신뢰도는 높아졌다. 한국에 있던 『중앙일보』 후배 기자들은 '선배가 딸 교육을 위해 미국으로 가더니 결국 성공했다'는 반응을 보였다. 하지만 일부는 '딸이 그렇게 공부를 잘하는지는 몰랐다'는 반응이었다.

『미주중앙일보』 보도를 시작으로 『뉴시스』·『연합뉴스』 등 한국 언론사가 앞다퉈 김 양을 '한인 천재 소녀'로 소개했다. CBS 라디오 〈박재홍의 뉴스쇼〉 인터뷰에 응한 김정윤 양은 "저는 아마 하버드 졸업장을 받을 것 같다"며 합격 사실을 기정사실화했다. 신뢰도 높은 JTBC 메인 뉴스에서도 김 양의 합격 소식을 '미담'으로 전했다. 합격자 자신의 인터뷰까지 나온 마당에, 아무도 의심하지 않았다. 김 양의 기사에는 "자랑스럽고 고맙다"는 댓글이 달리기 시작했다.

하지만 온라인 커뮤니티를 중심으로 김 양의 합격 사실이 거짓이라는 주장이 제기되었다. 그러자 채널A가 6월 9일 시사프로그램 〈박정훈의 뉴스 TOP10〉을 통해 김정윤 양 가족의 인터뷰를 내보내며 "하버드 입학은 보통 애들하고 정식 절차가 달랐다. 하버드와 스탠퍼드가 합의를 해서 연락해왔다"고 해명했으며, "질투 때문에 생기는 의혹"이라고 반박했다.

상황을 바로잡은 건 『경향신문』이었다. 『경향신문』은 애나 코웬호번 Anna Cowenhoven 하버드대학 공보팀장과 인터뷰를 통해 10일 "김정윤 양이 갖고 있는 하버드 합격증은 위조된 것"이라고 단독 보도했다. 코웬호번 팀장은 김 양의 아버지인 김 아무개가 『경향신문』에 제공한 합격증을 보내 진위 여부를 묻자 이 같이 밝혔다. 코웬호번 팀장은 "한국 언론에 보도된 것과 달리 스탠퍼드대에 2년간 수학한 뒤 하버드대에서 공부를 마치고 어느 한쪽으로부터 졸업장을 받는 프로그램은 존재하지 않는다"고 밝혔다. 반전이었다. 포털사이트 실시간 검색어가 요동쳤다.

스탠퍼드대학 리사 라핀Lisa Lapin 대외홍보담당 또한 『경향신문』을 통해 "김 양 측이 공개한 스탠퍼드 합격증은 위조됐다"고 밝혔다. 제대로 된 검증 한 번 없이 미담을 쏟아내기 바빴던 한국 언론이 '개망신'을 당하던 순간이었다. SBS는 이날 "현지 거주 학부모들은 하버드와 스탠퍼드 두 대학 동시 입학이 거짓말이 아니냐는 의문을 인터넷 커뮤니티를 중심으로 강하게 제기해왔다"고 보도했다. 워싱턴 한인 커뮤니티에는 "한국 미디어의 팩트 체킹 능력은 최악"이라는 댓글이 달렸다.

결국 첫 보도였던 『미주중앙일보』의 기사가 거짓이었다. 나는 당시

『미주중앙일보』 객원기자 전 아무개에게 이메일을 보냈는데, 그에게서 답장이 왔다. 그는 오보를 인정하고 사과했다. 그는 "기사 작성 당시 가족이 제시한 합격증서와 해당 대학교수들과 주고받은 이메일 등을 의심 없이 수용해 기사 작성을 하였으나, 합격 대학과 교수 등에게 사실 확인을 끝까지 하지 않은 우를 범해 사실과 다른 보도를 하게 됐다"며 오보를 인정했다.

그는 "정윤 양을 제가 알고 지낸 것은 벌써 몇 년째 되었으며 아주 영특한 아이로 알려져 있었다"며, "하버드, 스탠퍼드 동시 입학 소식을 처음 접했을 때 진학 컨설팅을 같이 겸업하는 저도 처음 듣는 이야기여서 믿기 어려웠지만, 정윤에게는 가능할 것이란 생각이 들었다"고 밝혔다. 객원기자 전씨는 이어 "교수들과 주고받은 이메일들도 구체적이어서 확신이 들었다"며 "지금도 허위라는 것이 믿기지 않는다"고 밝혔다.

『중앙일보』는 6월 11일자 2면에 사과문을 냈다. 정성희 『동아일보』 논설위원은 "이번 파문은 빗나간 자식 사랑, 일류대 병, 확인 없이 보도하는 일부 언론의 민낯을 보여준 참사"라고 지적했다. 『동아일보』 또한 지면을 통해 사과했다. 채널A 박정훈 앵커는 10일 "검증 못한 점 머리 숙여 사과 드린다"고 말했지만 머리를 숙이진 않았다. 진정성을 찾아볼 수 없는 너무 가벼운 사과였다. 그는 곧바로 하버드대학 수학과 교수가 김 양에게 이메일을 보낸 적이 없었다는 '단독' 보도를 빠르게 읽어내려갔다. 화면을 지켜보는 사람이 부끄러울 정도였다.

일류 대학을 가고자 하는 욕망 때문에 가짜 대학생 행세를 하는 경우는 종종 사회면을 통해 보도되어왔다. 1980년대 가짜로 서울대학교 법대생 행세를 했던 사건도 있다. 이번 사건 역시 김 양의 자작극으로 결론 났다. 김 양의 아버지는 "모든 것이 다 제 잘못이다. 그동안 아이가 얼마나 아프고 힘든 상태였는지 제대로 살피지 못한 점, 오히려 아빠인 제가 아이의 아픔을 부추기고 더 크게 만든 점을 반성한다"고 밝혔다.

첫 오보를 냈던 『미주중앙일보』는 11일 "김 양의 학교 동급생들 사이에서는 지속적으로 자신을 과대 포장했다는 말이 나도는 등 명문 학교의 치열한 경쟁 속에 극심한 대입 스트레스가 허위 과대포장으로 이어진 것으로 파악되고 있다"고 보도했다. 자랑스러운 한국인의 등장에 환호했던 언론은 머쓱해졌다. 그리고 사과에는 인색했다. 그때도 기자들은 속보 경쟁의 함정에 걸려들었다. '설마……', '누군가 검증을 했겠지……', '다들 쓰는데 뭐……' 이런 사고방식이 오보를 양산했다.

김정윤 양이 하버드대학 · 스탠퍼드대학을 동시에 다닐 수 있다는 놀라운 사실이 한국에 전해졌을 때, 대다수 한국인의 반응은 의심보다 '선망'에 가까웠다. 성공회대학교 신문방송학과 김서중 교수는 당시 상황을 두고 "이번 오보의 근간에는 미국과 학벌이라는 두 가지 권력에 종속되어 있는 한국 사회 현상이 그대로 투영됐다"고 지적했다. 많은 언론은 상식적인 의문을 던지는 대신 이러한 '선망'을 확산시키는 데 몰두했다. 그리고 정작 '천재 소녀의 비극' 앞에선 입을 다물거나 눈길을 피했다. 나는 JTBC 드라마 〈SKY 캐슬〉을 보며 다시 이 사건을 떠올렸다. 언론계가 두고두고 곱씹어야 할 사건이다.

너도나도 만우절에 당했다

만우절에는 진짜 정신 바짝 차려야 한다. 만우절에 오보를 낸 사례가 알려진 것만 한둘이 아니다. 『중앙일보』는 영국 『가디언』이 2008년 4월 1일 만우절을 맞아 내놓은 거짓 기사를 그대로 받아쓰며 오보를 냈다. 이 신문은 4월 2일자 국제면에서 "세계적인 모델 출신인 카를라 브루니 프랑스 대통령 부인이 영국 정부의 위촉을 받아 영국 사람에게 패션과 음식을 가르치는 문화 대사로 나선다"고 보도했다.

같은 날 『조선일보』는 국제면에서 "이 기사를 쓴 기자의 이름은 아브릴 드 푸아송Avril de Posson인데, 이는 만우절을 뜻하는 프랑스어 푸아송 다브릴Posson D'Avril을 순서만 바꾼 것"이라면서 만우절 거짓 기사라고 보도했다. 지금도 『중앙일보』 기자들 사이에서 회자될 정도로 『중앙일보』로선 꽤나 굴욕적인 순간이었다.

『조선일보』는 이날 "세계 각국의 언론들이 만우절을 맞아 거짓 기사들을 내보내는 전통을 이어갔다"고 보도했는데, 『중앙일보』는 그 전통에 보기 좋게 낚인 셈이었다. 다음 날 『중앙일보』는 사과문을 냈다. "처음에는 반신반의했지만, 『가디언』이 권위지인 데다 최근 급격히 가까워진 영국 · 프랑스 관계, 브루니 여사가 영국에 지인이 많은 유명인사라는 점을 감안해 신빙성이 있다고 판단해 보도했다"고 해명했다.

『중앙일보』의 한 논설위원은 오보를 낸 이날 '분수대'라는 코너에서 세계 언론의 만우절 거짓 기사들을 전하며 한국 언론이 이를 실제 기사로 받아쓰는 경우가 있다고 지적했다. 『중앙일보』는 "1999년 『아사히

신문』은 정치면에 '일본 정부가 정계의 심각한 인재난을 해소하는 긴급 대책으로 외국인도 각료로 임명할 수 있도록 하는 각료 빅뱅 법안을 국회에 제출키로 했다'는 기사를 실었다"고 소개한 뒤 "한국 티비들은 이를 아침 뉴스로 소개하는 해프닝을 벌이기도 했다. 1면의 기사 안내 '오늘은 만우절, 가공의 기사가 하나 있으니 알아맞혀 보세요'를 미처 보지 못한 탓이다"라고 썼다. 만우절에 낚인 한국 언론을 꼬집은 날 지면에서 만우절에 낚였으니, 내가 『중앙일보』 편집인이었다면 정말 부끄러웠을 것 같다.

그러나 부끄러움의 몫은 『중앙일보』에만 있는 것이 아니었다. 그해 『중앙일보』를 '한 방' 먹였던 『조선일보』는 슬프게도 이듬해인 2009년 4월 2일자 국제면에서 만우절 오보에 당했다. 제목은 「러 대통령 차에 미 대통령 차 기죽어」였다. 『조선일보』는 "G20 회담에서 미국 대통령이 야수라는 별명의 전용차를 타자, 러시아 대통령은 1일 무게가 16t이 넘는 자국산 전용차 베게모트(하마)를 런던에 선보였다"고 보도했다.

해당 기사에 따르면, 가격은 6,000만 달러, 지붕은 12센티미터 두께의 티타늄 재질로 탱크와 충돌해도 끄떡없고 창문은 로켓포 공격을 견딜 수 있다. 바퀴는 유사시 자동으로 궤도차 변신이 가능했다. 『조선일보』는 "특히 이 차는 설계자들이 직접 탑승한 상태에서 외부에서 로켓포 공격을 가해 안전성을 입증했다"고 보도했다. 사람이 타고 있는 차에 로켓을 발사했다는 충격적인 대목이었지만 의심하지 않았다. 『조선일보』는 4월 4일자에서 "『모스크바타임스』의 만우절용 기사를 잘못 인용해 보도한 것"이라며 사과했다.

만우절 참사는 매체를 가리지 않는다. 『한겨레』는 2001년 4월 2일자에서 「모택동 복제인간 만든다?」란 제목의 기사를 냈다. "중국 베이징에 보존돼 있는 모택동 전 주석의 주검에서 DNA를 채취해 복제인간을 만드는 'M부활작전'이 중국과 일본 양국 간에 비밀리에 진행되고 있다고 일본 『도쿄신문』이 1일 보도해, 사실 여부를 놓고 논란을 일으킬 것으로 보인다"는 내용이었다.

하지만 이 기사는 『도쿄신문』의 만우절 기사였다. 당시 기사를 작성한 오태규 도쿄특파원은 "『도쿄신문』의 특집면에 실린 기사가 눈에 띄어 이를 인용 보도했으나 다시 신문을 보니 특집면에 있는 기사가 모두 농담이라는 사실을 알았다"고 말했다. 오태규 특파원은 4월 10일 「만우절 오보와 반성문」이란 제목의 글을 통해 사과했다.

국가기간통신사 『연합뉴스』는 2008년 "요한나 슈피리가 집필했던 명작 동화 『알프스 소녀 하이디』의 실존 모델이었던 92세의 하이디 슈발러 할머니가 스위스의 루에탈이라는 한 마을에서 편안하고 조용한 여생을 보내고 있다"고 보도했다. 그러나 이 기사 역시 『중앙일보』와 마찬가지로 『가디언』의 창작 기사였다. 『알프스 소녀 하이디』는 1880년 출판되었다. 슈발러 할머니가 1870년에 태어났다고 가정하면 2008년 나이는 138세였다. 당시 세계 최고령은 114세였다.

만우절 참사는 반복되고 있다. 한국계 미국인으로 유명한 로봇 과학자 데니스 홍 UCLA 교수는 2017년 4월 1일 자신의 페이스북에 "이제 우주로 간다"고 적었다. 그는 "지난주 아마존 제프 베저스 회장을 만나 비밀 미팅을 하고 비행기 조종 트레이닝을 받았다"며 베저스가 이끄는 우주 개발 기업 블루 오리진의 민간 우주비행사 5명 중 1명으로 선정되었다고 밝혔다. 그러자 YTN을 시작으로 여러 매체가 이를 보도했다. 하지만 거짓이었다. 이날 홍 교수는 자신과 동행할 우주비행사들의 이름을 이렇게 적었다. 'Chum Taboa(첨타봐)', 'Wooju Ghanda(우주 간다)'…….

만우절 오보 중에서 가장 유명한 것을 꼽자면 당연 '빌 게이츠Bill Gates 피살'이다. 2003년 4월 4일 오전 9시 37분 MBC를 통해 비롯된 오보는 전 언론사로 순식간에 퍼졌다. MBC는 '마이크로소프트 빌 게이츠 회장 피살'이란 자막을 내보냈고, 2분 뒤 아나운서가 "빌 게이츠가 피살됐다고 CNN이 보도했다"고 보도했다. 빌 게이츠 회장이 한 행사장에 참석했다가 총 2발을 맞고 인근 병원에 실려 갔으나 숨진 것으로 판명되었다는 내용이었다. 해당 보도를 YTN과 SBS 등 많은 매체가 받아썼다.

하지만 MBC는 불과 16분 뒤인 9시 53분 '빌 게이츠 사망설 사실무근'이란 자막을 내보냈다. 빌 게이츠는 살아 있었다. MBC는 CNN닷컴이란 문구가 찍힌 팩스를 받은 뒤 기사화했는데, 해당 팩스에 보기 좋게 속은 것이었다. 이 팩스는 만우절용 가짜뉴스였다.

2017년 국제팩트체킹네트워크IFCN는 매년 4월 2일을 '팩트 체킹의 날'로 정했다. 거짓의 날이 지나면 바로 검증의 날이 오는 셈이다.

이미 죽은 '도망자'를 쫓다

서해 훼리호는 1993년 10월 10일 전북 부안군 위도 앞바다에서 침몰한 여객선이다. 승객 362명 가운데 292명이 사망한 대참사였다. 피해자 대부분은 섬 지역 주민이었다. 기상도 나빴지만 승객을 너무 많이 실은 것이 문제였다. 서해 훼리호 백운두 선장은 선원들과 승객을 구하다 숨졌다. 하지만 언론은 그를 도망자로 보도했다.

참사가 벌어지면 누구나 '책임자'를 찾기 마련이다. 또는 '악인'을 찾기 마련이다. 백 선장이 그랬다. 그가 다른 섬으로 숨어들었거나 중국으로 건너갔을 것이라는 추측이 등장했다. 백 선장은 순식간에 배와 승객을 버린 악인이 되었다. 검찰의 수배령이 떨어지자 언론은 백 선장 생존설을 의심할 바 없는 기정사실로 받아들였다.

백운두 선장이 살아 있다는 보도가 처음 나간 시점은 사고 발생 하루 뒤인 10월 11일이었다. 당시 『전북일보』는 1단으로 백 선장 생존설이 나돌고 있다는 기사를 내보냈다. 생존설 보도 경쟁이 불붙기 시작한 때는 『한겨레』의 12일자 보도 이후였다. 『한겨레』는 "선장 백운두 씨가 생존해 있다는 주민들의 증언이 나왔다"고 보도했다. 이후 백 선장의 주검이 인양된 15일까지 언론 보도는 온통 살아 있는 백 선장 관련 기사로 채워졌다.

사고 직후 『한겨레』 기자가 현장에 도착했다. 이때는 주민들 사이에 백 선장이 살아 있다는 소문이 꼬리를 물고 있었다. 하지만 소문의 진원지였던 식도食島로 건너가기에는 파도가 너무 높았고 배편마저 없었다.

당시 모든 배가 구조 작업에 나가 있었기 때문이다. 『한겨레』 기자는 용케 배를 구해 식도로 건너갈 수 있었다. 거기서 최 아무개 선장과 선원들에게서 결정적 이야기를 들었다. 사고 직후 백 선장이 배를 타고 파장금항으로 들어오는 것을 똑똑히 보았다는 것이다. 무엇보다 복수의 증언이었다.

이들은 백 선장이 침통한 표정으로 서 있었으며, 한손에는 평소 쓰고 다니던 빨간 모자를 들고 있었다는 구체적인 묘사도 덧붙였다. 그리고 하루에 한 번꼴로 백 선장을 봐왔기 때문에 절대 잘못 볼 리 없다고 강조했다. 평소 백 선장을 잘 아는 사람들의 구체적인 증언은 백 선장이 살아 있다는 소문과 맞물려 움직일 수 없는 사실이 되었다. 당시 『한겨레』 인터뷰에서 최 선장은 목격 당시 "백 선장은 물 한 방울 묻지 않은 깨끗한 차림이었다"고 말했다. 죽을 고비를 넘겨 육지로 올라온 이가 물 한 방울 묻지 않은 깨끗한 차림일 가능성이 얼마나 될까?

하지만 최 선장이 목격한 사람은 백 선장이 아니라 놀랄 만큼 백 선장과 닮은 위도 지서장 장 아무개 경위였다. 위도 지서장으로 부임한 지 얼마 안 된 장 경위는 백 선장과 얼굴 생김새·키·몸집이 거의 비슷했고 백 선장이 늘 입고 다니던 감색 점퍼에 모자까지 입고 최 선장 앞에 나타났다. 당시 위도 지서장이 백 선장과 닮았다는 지적이 있었지만, 위도 지서장이 바뀐 줄 몰랐던 최 선장은 위도 지서장은 백 선장과 닮지 않았다고 주장했다.

결국 최초 목격자인 최 선장은 식도 주민들에게 백 선장이 살아 있다고 전했는데, 여기서부터 파생된 백 선장 생존설은 식도 주민들에 의해 다시 위도 주민들에게, 그리고 위도 주민과 친분 관계가 있는 전주지방 검찰청 직원을 통해 검찰 관계자들에게, 다시 부안과 전주에 흩어져 취재하고 있던 언론사 기자들에게 퍼져 나갔던 셈이다. 언론과 검찰은 의심스러운 점을 지나친 채 서로 상승작용을 하며 오보를 키웠다.

10월 15일 오후 살아 있다던 백 선장의 유해가 떠올랐다. 그의 시신은 배 안에서 발견되었다. 그러자 그는 책임감이 투철한 영웅으로 변신했다. 이 사건을 두고 당시 『시사저널』 사회부장이었던 소설가 김훈은 "서해 훼리호와 함께 보도의 공신력과 책임도 함께 수장되었다"고 지적하며, "모든 비극은 그토록 단순하고도 간단한 하나의 '사실'을 확인하지 않음으로써 발단한 것"이라고 적었다.

세월호 참사 이후 『뉴욕타임스』는 "한국은 20년 전 서해 훼리호 사고에서 전혀 배운 게 없다"고 지적하기도 했다. 언론도 마찬가지였다. 실제로 이준석 선장에 대해도 언론이 앞다퉈 오보를 냈다. "이준석 선장이 구원파 신도"라는 오보가 대표적이다. 구원파 교리 중 한 번 구원받으면 어떤 행동을 해도 상관없으며, 이것이 선장과 승무원들이 자기들만 먼저 탈출한 것과 연관되어 있다는 식의 오보가 나갔다. 이렇듯 '단독'을 잡았다는 확신에 한 번 더 의심하지 않은 결과는 대체로 오보로 이어졌다.

오보라는 보도가 오보

때론 오보라고 지적한 보도가 오보인 경우도 있었다. 2015년 4월 1일

개국한 미디어협동조합 국민TV 〈뉴스K〉는 4월 3일 첫 방송에서 『조선일보』의 오보를 주장하는 단독 보도를 내놨다. 〈뉴스K〉는 "『조선일보』 오늘자 1면 톱기사로 실린 「북 무인기 청와대 바로 위 20여 초 떠 있었다」라는 기사는 오보로 확인됐다"고 단독 보도했다. 〈뉴스K〉는 『조선일보』가 단독 입수한 사진이 2014년 3월 24일 오전 9시 22분 2초에 찍혔다는 보도 내용을 근거로 구글어스의 사진과 비교해 의혹을 제기했다.

〈뉴스K〉는 구글어스를 통해 본 2013년 3월 25일 위성사진을 근거로 "2012년 학교 운동장처럼 텅 빈 곳에 2013년 건물이 생겼다. 2014년 3월 24일 북한 무인기가 찍었다는 사진엔 2012년의 모습이 담겼다"고 보도했다.

그러나 이는 곧바로 오보로 밝혀졌다. 〈뉴스K〉는 4일 오전 공지를 내고 "4월 3일자 〈뉴스K〉의 '조선일보 오보' 기사는 성급한 보도였음을 겸허히 인정한다"고 밝혔다. 〈뉴스K〉는 "해당 장소가 보안 시설이어서 현장에 접근할 수 없었지만 구글어스의 시기별 위성사진을 비교 분석한 결과 해당 장소가 오랜 기간 공터로 있다가 지난해 건물이 들어선 곳임을 확인했고 최근 촬영 사진이라면 공터로 나온 특정 장소에 건물이 위치해 있어야 한다는 결론을 내리고 『조선일보』의 오보라는 판단을 했다"고 밝혔다.

그러나 〈뉴스K〉는 "해당 장소의 건물이 다시 철거되고 공터로 환원됐을 가능성을 보도 전에는 간과했다"며 오보를 인정했다. 〈뉴스K〉 보도와 관련해 『조선일보』의 한 기자는 "입수한 사진의 메타 정보로 진위 여부는 입증이 된다. 촬영 시간부터 사진을 찍은 기기의 모델명, 노출값

(F) 등 모든 정보가 있다"고 지적했다.

〈뉴스K〉 오보는 북한의 무인기가 찍었다는 청와대 사진을 『조선일보』가 단독 입수한 과정이 석연치 않은 점에서 비롯되었다. 당시 『조선일보』는 경기도 파주에 추락한 무인기가 촬영한 일부 영상을 단독 입수했다고 밝혔으나 입수 경위를 언급하지 않았다. 국방부 김민석 대변인은 3일 '어떻게 특정 매체에 사진과 영상이 흘러나갔느냐'는 질문에 "저도 그게 궁금하다"고 답했다.

『한겨레』는 이를 두고 "군 내부 수사기관이 갖고 있는 자료들이 쉽게 외부로 유출된다는 것 자체가 더 심각한 문제"라고 보도했다. 이런 국면에서 사진의 진위 여부에 대해 의혹을 갖는 것은 상식적이었다. 그러나 구글어스를 보고선 '심증이 맞았다'는 감정 때문에, 한 번 더 의심하지 않았다. 기사의 무게는 의심의 횟수에 비례하는 것 같다.

1면 톱에 등장한 성폭행범, 알고 보니 일반인

범죄자 고종석은 2012년 8월 30일 오전 1시 30분께 잠자던 초등학생을 이불째 납치해 성폭행하고 목 졸라 살해하려 했던 속칭 '인간쓰레기'다. 그의 형량은 무기징역이다. 그런데 이 사건과 관련한 『조선일보』의 오보에는 '형량'이 없었다.

『조선일보』는 2012년 9월 1일자 1면 톱기사에서 일반인의 사진을 고종석으로 착각해 올렸다. 언론사가 국민의 알 권리 명목으로 범죄자의 사진을 버젓이 공개하던 관행이 빚은 참사였다. 『조선일보』는 이날 「병든 사회가 아이를 범했다」라는 제목의 사진기사에서 웃고 있는 20대 남성의 사진을 올린 뒤 '범인 고종석의 얼굴'이라고 소개했다. 그러나 이는 개그맨 지망생이던 20대 남성 전지현의 모습이었다.

왜 이런 실수를 했을까? 어떻게 이런 어처구니없는 실수를 했을까? 『조선일보』는 이틀 뒤인 3일자 지면에 사과문을 내고 8월 31일 밤 고종석의 모습이 비친 호송 사진과 CCTV 화면 등을 확보해 경찰과 고종석 주변 이웃 등을 상대로 이 사진을 보여주며 고종석인지를 확인하는 작업을 벌였고, 고종석이 맞다는 증언을 확보했다고 해명했다.

하지만 공식 해명과 달리 언론계에선 9월 1일자 지면에 반드시 사진을 게재해야 한다며 사회부 데스크가 기자들을 압박한 결과 확실한 사실 확인 없이 사진이 나가 참사가 빚어졌다는 이야기가 돌았다. 『조선일보』 기자들 사이에선 피해자를 위해 취직을 도와주어야 하는 것 아니냐는 말까지 나왔다.

전지현은 당시 나와 통화에서 "누군지도 모르는데 단지 고향이 같다는 이유로 내가 성폭행범이 됐다"며 굉장히 억울해했다. 그는 "『조선일보』가 너무 괘씸해서 마음 같아서는 폐간시켰으면 좋겠지만, 용서하고 싶다. 사람을 대하는 직업(코미디언)을 하려다 보니 용서하고 싶다"고 말했다.

『조선일보』에서는 9월 1일 오후 3시경 연락이 왔다고 전했다. 이후 전지현 측은 민사소송을 하는 대신 『조선일보』 측과 합의를 본 것으로 전해졌다. 그가 언론계 발전을 위해 민사소송에 나서주길 바랐지만 그의 선택 또한 존중한다. 『조선일보』는 사과문 이후 정권현 사회부장을 경질시켰다. 양상훈 편집국장은 스스로 자청해 경고 징계를 받았다. 이것이 공식 대응의 전부였다.

돌이켜보면 이 사건은 『조선일보』가 문을 닫아야 할 만큼 큰 사건이었다. 흉악범 사진을 공개하는 것은 국민의 알 권리일까? 그렇다면 국민의 알 권리는 언론에 면책권을 주는가? 특정강력범죄처벌에 대한 특례법에 따르면, 중대 흉악범의 얼굴을 공개할 수는 있지만 공개 주체는 어디까지나 언론이 아닌 검찰과 경찰이다. 『조선일보』는 검찰인가, 경찰인가?

언론사의 섣부른 신상 공개는 한 사람의 인생을 파괴할 수 있다. 피의자 신상 공개의 극단적인 사례 중 하나는 1981년 윤 노파 살해 사건이다. 살인 사건 용의자로 붙잡혔던 고숙종은 당시 범인이 분명해 보였다. 신문들은 "물증이 나와도 범행을 시인하지 않는 세상에 둘도 없는 끈질긴 여자"라는 표현을 쓰며 고씨의 현장 검증 사진을 모자이크 없이 게재했다. 하지만 고씨는 재판에서 무죄판결을 받았고 5년 뒤 국가를 상대로 낸 손해배상 소송에서 승소했다. 고씨는 고문에 의해 허위 진술을 했던 것으로 드러났다.

당시 『조선일보』 조갑제 기자는 고숙종 사건을 두고 "경찰은 헌법이 보장한 '확정 판결 이전의 무죄 추정' 원칙을 파괴하고 피의사실 공표죄를 스스로 범하는 해괴한 기자회견을 마련했고, 언론은 스스로의 판단력을 포기, 경찰의 판단에 편승해, 한 여인에게 정신적 뭇매를 가했다. 확정 판결 이전에 피의자나 피고인을 범인이라고 표현하는 것은 기자가 스스로 판사가 되려는 행동이다"라고 강하게 비판했다. 조갑제 기자의 말이 맞았다.

2012년 『조선일보』가 저지른 희대의 오보는 피의사실 공표 금지와 무죄 추정의 원칙이란 것이 범죄자의 인권이 아니라 우리 모두의 인권을 보호하기 위한 최소한의 안전장치라는 사회적 인식을 마련하는 계기로 이어졌어야 했다. 그러나 그러지 못했다.

언론은 여론 재판을 경계해야 한다. 신상 공개는 여론 재판의 징후다. 나중에 실수하면? 아무도 책임 못 진다. 당시 사건으로 사회부장직을 내려놨던 정권현 부장은 2013년 특별취재부장이 되어 채동욱 검찰총장 혼외 자식 보도를 지휘해 일급 특종상을 받으며 화려하게 부활했다.

1면 톱이었는데, 틀렸다

『동아일보』는 2003년 7월 16일 1면 톱기사로 「"김원기, 문희상, 이해찬, 신계륜 씨에게 로비 명목 거액 건넸다"」는 기사를 실었다. 굿모닝시티 분양 비리 사건으로 구속된 윤창열이 김원기 민주당 고문, 문희상 대통령 비서실장, 이해찬·신계륜 민주당 의원 등에게 거액을 건넸다는 진술, 윤씨가 손학규 경기도지사의 형이 운영하는 벤처기업에 수십 억 원을 건넸다는 진술, 김 고문이 지난해 대선 때 모 기업에서 6억 원을 받아 영수증 처리를 해주었다는 내용, 김 고문이 15일 유인태 대통령 정무수석과 만나 대책을 숙의했다는 내용이 담겨 있었다.

그러나 1면 톱의 운명은 비참했다. 검찰은 즉각 "『동아일보』가 보도한 내용의 진술을 윤창렬 씨로부터 받은 적이 없다"고 밝혔다. 보도 이후 모든 상황은 『동아일보』에 불리하게 돌아갔다. 결국 『동아일보』는 7월 24일자 1면에 사과 및 정정 보도문을 냈다.

『동아일보』는 "여권 핵심 관계자의 말을 인용해 검찰이 윤씨에게서 김원기 민주당 고문, 문희상 대통령 비서실장, 이해찬 · 신계륜 민주당 의원에게 거액을 건네줬다는 진술을 받은 것으로 보도했으나 확인 결과 검찰은 그 같은 진술을 받은 적이 없었다. 또 윤씨가 손학규 경기도지사의 형이 운영하는 S벤처기업에 투자금 명목으로 수십억 원을 전달했다고 진술했다는 내용도 사실이 아니었다. 김원기 고문 측이 지난해 대선 때 모 기업에서 6억 원을 받아 영수증 처리를 해줬다는 내용도 사실이 아니며, 김 고문이 15일 유인태 대통령 정무수석과 만나 대책을 숙의한 적도 없었다"고 보도했다. 이 정도면 처음부터 끝까지 기사 모두가 거짓이라고 봐야 했다.

『동아일보』는 "'여권의 한 핵심 관계자'라고 인용한 취재원은 취재원 보호 차원에서 실명을 밝힐 수 없으나 당시로서는 물론, 지금도 신뢰할 수밖에 없는 직위의 인물이라는 점을 분명히 밝힌다"고 주장했다.

어떻게 된 일이었을까? 당시 『미디어오늘』 기사를 참고하면 이렇다. 2003년 7월 15일 '지라시'를 통해 굿모닝시티 분양 비리 사건에 관련된 정치인들 명단이 흘러나왔다. 『동아일보』 정치부 기자는 민주당 쪽에서 "굿모닝시티 윤창열 대표 측이 검찰에서 국기를 뒤흔들 진술을 했다"는 이야기를 들었고, 검찰 정보를 알 만한 위치에 있다고 생각되는 취재원들을 대상으로 사실 여부에 대한 확인 취재에 들어갔다.

이 기자는 박범계 민정2비서관을 비롯해 3명 정도의 여권 취재원에게 그동안 당 주변에서 떠돌던 굿모닝시티 관련 리스트에 오른 정치인 이름을 물으며 확인 취재를 시작했다. 기자는 "국기를 뒤흔들 정도라면 혹시 대통령을 물고 들어간 것 아니냐"는 질문을 시작으로 취재하던 중 한 취재원에게서 "대통령은 맹세코 아니다"는 답변을 들었다. 이어 지라시에 언급되는 정치인들 이름을 거명하자 해당 취재원이 "맞다"면서 기자와의 대화 말미에 "문제 아니냐. 세게 쓰라"는 말도 덧붙였다고 한다.

정치부 기자와 동시에 확인 취재에 들어간 『동아일보』 사회부 검찰 출입기자는 서영제 서울중앙지검장 등 검찰 관계자들을 통해 확인 취재를 했으나 그 같은 진술이 없었다는 점만 확인했다. 그러나 취재원 소스가 확실하다고 판단한 정치부는 이날 오후 정치인 이름을 실명으로 표기한 기사를 완성해 보도했다. 그렇게 취재원 한 명에 의존했다가 참사가 벌어졌다.

청와대, '가짜 보고서'에 낚이다

『아시아경제』가 2018년 11월 26일 청와대 국가안보실이 작성한 「한반도 및 동북아 정세 평가와 전망」 보고서를 입수했다며, 관련 내용을 단독 보도한 지 3일 만에 오보를 인정했다. 보고서가 가짜였다. 『아시아경제』는 1면 기사에서 "한미동맹 균열이 심각하다"는 게 청와대 보고서의 요지라며, "청와대가 한반도 비핵화를 둘러싼 정체 국면에서 지난 수개월 간 한국에 대한 미국의 우려와 불신이 급증한 사실을 명확히 인지했던 것으로 드러났다"고 보도했다. 이어 "국가안보실의 판단과 달리 청와대는 대외적으로 한미 공조 우려를 차단하는 데 온 힘을 쏟고 있다"고 덧붙였다.

청와대는 "(청와대) 내부 보고서는 문서에 'THE REPUBLIC OF KOREA'라는 워터마크가 찍혀 있고 마지막에 문서를 출력한 사람의 이름과 시간이 초 단위까지 나오도록 되어 있는데 『아시아경제』가 입수한 보고서엔 그런 게 없다"며 보고서가 가짜라고 밝혔다. 청와대는 특정 세력이 가짜 보고서를 유통시키기 위해 국가안보실을 사칭해 문건을 작성한 뒤 해킹을 통해 전파했다고 보고 경찰에 수사를 의뢰했다.

『아시아경제』는 3일 뒤 사과문을 내고 "기사의 출처는 한 연구기관이 주최한 세미나에서 발표된 것으로 알려진 청와대 관계자의 발표자료 문건이었다. 이 자료는 본지 취재기자가 이메일을 통해 행사를 주최한 대학 연구기관 관계자로부터 입수했다"고 밝힌 뒤 "취재기자가 연구소 측으로부터 총 3건의 문건을 받았고, 그중 문제의 문건을 받은 메일이 다른 두 개의 메일과는 다른 계정에서 발송된 것임을 확인했다"고 밝혔다.

『아시아경제』는 "문제의 메일은 최근 국가정보원 산하 국가사이버안전센터NCSC가 해킹 메일 계정이라고 공지한 계정과 유사한 것임을 확인했다. 또 이 계정은 본지가 접촉한 연구기관 관계자의 것이 아닌 사실을 알 수 있었다"며 "본지는 문제의 문건에 대해 청와대와 행사를 주최한 연구기관에 사실 확인 절차를 거쳤지만, 소통 미숙 등으로 인해 미흡했던 부분이 있었음을 파악했다"고 밝혔다.

『아시아경제』는 "본지는 수사에 적극 협조하는 것은 물론, 『아시아경제』를 악의적으로 노린 이유 등 사실관계 확인을 위해 경찰에 수사 의뢰서를 제출할 예정"이라고 밝혔다. 이어 "이 같은 일이 두 번 다시 재발되지 않도록 내부 시스템을 정비하고 한층 강화하겠다"며 사과했다. 『아시아경제』는 "해킹 조작이 있었다면 우리 또한 피해자"라고 주장하기도 했지만, 보도가 가져올 파장에 비해 사실 확인이 소홀했다는 비판은 피할 수 없었다.

허위 제보는 반복되고 있다. 2018년 6월 북미정상회담 직전 한국 정부가 북한의 비핵화 의지를 의심하고 있다는 내용이 담긴 가짜 이메일이 국제교류재단 소장 명의로 유포되었다. 당시 이메일에는 '비공개 문건'이라는 표현과 함께 '6·12 미북 정상회담 예상 의제(외교부)'란 제목의 PDF 파일이 첨부되어 있었다. 가짜였다. 이번 청와대 국가안보실 가짜 이메일과 유사한 구조였다. 이 같은 가짜 이메일 '함정'이 앞으로도 반복될 것이다. 답은 크로스 체크뿐이다.

이와 관련 정부 외교라인 당국자는 언론 인터뷰에서 "업무와 유관한 관계자가 보낸 문건인 것처럼 속여 가짜 메일을 보내는 경우가 1주일에 두세 번 가량 있다"고 전했다. 해킹 등을 이용한 허위정보가 점차 정교해지는 가운데 기자들로서는 더욱 자료의 출처를 의심하고 재검증해야 하는 상황에 놓였다. 외교 관련 기사는 사후적으로 오보가 인정되더라도 보도가 나간 순간 여론에 미치는 영향력이 적지 않아 세심한 주의가 필요하다. 달콤한 '단독'이 눈앞에 있을수록 조심해야 한다.

35번 의사는 살아 있었다

2015년 6월 11일 메르스 확진을 받은 35번째 환자인 서울삼성병원 의사가 사망했다. 이날 오후 8시 32분경 YTN 보도였다. YTN은 "의료계 관계자들에 따르면 오늘 오후부터 뇌 활동이 사실상 정지해 있다 오늘 저녁 끝내 숨진 것으로 전해졌다"며 "어제 산소마스크를 쓰고 있다가 오늘은 혈액순환을 강제로 해주는 장치인 에크모ECMO(체외막산소화장치)를 착용할 정도로 심각한 상태로 접어들었다"고 보도했다.

앞서 『한국일보』는 같은 날 오후 7시 50분경 온라인을 통해 해당 환자가 뇌사 상태에 빠졌다고 보도했다. 『한국일보』는 "박씨는 뇌 활동이 모두 정지돼 회복이 불가능하다고 판단, 가족들이 장례 절차를 준비하고 있다"고 전한 뒤 "12일까지 버티기 힘든 상황으로 알고 있다"는 서울시 관계자의 말과 "이날 오전 위독하다는 소식을 전해 들었다, 젊은 친구인데 안타깝다"는 삼성서울병원 관계자의 말을 빌려 보도했다.

『한국일보』는 35번 환자에 대해 "30대인 데다 지병도 없었다"고 전하며 "가벼운 알레르기성 비염 정도만 앓던 건강한 사람이 뇌사 상태에 이를 것이라고는 보건 당국도 예측하지 못했다"고 보도했다. 이어 환자 가족들이 "박원순 서울시장이 스트레스를 줘 면역력이 약해져 상태가 급격히 악화됐다"고 주장하는 것으로 알려졌다고 보도했다.

하지만 두 기사 모두 오보였다. 보건복지부는 『한국일보』 보도 직후 해명 자료를 내고 "35번 환자가 뇌사 상태라는 보도는 사실이 아니며 현재 호흡곤란이 있어 적절한 치료를 받고 있고 생명이 위독한 상황은 아님을 주치의를 통해 확인했다"고 밝힌 뒤 해당 보도가 "환자의 상태에 대한 정확하지 않은 정보로 환자 가족을 포함해 국민들의 불안감을 조장"했다고 밝혔다.

보건복지부는 35번 환자가 사망했다는 YTN 보도에 대해서도 이날 오후 8시 50분경 "YTN 보도는 오보이며 지금 시각 기준으로 사망하지 않았다"고 강조했다. YTN 측은 20분 만에 오보를 인정했다. 당시 박씨가 입원 중이던 서울대병원 측은 "불안정한 상태일 뿐이지 사망, 뇌사 소식은 모두 오보"라고 강조했다. 언론에 의해 잠시 '고인'이 되었던 35번 환자는 그해 12월 6일 퇴원했다.

숙명여자대학교 미디어학부 강형철 교수는 2015년 6월 15일자 「괴담과 오보, 그리고 불통」이란 제목의 『한겨레』 칼럼에서 당시 사건을 이렇게 적었다. "언론도 갈피를 못 잡고 '괴담'을 경계했다가 정부를 나무랐다 병원을 비난했다 하며 오락가락이다. 어떤 신문사와 방송사는 삼성병원 의사 사망 오보를 냈다가 각각 몇 시간, 몇 십분 안에 정정하기도 했다. 그 와중에 다른 인터넷 뉴스 매체들이 삽시간에 나서 이 보도들을 베껴 쓰면서 '위독'에서 '뇌사', 그리고 '사망'까지 이어지는 오보 릴레이 경주에 참여했다.……대부분의 뉴스 기사도 직접 본 것이 아닌, 들은 이야기로 만든다. '~로 알려졌다'는 식의 첩보도 거리낌 없이 보도한다. 뉴스를 가장한 유언비어다."

장자연이 쓴 편지가 내게 왔다면

"장자연 씨가 숨지기 전 쓴 편지 50여 통, 230여 장을 단독 입수했습니다." 2009년 3월 신인 배우 장자연은 유력 언론계 인사와 기업인 등 성 접대와 술 접대를 강요받았다는 일명 '장자연 리스트'를 남기고 스스로 목숨을 끊었다. SBS 〈8뉴스〉는 배우 장자연의 2주기를 하루 앞둔 2011년 3월 6일 장씨가 숨지기 전 쓴 편지를 단독 입수했다며 경찰의 진상 은폐 의혹을 제기했다. SBS가 입수한 장씨의 50통 230쪽 분량의 자필 편지는 2005년부터 사망 직전까지 쓰인 일기 형식의 문건이었다. SBS는 "장씨가 기획사와 전속 계약을 맺을 즈음인 2007년 10월 이후 편지에는 술 접대와 성 상납을 강요받았다는 내용이 자주 등장한다"고 보도했다. 파장은 컸다.

보도에 따르면, 장씨가 밝힌 성 접대 상대는 31명, 이들과 맺은 성 접대 횟수는 100번이 넘었다. 장씨는 편지에 이들의 직업을 기록했다. SBS는 "(편지에) 연예기획사, 제작사, 대기업, 금융기관, 언론사 관계자까지 열거돼 있다"고 밝혔다. SBS는 편지의 신빙성 의혹을 우려했는지 "편지들을 장씨 본인이 작성했는지 확인하기 위해 공인 전문가에게 필적 감정을 의뢰했으며 장씨의 필체가 맞다는 결과를 얻었다"고 강조했다.

하지만 '장자연 편지'는 친필이 아닌 것으로 드러났다. 그해 3월 16일 오전 국과수는 기자회견을 열고 "고 장자연의 친필이라 주장되던 편지 원본은 장씨의 필적과 상이하다"고 밝혔다. 당시 양후열 국과수 문서영상과 과장은 브리핑을 통해 "(장자연 편지가) 광주교도소에 수감 중인 전모씨로부터 압수한 적색 필적과 동일 필적"이라고 밝혔다. 전씨는 자신을 장자연의 지인이라고 밝힌 인물이었다.

국과수에 따르면, 전씨에게서 압수한 편지 원본에 드러난 글씨의 습성과 2009년 당시 확보한 장자연의 글씨 습성이 달랐다. 반면 맞춤법을 틀리게 기재하는 습성 등은 편지 원본과 전씨의 필적에서 공통적으로 관찰되었다. 경기경찰청과 분당경찰서는 전씨의 감방을 압수수색해 장씨의 친필 편지 주장이 제기된 편지 24장을 확보, 국과수에 필적 감정을 의뢰한 바 있다. 결국 이 사건은 전씨의 자작극으로 끝이 났다.

당시 SBS 보도에 매우 민감한 반응을 보였던 『조선일보』는 "국내 3대 지상파 방송사 중 한 곳인 SBS가 전과 10범에 정신병력을 갖고 있는 교도소 수감자가 지어낸 소설 같은 편지에 완벽하게 속아 넘어간 것"이라고 보도했다. 당시 SBS 관계자는 "SBS의 보도 또한 전문가의 필적 감정을 거친 것"이라며 "(보도에) 의도성이 있었다거나 조롱의 대상이 될 만큼 검증이 허술했다고 생각하지 않는다"고 해명했지만 SBS로서는 치욕적인 상황이었다.

당시 보도를 한 우상욱 SBS 기자는 "눈물로 용서를 구한다"며 입장을 밝혔다. 그는 '취재파일'을 통해 "편지를 뒷받침할 만한 다른 명백한 물증을 구하지 못한 제 무능력과 장씨가 전씨와 편지를 주고받았을 만한 분명한 정황을 확인하지 못한 제 미숙함을 탓할 뿐"이라고 사과하며 "성 접대로 괴로워하던 한 여배우의 석연치 않은 죽음은 여전히 풀지 못한 숙제"라고 밝혔다.

그리고 우 기자는 이렇게 적었다. "어떻게 3년 넘는 일상을 세세하게 기록한 230페이지짜리 편지를 조작할 수 있죠? 절절한 고통과 괴로움이 그대로 전해져 함께 마음 아파해야 했던 그 호소들을 어떻게 상상으로 지어낼 수 있나요? 그것도 필적 감정 전문가도 속일 만큼 완벽하게 필체를 흉내내서 말입니다. 빙의라도 되지 않고는 불가능한 일 아닌가요?"

내게 이런 편지가 들어왔더라면 나는 어땠을까? 검찰과거사위원회는 2018년 7월 2일 장자연 사건을 대검찰청 진상조사단의 본조사 사건으로 선정했다. 2009년 장씨 사망 당시 검찰 수사 과정에서 사건이 축소·은폐 등 문제가 있었다고 판단한 결과다. 검찰과거사위원회 결정을 전후로 MBC 〈PD수첩〉을 비롯해 주요 방송에서 관련 이슈가 속속 등장하고 있다. 부디 고인의 안타까운 죽음을 둘러싼 진실이 뒤늦게라도 밝혀졌으면 좋겠다.

너무 쉽게 오보를 인정했다

『국민일보』는 2013년 10월 4일자 1면 「'불통 청와대' 진영 파동 불렀다」란 제목의 기사에서 "진영 전 복지부 장관이 기초연금을 국민연금과 연계하는 방식에 반대를 피력하기 위해 박근혜 대통령과의 면담을 신청했다가 청와대 비서실에서 거절당하자 사퇴를 결심한 것으로 알려졌다"고 단독 보도했다. 『국민일보』는 "불통 지적을 받는 청와대가 복지

공약 주무 부처 장관의 해명 기회 요청조차 묵살한 셈"이라고 지적하며, 여권 관계자의 말을 빌려 "최원영 청와대 고용복지수석은 자신이 주도한 수정안을 진영 전 장관이 동의한 것처럼 박 대통령에게 허위 보고를 한 정황도 드러났다"고 보도했다.

『국민일보』는 "진 전 장관은 자신의 의도와 다른 기초연금 수정안이 복지부의 공식 안으로 둔갑해 청와대에 보고되자 사표를 제출했다"고 보도했다. 9월 30일 진영 장관의 사표가 수리되며 사퇴의 배경에 관심이 계속되던 상황에서 파장은 컸다. 청와대는 이 보도가 사실무근이라며 그해 10월 17일 서울남부지방법원에 정정 보도 청구 및 손해배상 청구 소송을 제기했는데, 이 사건은 박근혜 정부 들어 청와대가 언론사를 상대로 소송을 제기한 첫 사례였다.

청와대와 소송을 담당하게 된 『국민일보』 측 변호사는 2013년 12월 『미디어오늘』과 인터뷰에서 "(청와대의 소송 제기는) 권력이 언론의 감시와 견제를 받지 않겠다는 생각이다", "우리는 보도가 진실이라고 믿고, 취재기자도 복수의 팩트 체크를 했다. 진실을 썼는데 손해배상에 정정 보도까지 청구하는 것은 언론이기를 포기하라는 요구로, 언론사 입장에서 받아들일 수 없다"며 강경한 입장을 밝혔다.

하지만 『국민일보』가 단독 보도를 정면으로 뒤집는 기사를 2014년 2월 5일 내보내며 이 소송전은 시작도 하기 전에 허무하게 끝이 났다. 『국민일보』는 2면에 「진영 전前 복지 장관 면담 요청, 청와대 거부 없었다」란 제목의 기사를 내고 "진영 전 보건복지부 장관이 정부의 기초연금안에 대해 박근혜 대통령과의 면담을 신청했다가 청와대 비서실로부터 거절당했다는 『국민일보』 2013년 10월 4일자 보도와 관련, 청와대가 밝힌 정황과 여러 증거를 종합한 결과 사실이 아닌 것으로 밝혀졌다"고 보도했다.

『국민일보』는 "진 전 장관의 면담 요청을 김기춘 비서실장이 묵살했다는 대목은 사실무근으로 확인됐다"고 밝혔으며 "최원영 청와대 고용복지수석이 진 전 장관을 배제한 채 복지부 내 기초연금 정책을 담당하는 실·국에 직접 지시해 만든 국민연금 연계안을 마치 장관 동의를 받은 것처럼 박 대통령에게 '허위 보고'했다는 주장 역시 사실이 아닌 것으로 드러났다"고 전했다. 단독 보도의 주요 대목들이 모두 사실이 아니라는 내용이었다.

보통의 언론사는 오보를 인정하는 걸 정말 싫어한다. 그런데 오보를 너무 쉽게 인정했다. 오보라고 인정할 수밖에 없었던 구체적 설명도 없었다. 그냥 사실이 아닌 것으로 드러났다는 게 전부였다. 처음부터 부실했던 기사라면 왜 1면 톱으로 올렸으며 왜 소송전에 나섰던 걸까? 쉽게 이해하기 힘든 사람들은 한둘이 아니었다. 당시 오보 인정을 두고 청와대와의 소송을 피하기 위해 단독 보도를 뒤집었다는 의혹이 제기되었다. 그해 2월 변론이 시작될 예정이었으나 소송 대상이 된 기사를 스스로 오보라고 밝힘으로써 변론은 이루어지지 않았다.

해당 기사를 놓고 『국민일보』와 청와대의 협상이 있었다면 『국민일보』는 사주 리스크를 해소하거나, 사주나 신문사가 유무형의 대가를 받거나 둘 중 하나의 선택을 했을 가능성이 높다. 물론 추정이다.

이 무렵 전국언론노조 『국민일보』·CTS 지부는 성명을 내고 "정치부 등을 통해 기사가 나간 배경을 들어보니 이 기사는 청와대가 '진영 파동' 기사를 상대로 제기한 정정 보도 청구 및 손해배상 청구 소송을 종료시키기 위한 목적으로 작성됐다"고 주장했다. 『국민일보』 노조는 "(기사가) 사실이 아닌 것으로 확인됐다는 데 기자가 이를 어떻게 밝히고 확인한 것인지 알 수가 없다"며 "우리 기사를 우리 스스로 검증한 결과 오보로 판정한 것인데 그 태도가 너무나 궁해서 기이할 정도"라고 지적했다.

이 사건은 정말 기이했다. 회사 차원에서 오보를 인정했더니 기자들이 의혹을 제기했던 사건이기 때문이다. 그래서 이 사례는 오보를 인정한 기사가 오보일 수 있다는 점에서 기록으로 남길 필요가 있다. 때론 오보를 인정한 순간도 의심해야 한다.

아이스하키 인터뷰

방송통신심의위원회 방송심의소위원회에서 의견 진술에 나선 박상규 채널A 보도본부 부본부장은 연신 고개를 숙여야만 했다. 채널A 〈뉴스특급〉은 2018년 1월 17일 방송에서 여자 아이스하키 남북 단일팀 논란을 다루는 과정에서 2017년 7월 당시 국가대표 선수들의 인터뷰 영상을 최근 인터뷰한 것처럼 내보냈다. 시청자들로서는 논란 당시 선수들 심경이라고 잘못 판단할 수밖에 없었다. 심의위원들은 이날 전원 합의로 법정 제재인 '주의' 의결을 결정했다.

해당 프로그램에서 김종석 채널A 앵커는 패널 토크 도중 "이들(선수들)의 목소리를 들어봐야 할 것 같습니다. 선수들은 이렇게 얘기하고 있습니다"라고 말한 뒤 인터뷰 화면으로 넘어갔다. 그러자 엄수연 선수의 "아이스하키를 원래 모르셨던 분들이 통일 하나만으로 갑자기 아이스하키를 생각하시고 저희를 이용하시는 것 같은데, 지금 땀 흘리고 힘들게 운동하는 선수들 생각 한 번 해주셨으면 좋겠습니다"라는 인터뷰가 나갔다.

하지만 관련 인터뷰는 2017년 7월 5일 채널A가 보도한 내용이었다. 당시에도 평창 동계올림픽 여자 아이스하키 단일팀 구성 가능성이 거론되었는데, 이에 대한 선수들의 비판적 입장을 전한 내용이었다. 당시 인터뷰가 끝난 뒤 김종석 앵커는 "눈빛과 말투가 상당히 간절하다"면서 "아이스하키 팀은 여러 가지 울분을 토로하고 있는데, 사실 이 울분의 기폭제 그러니까 기름을 부었다고 할 만한 발언이 어제 이낙연 총리 입에서 나왔다"며 사실과 다른 주장을 펼쳤다.

이날 의견 진술에 나선 박상규 부본부장은 "당시 선수단과 인터뷰할 처지가 아니었는데, 그런 사실을 해당 제작진이 몰랐던 것 같다. 그래서 이 인터뷰가 과거의 것인지 최근의 것인지 이를 확인하지 않았다"고 해명했다. 박상규 부본부장은 "명백한 잘못"이라며 의견 진술 내내 거듭 사과한 뒤 "앵커, CP, 본부장까지 전부 인사위원회에 회부해 중징계 받았다. 해당 프로그램은 종결시켰다"고 말했다. 그는 "조작 의도는 없었지만, 현재 인터뷰처럼 내보낸 것은 명백히 잘못"이라며 재차 사과했다.

〈뉴스특급〉은 1월 22일 사과 방송을 내보내고 4일 뒤 폐지되었다. 채널A는 특정 프로그램이 문제를 일으키면 심의 제재 수위를 낮추기 위해 프로그램 폐지를 반복하고 있다는 지적을 받았다. 이와 관련 심영섭 심의위원은 "왜 이렇게 프로그램 폐지가 반복되는가"라고 물으며 채널A의 대응을 비판하기도 했다.

채널A는 2015년 5월 〈김 부장의 뉴스통〉에서 2008년 6월 28일 광우병 촛불 집회 사진과 2003년 농민 집회 사진을 '세월호 시위대의 경찰 폭행 사진'으로 내보내고 "폭력이 난무한 세월호 시위를 합리화할 수 있나"라고 주장했다가 조작 사실이 알려진 뒤 프로그램을 폐지했다. 2013년 5·18 광주민주화운동을 두고 "북한군 특수부대가 개입해 일으킨 폭동"이라는 주장을 내보냈던 〈김광현의 탕탕평평〉 역시 논란이 일자 폐지되었다.

공릉동 살인 사건

2015년 10월 9일자 SBS 〈궁금한 이야기 Y〉에서 방송된 '노원구 살인 사건, 군인의 죽음을 둘러싼 의혹이 가리키는 것은?'편에 등장했던 양석주는 2017년 SBS 제작진을 형사 고소했다. 앞서 양씨는 나와 만나 "방송사가 수사권을 침해하고 특정인을 범죄자로 지목했다"며 "이 사건은 단순한 오보가 아니라 시청률을 위해 저지른 범죄행위"라고 주장했다. 그의 눈은 붉게 충혈되어 있었다.

일명 '공릉동 살인 사건'으로 유명한 이 사건은 2015년 9월 24일 새벽 5시 30분경 휴가를 나온 군인 장 아무개가 가정집에 침입해 양씨의 예비 신부 박 아무개를 무참히 칼로 찔러 살해하고 예비 신랑이던 양씨에게 살해당한 사건이다. 경찰은 양씨의 살인을 정당방위로 인정해 불기소 의견으로 검찰에 사건을 올렸고, 2017년 10월경 검찰이 불기소 처분을 내렸다. 이 사건은 2년 만에 정당방위로 인정된 살인 사건이었다. 그러나 논란은 끝나지 않았다. 2년 전 경찰의 수사 도중 방송된 SBS 〈궁금한 이야기 Y〉 때문이었다.

SBS는 당시 방송에서 "여성의 비명 소리를 들을 당시 시간이 5시 27분"이라는 이웃 주민 A씨 증언을 내보내며 피해자의 비명 소리가 5시 30분에 났다고 밝힌 노원경찰서의 내용과 배치된다고 설명했으며, CCTV에 따르면, 장 상병이 박씨의 가정집에 침입한 시각이 5시 28분이라고 밝혔다. SBS는 "27분에 비명 소리가 들렸다면 장 상병이 사고 장소에 침입하기 전 이미 피해자 박씨의 신변에 문제가 발생했다고 봐야 한다"고 밝혔다. 이 방송 이후 양씨는 예비 신부를 죽인 살인자로 묘사되며 온라인에서 인격 살인을 당했다.

이에 대해 양씨는 나와 만나 "A씨와 직접 통화해보니 27분부터 30분 사이 비명 소리를 들었다고 말했다. 그런데 방송에서 27분으로 조작됐다. 27분이라고 말하는 모습에선 방송사가 대역을 썼다"고 주장했다. 양씨는 "제작진이 A씨를 4번이나 찾아간 것도 유도 심문을 위해서였다"고 주장했다. SBS 〈궁금한 이야기 Y〉 제작진은 앞서 언론중재위원회에 제출한 답변서에서 "A씨가 수차례에 걸쳐 27분 피해자의 비명을 들었다고 구체적이고 명확하게 진술했다"고 밝혔으며 "길이를 줄이는 차원의 편집만 있었고 내용을 바꾸기 위한 편집은 없었다"고 반박한 바 있다.

양씨는 장 상병이 사건 당일 새벽 술에 취해 들렀던 주변 집 4곳과 달리 유독 1곳에서만 잔혹한 폭력성이 드러난 부분이 이해하기 어렵다는 방송 내용에 대해서도 "앞의 집 네 곳에선 사람들이 깨어 있었고, 우리는 모두 자고 있었다는 점이 가장 큰 조건 값의 차이"라고 강조했다.

이와 관련 손수호 변호사는 2017년 CBS 〈김현정의 뉴스쇼〉에 출연해 "사건 발생 직후 여러 언론이 확인되지 않은 자극적인 보도를 쏟아냈다. 정확한 사실관계 확인도 없이 시중에 떠도는 이야기를 그냥 활용해서 의혹을 제기했다"고 꼬집었다. 손 변호사는 "휴가 나온 군인이 아무 이유 없이 남의 집에 들어갔겠느냐는 의문이 있었지만 경찰이 당사자들의 직전 1년간 통화 기록, 디지털 증거, 동료, 가족, 지인들의 이야기까지 종합 분석한 결과 예비 신부와 장 상병은 아는 사이가 아니었음이 확인됐다"고 밝히기도 했다.

당시 예비 신랑 양씨가 예비 신부와 군인을 살해했다는 의혹에 대해서는 "예비 신부의 손톱 아랫부분에서 장 상병 DNA가 발견됐다. 반면 양씨의 DNA는 발견되지 않았다"고 밝혔으며 "사건 발생 직전 예비 신랑과 예비 신부가 싸웠고 비명 소리가 들렸다는 주장도 있었는데, 확인해보니 이 역시 사실이 아니었다"고 밝혔다.

양씨는 서울북부지방검찰청에 제출한 고소장에서 "경찰 수사 단계였고 국과수 결과 발표도 나오지 않은 상태에서 비보도 약속을 어겨가며 나를 약혼녀를 죽이고 비명 소리를 듣고 도와주려고 들어온 사람까지 살해한 살인마로 지목해 수사에 방해를 가하고 수없이 많은 조작으로 씻을 수 없는 상처를 가했다"며 "공익성을 빌미로 여론 재판, 여론 살인을 가한 방송 프로그램에 대한 엄벌을 요청한다"고 밝혔다.

그러나 검찰은 SBS 〈궁금한 이야기 Y〉 제작진의 명예훼손 혐의를 불기소 처분했다. 검찰은 불기소 이유서에서 "오 아무개씨가 인터뷰 과정에서 비명 소리를 들은 시간에 대해 5시 27분경에서 5시 30분경 사이라고 번복했음에도, 방송에 5시 27분경 비명 소리를 들었다고 진술하는 부분만 내보낸 것은 사실이다"라고 인정하면서도 "(방송의 목적이) 철저한 수사 촉구를 하는 데 있다고 보이고, 방송 내용이 허위이거나 (제작진이) 방송 내용이 허위임을 인식했다고 보기 어렵고, 이 사건은 장씨의 살인 동기 등이 명확하지 않아 언론 보도가 계속되는 상황으로 공공의 이익도 인정된다"며 명예훼손에 대해 무혐의 처분했다.

이에 양씨는 항고 이유서를 제출했다. 양씨는 항고 이유서에서 오씨 증언과 관련해 "27분을 특정한 사람은 담당 PD였고, 그는 오씨와 협의하지 않고 일방으로 27분으로 방송에 내보내겠다고 통보했으며, 이에 오씨는 언론중재위 조정 기일 전, 나와 전화 통화에서 그렇게 말한 적이 없다고 했으며 정식 인터뷰가 아니었다고 밝힌 바 있다"고 주장했다. 양씨는 "억지로 끌어내 만든 3분 때문에 나는 약혼녀를 죽인 살인마로 몰렸는데, 이게 정당하다는 검사의 판단은 사실을 왜곡하는 일"이라고 주장했다.

그는 "새벽에 민가 4곳을 무단 침입한 명백한 사실이 존재했음에도, (제작진은) 장 상병의 가족과 친구들만 만나 그가 착한 사람이었다고 만

들어났는데, 이에 대해 (검찰은 제작진에) 추궁하지 않았다"고 비판했다. 양씨는 약혼녀의 장례식장에 찾아온 제작진을 향해 "그런 곳에는 취재를 안 나가는 게 상식이다. 그들의 예의 없음과 시청률 때문이라는 속내를 짐작했기에 화를 내고 쫓아냈지만 오히려 제작진은 나를 이상한 사람으로 규정했다"고 비판했다.

양씨는 당시 SBS 제작진에게 "도대체 군대에서 (장 상병에게) 무슨 일이 있었는지 좀 알아봐달라고 당부했다. 군대가 자신들에 대한 치부가 드러날 일을 수사한다는 것을 기대하기 어려우니, 언론이라도 나서서 그 부분을 해결해달라는 부탁이었다. 그러나 방송에선 단 한 번도 군대에 대한 내 의문 제기는 나오지 않았다"고 주장하기도 했다.

양씨는 "제작진은 내게 방송이 곧 나가게 잡혀 있고 경찰이나 어디서나 다들 말을 안 해줘서 별다른 방송 내용을 건진 게 없다고 실토했다. 그들은 방송 송출 시간에 쫓기고 있었다. 나는 국과수 결과가 보름 정도 있으면 나올 테니 그거 보고 방송을 내든가 하라고 말했다"고 전한 뒤 "시간에 쫓기는 탐사 보도 프로그램은 없다. 면밀한 팩트 체크가 아니라 시간을 선택한 순간 공익성은 크게 훼손된다"고 주장했다.

양씨는 무엇보다 SBS 제작진이 밀실 살인 사건 보도가 갖는 특수성을 고려하지 않았다고 비판했다. 양씨는 "A가 아니면 B가 범인일 수밖에 없는 구조에서 A에 대한 옹호는 당연하게 B에 대한 비난을 의미한다. 노원경찰서와 북부지검 출입 기자들이 단톡방에서 국과수 결과가 나올 때까지는 더이상의 보도를 내보내지 말자고 결정한 이유가 이 때문이다. (그러나) 방송을 보고 전 국민이 나를 범인으로 지목했다. 특정성이라는 것은 '언어'로만 규정되는 것이 아니다"라고 주장했다.

양씨는 "언론 피해자인 나의 입장에서는, 분명하고도 명백하게 피해를 입은 사실이 존재하며, 이는 언론중재위나 검찰도 인정하는 것으로 보이는데, 이러한 피해를 입힌 사람이 방송도 아니고, 방송을 시청한 시청자도 아니라는 검찰의 모순된 결정이 납득되지 않는다"고 주장했다.

앞서 양씨는 온라인상에서 자신을 살인자처럼 묘사하며 비방한 누리꾼들을 고소했지만, 이들은 모두 불기소 처분을 받았다. 그는 "피해자가 있다면 반드시 가해자가 있어야 한다. 때문에, 피해자가 있는데도 가해자가 없다는 결론을 내려버린 이 불기소 이유서는 잘못된 것"이라고 거듭 강조했다. 양씨는 SBS가 철저한 수사 촉구라는 공익성이 방송의 목적이었다는 점을 강조한 부분과 관련해 "국과수 결과가 나온 뒤 보도하더라도 늦지 않는 일이었다"라고 반박했다. 양씨의 싸움은 아직 끝나지 않았다.

제2장

야마가 팩트를 앞서면 진실을 놓친다

'선생님'과 '성인들'

"학교 폭력 참 이해가 안 가요. 그건 전적으로 선생님 잘못이라고 생각합니다." 스승의 날에 서울시장이 선생님들 앞에서 이런 말을 했다면, 선생님들 기분은 어떨까? 2012년 5월 15일 스승의 날, 서울 대방동 강남중학교를 방문한 박원순 서울시장이 이런 말을 했다고 『조선일보』가 단독 보도했다. 학교 폭력에 대해 어떻게 생각하느냐는 학생의 질문에 박 시장이 선생님 잘못이라고 답했다는 것이다. 이를 두고 『조선일보』는 "스승의 날 학생들 앞에서 학교 폭력을 일방적으로 교사 탓으로 돌린 박 시장의 발언이 적절했느냐는 지적이 나오고 있다"고 보도했다.

이날 『조선일보』는 서울시의회 한 의원의 입을 빌려 "스승의 날 교사들에게 힘이 되는 얘기는 못할망정 학교 폭력이 교사 탓이라며 선생님 가슴에 못을 박는 발언을 했다"고 비판했다. 하지만 기사는 사실이 아니었다. 서울시가 당일 녹취를 통해 밝힌 박원순 시장 발언은 이랬다. "학교 폭력 참 이해가 안 가요. 그건 전적으로 성인들의 잘못이라고 저는 생각해요."

선생님이 아니라 성인들이었다. 의미와 맥락이 완전히 다른 단어였다. 학교 폭력은 기성세대 전체의 문제라는 맥락이었다. 녹취가 등장하자 『조선일보』는 5월 17일자 '바로잡습니다'를 통해 "확인 결과 박 시장은 '선생님'이 아니라 '성인들'이라고 말한 것으로 밝혀졌다. 독자 여러분과 박 시장께 사과드린다"고 밝혔다. 잘못된 정보를 바탕으로 박 시장을 비판한 기사에 대한 정정 보도는 10면 하단 구석에 처박혔다. 16일자 10면 기사의 5분의 1 수준 크기였다.

『조선일보』는 왜 이런 초보적 실수를 했을까? 이후 『조선일보』 내부에서 전해들은 이야기에 따르면, 당시 현장에 있던 『조선일보』 기자는 어떻게든 기삿거리를 구해오라는 데스크의 지시에 계속 스트레스를 받았다고 한다. 그러다 헛것이 들린 셈이다.

오보는 또 있었다. 2013년 7월 15일 서울 동작구에서 노량진 배수지 상수도관 공사 수몰 사고로 7명이 사망하는 사건이 발생했다. 『조선일보』는 온라인판을 통해 박원순 시장이 사고 이후 5시간 만에 현장에 도착했다고 보도했다. 이 신문은 "사고 발생 30여 분 만인 이날 오후 5시 30분쯤 문승국 서울시 제2부시장이 현장에 도착했지만 박원순 시장은 밤 10시 25분쯤에야 모습을 드러냈다. 늑장 대응 아니냐는 비판이 나오고 있다"고 보도했다.

기사의 야마(기사의 핵심을 뜻하는 언론계 은어)는 '부시장은 30분 만에 왔는데 시장이 사태의 심각성을 모르고 늑장을 부렸다'는 것이다. 하지만 문승국 부시장이 현장에 온 시간은 오후 9시 26분이었다. 오후 5시 30분과는 거리가 멀었다. 문승국 부시장은 당시 나와 통화에서 "소방방재본부 상황실 상황 일지에도 분명히 내가 밤 9시 26분에 도착한 것으로 기록돼 있다"며 "언론에서 제대로 사실 확인도 안 하고 악의적으로 소설을 썼다"고 비판했다.

사고 발생 직후 오지 못한 것이 문제라면 비판이 가능하겠지만, 부시장의 도착 시간과 비교해 비판한 것은 결과적으로 무리수였다. 이 같은 오보가 반복되면 독자들은 '『조선일보』가 서울시장에게 악의를 갖고 있다'고 생각할 수밖에 없다.

야마가 팩트를 앞서는 경우 대개 기자들은 진실을 놓친다. 『동아일보』는 2018년 7월 11일자 사회면에 실린 「문 대통령의 '운명'에 검사들 운명 담겨 있다」란 제목의 기사에서 "13일 발표될 검찰 중간 간부급 인사를 앞두고 문재인 대통령이 2011년 펴낸 자서전 『운명』에서 거론한 사건을 수사한 검사들이 검찰 안팎의 관심을 끌고 있다"며 "책에 나오는 한정화 수원지검 공안부장과 강정석 춘천지검 영월지청장이 최근 사의를 표명한 사실이 알려지면서부터다"라고 보도했다.

이 신문은 두 검사를 가리켜 "2013년 서울중앙지검 공안2부에 근무할 당시 노무현 전 대통령이 2007년 남북정상회담에서 서해 북방한계선NLL을 부정하는 발언을 했고 관련 회의록을 폐기했다는 의혹을 수사했다"고 설명했으며 두 검사가 사의를 표명하자 검찰 내부에서 "문 대통령의 자서전 『운명』에 검사들의 '운명'도 담겨 있다"는 이야기가 나왔다고 보도했다. 쉽게 말해 문 대통령이 자서전을 통해 '저격'한 검사들이 '보복성 인사'를 앞두고 스스로 옷을 벗었다는 뉘앙스였다.

그러나 두 사람은 책 『운명』에 등장하지 않는다. 심지어 두 사람은 대통령기록물 수사에도 관여하지 않았다. 『동아일보』는 12일자 지면에서 "한정화 수원지검 공안부장과 강정석 영월지청장은 문재인 대통령이 2011년 쓴 책 『운명』에 전혀 언급되지 않았고, 책자에 나오는 대통령기록물 수사에도 관여하지 않았다"며 "두 분께 사과드린다"고 밝혔다. 문재인 정부 검찰 인사를 비판하려는 의도가 앞섰지만, 정작 주요 사실관계가 모두 틀려버린 보도였다.

'미필적 고의'에 의해 오보가 발생하는 경우도 있다. 『국민일보』는 2015년 5월 28일 종교면에 실린 「서울시, 동성애 축제를 '건전 문화 활동' 인정」이란 제목의 기사에서 동성애가 에이즈AIDS(후천성면역결핍증)의 원인이라고 강조하며 보건복지부 질병관리본부가 발표한 '2015 에이즈 관리 지침'을 인용했다. 『국민일보』는 "동성애자들은 '에이즈·성매개 감염병 건강 진단 대상자'와 함께 감염 위험 집단으로 분류돼 있다"며 "전문가들은 그 이유가 남성 동성애자 간 성 접촉으로 에이즈가 확산됐기 때문인 것으로 보고 있다"는 질병관리본부 관계자의 설명을 실었다. 이어 "질병관리본부는 동성애자에 의한 에이즈 확산 가능성이 높기 때문에 한국에이즈퇴치연맹의 동성애 상담소 등을 통해 현황을 파악하고 예방 활동을 하고 있다"고 밝혔다.

그러나 『국민일보』 기사는 질병관리본부 HIV/AIDS 지침과 해당 지침의 근거가 된 유엔 AIDS 계획 보고서의 취지를 심각하게 왜곡했다. 질병관리본부 '2015 HIV/AIDS 관리 지침'을 보면 동성애자를 감염 위험 집단 혹은 감염 취약 계층으로 분류한 것은 맞다. 그러나 질병관리본부는 공식 홈페이지 '에이즈 바로알기' 코너에서 "HIV 감염은 성 정체성에 관계없이 HIV 감염인과 안전하지 않은 성관계를 할 때 전파된다"고 설명하고 있으며, "이성 간 또는 동성 간에 관계없이 항문 성교, 질 성교, 구강성교 등의 성행위를 통해서 감염될 수 있다"고 밝혔다.

질병관리본부 에이즈·결핵관리과 관계자는 당시 『미디어오늘』과 인터뷰에서 "동성애자가 에이즈 고위험군이긴 하지만 에이즈는 특정 성적 취향을 원인으로 하는 질병은 아니다"라며 "HIV의 감염 확률이 높은 항문 성교라는 것도 이성 간, 동성 간 할 수 있다는 것을 전제로 하므로 특정 성적 취향을 가진 사람이 더 많이 감염된다는 것은 사실이 아니어서 오해하면 안 된다"고 설명했다.

질병관리본부가 감염 위험 집단으로 분류한 '에이즈·성 매개 감염병 건강 진단 대상자'는 유흥업소 접객원, 안마시술소 여종업원 등으로 성 매개 감염병과 에이즈를 감염시킬 우려가 있는 행위가 있는 직업군의 사람을 말한다. 동성애로 에이즈가 확산된다는 식의 주장성 보도는 순복음교회와 특수 관계라고 할 수 있는 『국민일보』의 의도적 오보라고도 볼 수 있다.

문익환과 김정남, 그리고 김부선

1989년 봄, 통일에 대한 열망 속에 방북 사건이 잇따라 벌어졌다. 소설가 황석영은 중국 베이징을 거쳐 3월 20일 평양에 도착했다. 황석영 방북 사건의 충격 속에 3월 25일에는 문익환 목사가 평양에 도착했다. 문 목사는 김일성을 만났다. 그 후 허담 조국평화통일위원회 위원장과 공동 성명을 내고 "공존의 원칙에서 연방제 방식으로 통일을 하는 것이 필요하다"고 밝혔다. 충격적인 사건이었다.

이런 가운데 1989년 4월 5일자 『조선일보』 1면 톱기사 제목은 「문씨 "김일성 대남 편지 없어"」였다. 그리고 부제목은 「문씨 "돌아가고 싶지 않다"」였다. 부제목이 충격적이었다. 대놓고 '나는 북한이 좋아요'라고 선언한 꼴이었다.

하지만 논란의 부제목은 사실이 아니었다. 『조선일보』는 "그는 귀국 후의 체포 가능성에 대해 '솔직히 말해 들어가고 싶지 않다'고 심경의 일단을 피력하면서……"라는 문장에서 부제목을 뽑았는데, 문 목사 가족들은 부제에 달린 "돌아가고 싶지 않다"는 대목은 "귀국 후 감옥에 들어가고 싶지 않다"는 맥락이었다고 주장하며 『조선일보』가 이 대목을 왜곡했다고 주장했다.

실제로 문 목사는 정부 허락 없이 북한에 갔기 때문에 한국에 돌아오면 구속이 자명한 상황이었다. 이 때문에 체포 가능성을 묻는 질문에 들어가고 싶지 않았다고 한 것이다. 그러나 당시 부제목과 관련해 『조선일보』는 마감 시간에 쫓겨 부제를 뽑았다는 이상한 해명을 냈다. 문 목사 측은 정정 보도 청구 소송을 제기해 승소했고, 『조선일보』는 그해 9월 28일자 1면에 정정 보도문을 실었다. 기사의 제목과 부제만 읽고 지나쳤던 수많은 독자에게 문익환 목사는 "북한에 남고 싶었던 목사"로 여전히 기억될지도 모르겠다. 문익환 목사는 4월 13일 귀국하자마자 공항에서 체포되었다.

『조선일보』는 2012년 1월 17일자 1면에 「김정남, "천안함 북의 필요로 이뤄진 것"」이라는 제목의 기사를 내고 김정일의 아들 김정남이 일본 『도쿄신문』 고미 요지五味洋治 편집위원과 지난 7년 동안 주고받은 이메일 대화록을 『월간조선』이 입수했다며 이를 토대로 김정남의 발언을 전했다.

『조선일보』는 해당 기사에서 김정남이 천안함 침몰 사건에 대해 "북조선 입장에서는 서해 5도 지역이 교전 지역이라는 이미지를 강조할 필요가 있다. 그래야 핵, 선군 정치 모두 정당성이 부여되는 것이라고 했다"고 보도했다. 김정남이 천안함 사건이 북한의 소행이라는 것을 인정했다는 취지의 보도였다.

그러나 오보였다. 책의 저자인 『도쿄신문』 고미 요지 편집위원은 1월 18일 『서울신문』과 인터뷰에서 "김정남과 주고받은 이메일 내용을 게재한 내 책에는 천안함 내용이 단 한 군데도 나오지 않는데 『조선일보』가 왜 이런 내용을 보도했는지 이해할 수 없다"며 『조선일보』의 해명을 듣고 싶다고 말했다.

논란이 이어지자 『조선일보』는 2012년 1월 20일자 2면 하단에 17일자 기사와 관련, "고미 요지 『도쿄신문』 편집위원이 김정남과 주고받아온 이메일 내용을 『월간조선』이 요약해 본지에 전달한 기사를 전재한 것"이라고 설명한 뒤 "그러나 고미 요지 위원이 이메일을 바탕으로 펴낸 책에는 천안함 관련 부분이 없는 것으로 밝혀져 바로잡습니다"라고 오보를 인정했다.

그러나 해명이 이상했다. 『조선일보』는 "『월간조선』 측은 천안함 부분은 김정남 주변의 정통한 소식통으로부터 별도 취재한 내용이라고 밝혔습니다"라며 "혼선을 초래한 점 사과드립니다"라고 해명했다. 기사를 쓴 것은 『월간조선』 기자이고, 『조선일보』는 그것을 전재했을 뿐이며, 『월간조선』은 김정남 주변의 정통한 소식통에게 별도 취재한 내용이라는 이야기다. 어떻게든 오보 책임에서 빠져나가려 한 흔적이 역력했다. 사과의 뜻 역시 '혼선을 초래해서' 사과한다는 것으로, 천안함 대목은 오보가 아니라는 주장이었다. 독자들은 당연하게도 '정통한 소식통'이 누구인지, 그가 과연 존재하기는 하는지 알 길이 없었다.

『조선일보』는 배우 김부선이 살고 있는 아파트 관리소장 전 아무개의 고소장을 바탕으로 2016년 3월 3일 「[단독] 난방비 갈등? 아파트 소장 급소 잡은 김부선」이란 선정적 제목의 기사를 냈다. 김부선은 해당 기사에 대해 "갑작스럽게 사퇴한 관리소장이 허위 사실을 제보하고 『조선일보』는 확인조차 안 했다"고 밝혔으며 "저는 손끝도 닿은 적이 없습니다. 증인도 있습니다"라는 입장을 밝혔다. 그러나 이미 김씨에겐 남성의 급소까지 잡는 사람이란 부정적 이미지가 새겨진 뒤였다.

3개월이 지난 6월 22일, 『조선일보』는 뒤늦게 정정 보도를 냈다. 심지어 정정 보도 형식도 아니었다. 『조선일보』는 "4대의 CCTV 영상을 확인한 결과, 전씨의 주장은 사실과 다른 것으로 밝혀졌다"며 "김씨가 문서를 보여달라고 요구하면서 두 사람 간에 실랑이가 벌어졌다. 이 과정에서 김씨 손이 관리소장의 주머니 쪽에 닿긴 했지만 급소를 가격하거나 움켜쥐지는 않았다"고 보도했다. 첫 보도 이후 4개월 가까이 지난 뒤 법적 책임을 면피하기 위한 보도였다.

이를 두고 김부선은 자신의 페이스북에 "일등 신문, 『조선일보』의 정정 기사"라고 소개했다. '염치' 없는 언론은 한 사람에게 씻을 수 없는 상처를 남겼다. 문제의 기사는 여전히 온라인에 '단독'이란 타이틀을 달고 남아 있다. 문익환·김정남·김부선은 모두 『조선일보』의 과도한 '야마'가 만든 보도 피해자들이다.

〈PD수첩〉을 무너뜨리려다 스스로 무너지다

2008년 전국을 촛불로 뒤덮게 했던 시작점은 MBC 〈PD수첩〉 광우병 편이다. 보수 신문은 〈PD수첩〉에 대한 공세에 나섰다. 제작진의 의혹 제기를 근거 없는 선동으로 몰아 촛불을 잠재우고, 추락한 이명박 정부의 지지율을 회복시키려는 정치적 목적이 있었다. 당시 『중앙일보』는 앞장서서 〈PD수첩〉 비판 기사를 통해 소위 '광우병 괴담' 프레임으로 촛불 집회 참가자들을 고립시키고자 했다. 하지만 〈PD수첩〉을 무너뜨리겠다는 의욕이 앞선 탓인지 팩트 체크가 소홀했다.

여기선 크게 3가지 오보만 짚어본다. 첫 번째는 2008년 7월 5일 9면에 실린 사진기사다. 제목은 「미국산 쇠고기 1인분에 1,700원」이었다. 사진에는 '미국산 쇠고기 판매 개시'라는 광고 문구가 음식점 벽에 붙어 있고 여성 2명이 쇠고기를 먹는 장면이 묘사되었다. 『중앙일보』는 사진 설명을 통해 "미국산 쇠고기가 일반 음식점에서도 판매가 시작됐다. 서울 양재동의 한 음식점을 찾은 손님들이 구이용 쇠고기를 굽고 있다. 이 식당에서 판매하는 미국산 쇠고기 값은 1인분에 생갈비살 6,500원이다"라고 보도했다.

이 사진기사는 상당한 시각적 메시지를 담고 있었다. 당시 미국산 쇠고기 수입에 반대하는 촛불 집회가 광화문과 시청을 뒤덮고 있었다. 보수 신문은 〈PD수첩〉이 미국산 쇠고기가 안전하지 않은 것처럼 불안감을 조장했다는 프레임으로 이명박 정부 입장을 대변했다. 이 사진은 촛불 집회에 나서며 먹거리 안전을 주장하던 시민들과 달리 안심하고 미국산 쇠고기를 찾아 먹는 시민들도 존재한다는 메시지를 담고 있었다. 이는 바꿔 말해 촛불 시민들을 '좌파 세력의 선동에 휘둘리는 극성스런 소비자' 정도로 비추기 충분했다.

하지만 이 사진은 연출 사진이었다. 프레임이 조작되었다는 의미다. 오보 가운데 가장 질이 안 좋다고 할 수 있는 고의적 왜곡에 따른 오보다. 사진 설명에는 손님들이 쇠고기를 먹고 있다고 나오는데, 사진 속 인물 중 1명은 『중앙일보』 경제부 기자였다. 또 다른 1명은 기자와 동행했던 『중앙일보』 대학생 인턴기자였다. 변명의 여지가 없는 짓이었다.

『중앙일보』는 3일 뒤인 8일 정정 보도문을 내고 "두 사람은 사진기자와 더불어 4일 오후 5시쯤 서울 양재동에 있는 식당에 도착했다. 미국산 쇠고기를 판매하는 음식점을 취재하기 위해서였다. 기자들이 도착했을 때는 이른 저녁 시간이라 손님이 없었다. 마감 시간 때문에 일단 연출 사진을 찍어 전송했고, 6시가 넘어 세 테이블이 차자 기자가 다가가 사진 취재를 요청했으나 당사자들이 모두 사양했다. 음식점 상황을 독자에게 전달해야 한다는 판단에 잘못을 저질렀다"고 사과했다. 저렇게 버젓이 사진을 조작했던 마당에, 해명에 믿음이 가기란 어려웠다.

두 번째. 『중앙일보』는 2008년 7월 30일자에서 검찰이 〈PD수첩〉 광우병 편 방송분에 해명을 요구한 23가지 항목을 소개하는 기사를 썼다. 이 기사에서 『중앙일보』는 미국 동물보호단체인 '휴메인 소사이어티'가 공개했다는 다우너 소(주저앉은 소)의 동영상 캡처 사진을 실었다. 그러면서 "원래 동물 학대를 고발한 영상이었지만 〈PD수첩〉은 광우병에 걸린 소처럼 보도했다"고 보도했다. 조작 방송을 냈다는 의미였다.

하지만 이 사진은 휴메인 소사이어티가 공개한 장면이 아니었다. 사실은 충북 청주의 한 축산 농가에서 찍은 다리마비병 소의 사진이었다. 『중앙일보』는 31일자 2면에 정정 보도문을 실었다. 이 오보는 단순 실수처럼 느껴지지만 따져보면 광우병 논란과 관련한 기사에서 얼마나 팩트에 소홀했는지를 보여주는 상징적인 장면이었다. 어떻게든 정부 비판적인 성난 민심을 잡고 싶었던 의욕이 앞선 결과였다. 일각에선 의도적으로 오보를 냈다가 걸린 것 아니냐는 주장도 있었지만 그렇게까지 생각하고 싶지 않다.

세 번째는 앞선 두 가지보다 질이 안 좋다. 당시 〈PD수첩〉 제작진이었던 조능희 CP가 나를 만나 "가장 악질적인 보도"라고 꼽았던 기사다.

『중앙일보』는 2009년 6월 15일자 사회면에서 "검찰이 확보한 소장과 재판 기록 등에 따르면 고소인인 아레사 빈슨의 유가족과 피고소인 모두 인간광우병vCJD에 대한 언급을 하지 않은 것으로 확인됐다"고 보도했다. 〈PD수첩〉은 방송 당시 빈슨의 사망 원인과 관련해 'vCJD'란 자막을 넣었다. 『중앙일보』 보도가 맞다면 〈PD수첩〉은 치명적인 잘못을 한 셈이었다.

하지만 당시 『중앙일보』 보도는 검찰 측 주장만 일방적으로 담은 기사로 거짓이었다. 〈PD수첩〉 제작진은 민사소송을 제기했다. 서울고등법원 민사13부는 『중앙일보』가 제작진에게 4,000만 원을 배상하라고 판결했다. 재판부는 "빈슨 유가족의 소장에서 유족이 '빈슨이 흔히 광우병이라 불리는 인간광우병 의심 진단을 받고 퇴원 조치되었다'는 주장을 적시했다. 의료진 일부도 이런 사정을 알고 있었다"며 『중앙일보』 보도는 거짓이라고 판시했다.

재판부는 특히 "『중앙일보』 보도는 수사기관의 제보에서 비롯된 허위의 공표라는 점에서, 공소 제기 전에 피의 사실을 공표하는 폐해를 모두 가지는 전형적인 사안"이라고 비판한 뒤 "해당 기자는 아무런 추가 취재 없이 제보를 듣자마자 매우 막연한 확인만 믿고 기사를 작성했다"고 지적했다. 『중앙일보』는 검찰 고위 관계자에게서 제보를 받은 것이므로 진실이라고 믿을 상당한 이유가 있었다고 주장했지만, 재판부는 "언론사가 정보의 입수처를 밝히지 않은 이상 증명 책임을 이행하지 못하면 소송상의 불이익을 받아야 한다"고 지적했다.

〈PD수첩〉 제작진은 이명박 정부 농림수산식품부가 제기한 명예훼손 형사소송에서도 대법원 무죄판결을 받았다. '4,000만 원짜리' 기사를 쓴 박 아무개 기자는 2013년 한국여기자협회에서 올해의 여기자상을 받았다. 2009년의 부끄러움을 잊지 않았던 결과이길 바란다.

쌍룡역의 진실

노동자들의 파업과 관련한 보도에서 특히 '야마'가 팩트를 앞서는 경우가 있다. 이는 쉽게 왜곡 보도로 이어진다. 철도노조 파업이 한창이던 2013년 12월 26일 TV조선은 「하루 승객 15명인 역에 역무원 17명」이란 리포트를 냈다. 승객보다 역무원이 많다니 누가 봐도 불합리해 보인다. TV조선은 강원도 영월군에 있는 쌍룡역에 불필요하게 많은 인원이 근무하고 있으며 그 배경이 강성 노조 때문이란 취지의 보도를 내보냈다.

이날 TV조선 앵커 멘트는 다음과 같았다. "하루에 승객이 겨우 15명 정도뿐인 시골 기차역에 역장 1명에 부역장 3명 등 역무원이 17명이나 된다면 믿으시겠습니까? 이렇게 이용자가 거의 없는 역에 역장 외에 부역장이 5명이나 되는 곳도 있다고 하는데요. 자동 승진 보장에다 본인이 원하지 않는 곳이면 전근을 보내지 못하도록 하는 등 코레일의 철밥통 경영에 노사가 한통속이기 때문입니다."

TV조선은 "2010년 이 역의 철도 운송 수입은 겨우 1,400만 원에 그친 반면 인건비는 11억 3,900만 원으로 역 수입의 81.3배에 이른다"고 보도했다. 같은 날 『동아일보』 역시 「하루 승객 15명인 역에 역무원

17명」이란 제목의 기사에서 TV조선과 같은 내용을 전한 뒤 "인건비 같이 반드시 지출해야 하는 경직성 비용의 비중이 높으면 원가 절감을 통한 경영 합리화를 이루기가 쉽지 않다"고 보도했다.

당시 보도는 공기업을 수술하겠다며 박근혜 정부가 '공공기관 정상화 대책'을 낸 뒤 보름 정도 지난 시점에 등장했다. 국토부 공식 트위터 계정은 이 기사를 13차례에 걸쳐 리트윗했다. 이 보도는 '방만 경영', '양심 없는 귀족노조'와 같은 키워드의 댓글로 이어졌다.

그러나 보도는 사실과 달랐다. 『철도통계연보』에 따르면, 쌍룡역의 2010년 운송 수입은 여객 운송 수입 1,662만 원, 화물 운송 수입 95억 8,869만 원이었다. 인건비가 역 수입의 81.3배라는 보도는 억지였다. TV조선과 『동아일보』는 쌍룡역 수입의 대부분을 차지하는 화물 운송 수입을 누락했기 때문이다. 대신 여객 운송 수입만 고려해 직원들의 인건비가 역 수입의 81.3배라고 보도했다. 무엇보다 쌍룡역의 실제 투입 인원은 3조 2교대제로 인해 하루 평균 5명이었다. 17명이 쌍룡역에 놀러 나온다는 인상을 주었던 기사 제목과 현실은 달랐다.

철도노조는 민사소송에 나섰다. 재판부는 "TV조선, 『동아일보』, 『동아닷컴』은 검증 절차를 거치지 않은 채 고의적, 악의적으로 보도를 하여 철도노조 조합원의 명예를 훼손하고 파업에 부정적 영향을 미쳤으므로 2,300만 원을 지급할 의무가 있다"고 판결했다. 왜 이런 보도가 나갔을까? 이들은 취재 없이 국토부의 보도자료를 그대로 베껴 썼다. 두 기사의 자료 출처가 국토부였다. 재판부는 "국토부는 허위 보도자료를 제공하고 해당 보도를 SNS에 게시하였으므로 피고들과 연대해 돈을 지급할 의무가 있다"고 판시했다.

파업 국면에서 반복적으로 등장하는 이 같은 왜곡 보도는 파업 여론에 악영향을 미치지만, 오보가 인정되기까지는 보통 수년이 걸려 그 폐해가 심각하다. '누명'을 벗어도, 그때는 이미 파업이 끝난 뒤다. 왜곡된 보도자료, 검증 없이 쓰는 언론, 이걸 반복적으로 리트윗하는 정부 부처……. 이 정도면 의도를 갖고 여론 조작에 나섰다고밖에 볼 수 없다.

재판부가 오보로 판단하진 않았으나 이와 유사한 사례는 2009년에도 있었다. 『중앙일보』는 2009년 12월 4일자 「파업으로 열차 멈춘 그날 어느 고교생 꿈도 멈췄다」란 제목의 1면 톱기사에서 경기도 시흥시 소래고등학교 3학년인 이희준 군이 서울대학교 농업생명공학과 2차 전형 면접을 보지 못했다고 보도했다. 『중앙일보』는 이 군이 면접을 위해 오전 7시 소사역에 도착했으나 철도노조 파업으로 늦게 열차를 타게 되었고 구로역 사고까지 발생해 면접 시간을 맞추지 못했다고 보도했다. 이 군이 서울대학교에 도착한 시간은 9시 20분이었다.

『중앙일보』는 "파업으로 투입된 대체 인력인 군 기관사가 구로역 지리를 몰라 인천과 수원발 청량리행 모든 열차가 40~60분가량 지연됐다"고 보도했다. 또한 "이 군이 서울대 진학에 매달린 것은 어려운 가정형편 때문"이라고 보도했다. 소래고 교장은 『중앙일보』를 통해 "이 군은 자연계열 전교 1등으로 면접만 봤다면 서울대 입학은 문제없었을 것"이라고 말했다. 파장은 컸다. 철도공사 사장은 학생에게 격려금을 전달하며 여론전에 나섰다. 파업 동력은 힘을 잃었다.

전국철도노동조합은 "이 군의 면접 지각은 철도노조의 파업과 아무

상관이 없다"고 주장했다. 언론중재위원회는 『중앙일보』에 정정 보도 직권 조정 결정을 내리며 "해당 수험생이 서울대 면접에 늦어 서울대에 불합격한 것과 철도노조 파업 사이에 직접적인 연관 관계가 있는지는 밝혀진 바가 없다"는 내용의 정정 보도를 하라고 조정했다. 그러나 『중앙일보』는 "열차 시간과 이 군이 탄 장소에 대해서는 바로잡을 수 있지만 철도 파업으로 인해 이 군이 늦은 것은 맞다"며 불복했다.

『중앙일보』는 "이 군이 부천역에서 7시 32분(『중앙일보』 주장)에 열차를 탔을 경우 구로역 사고가 없었다면 면접 입실 시간인 8시 15분보다는 늦었지만 면접 시작 시간인 9시까지는 도착할 수 있었다"고 주장했다. 반면 철도노조는 "러시아워에 실측하면 부천역에서 서울대까지는 1시간 20분 가까이 걸린다"며 "8시 15분까지는커녕 9시까지 도착하기도 빠듯하다"고 반박했다.

결국 법적 공방 끝에 『중앙일보』는 2011년 11월 26일자 '알려왔습니다' 지면을 통해 "철도노조는 이희준 군이 소사역에 도착한 7시 20분경까지 열차는 정상적으로 운행되고 있었고, 대체 인력 투입과 인력 배치는 한국철도공사의 결정에 의한 것이었으므로, 철도 사고 발생과 이희준 군이 면접에 늦은 것이 노조의 파업 때문이라고 볼 수 없다는 반론을 제기했다"고 밝혔다. 반론 보도 형식으로 끝이 났지만, 이 사건은 『중앙일보』가 철도노조 파업에 부정적 인식을 심어주려는 의도가 강했다는 비판을 받기 충분했다.

당시 철도노조 파업에 나섰던 최은철(전 철도노조 대변인)은 "파업 때마다 보수 언론은 국민이 불편하다는 기사를 찾아내 만들었다. 2009년 그

기사가 났을 때도 또 우리를 매도하기 위한 기사구나 싶어 분노가 치밀었다"며 10여 년 전 당시를 떠올렸다.

2016년 한 청년의 삶을 앗아간 구의역 참사 당시에도 망자에 대한 예의를 지키지 못한 오보가 발생했다. 『조선일보』는 5월 31일 "서울메트로가 사고 당시 구의역 CCTV를 확인한 결과, 김 아무개 군은 사고를 당하는 순간까지 약 3분간 휴대전화로 통화를 했던 것으로 나타났다"며 "지하철 선로 작업을 할 때 개인 휴대전화 반입을 금지했다면 이번 사고는 충분히 예방할 수 있었다"고 보도했다. 이어 "작년 8월 숨진 정비업체 직원도 사고 당시 약혼녀와 통화를 하고 있었다는 사실이 뒤늦게 밝혀졌다"고 덧붙였다.

구의역 참사가 전화통화를 하던 노동자의 '부주의' 탓이라는 의미로, '죽음의 외주화'가 참사의 원인으로 지목되며 노동조건 개선이 시급하다는 사회적 논의에 '찬물'을 끼얹은 보도였다.

보도는 사실과 달랐다. 서울메트로는 "수리하기 전 승강장에서 회사(은성PSD) 동료와 통화한 사실은 맞지만 기사 내용처럼 사고를 당하는 순간까지 통화한 것은 아니다. 통화를 끊고 선로 작업을 하러 갔다"고 밝혔다. 『조선일보』가 직접 CCTV를 확인한 것도 아니었다. 결국 『조선일보』는 6월 1일 "숨진 김씨는 승강장에서 직장 동료와 통화를 한 뒤 휴대전화를 주머니에 넣었으며, 스크린 도어를 열고 들어가 작업을 하다 사고를 당했다"며 전날과 전혀 다른 보도를 했다. 『조선일보』는 이틀 뒤인 3일에서야 오보를 인정했다. 앞서 『조선일보』가 사례로 언급했던 작년 8월의 사고 또한 전화통화와는 전혀 관련이 없는 것으로 드러났다.

유시민을 비판하기엔 기본이 부실했다

2001년 4월 14일자 『조선일보』 사설 제목은 「토론의 기본 안 지키는 TV 사회자」였다. 이틀 전 12일자 MBC 〈100분 토론〉 주제는 '신문고시 누구를 위한 제도인가'였다. 이날 사회자 유시민이 "신문고시에 대해 찬성하는 사람으로서……"라고 자신의 입장을 피력했다는 게 『조선일보』의 비판 요지였다. 『조선일보』는 "객관적이고 중도적인 입장에서 토론을 이끌어야 할 사회자가 한쪽의 편을 든 이 같은 발언을 했다는 것은 편파 진행"이라고 강하게 비판했다.

『조선일보』는 "이른바 언론 개혁을 주제로 다룬 여러 차례의 토론에서 사회자 유시민 씨는 한쪽으로 기우는 진행을 했다는 비판을 들어왔다"고 비판하며 "더욱이 유씨는 지난주 발족한 언론 개혁 100인 모임에 가입했다. 유씨는 신문고시와 같은 언론 개혁 주제 토론의 사회자로는 적합하지 않다"고 주장했다. "언론 개혁 편에 서서 성명 발표, 시위 참여 등 행동할 사람에게 진행을 맡기는 것은 방송의 공정성을 훼손하고 프로그램 권위를 떨어뜨리는 처사"라고 비판했다.

〈100분 토론〉 제작진은 즉각 사실을 바로잡았다. 우선 문제의 발언으로, 토론 시작 1시간 14분 54초경에 나온 발언을 되짚었다. "신문고시에 찬성하는 사람으로서……"가 아니었다. 전문은 이렇다.

"(1시간 14분 54초) 안 교수님 잠깐만요, (장호순 교수 쪽을 쳐다보며) 제가 이제, 찬성을 하시는 입장이시기 때문에, 신문고시에 대해서, 이걸 여쭤보는데요, 원래 공정거래법의 기본 취지라는 것은 경쟁 과정을 보호하는 것 아니겠습니까? 공정하게 경쟁하도록. 근데 그 어쨌든 경쟁의 결과로 나와 있는 시장점유율, 이것을 인위적으로 바꾸려는 것은 기본적인 시장 원리에 대한 침해다, 이런 지적이 많은데 이런 비판에 대해서는 어떻게 대답하시겠습니까?"

제작진은 "장 교수가 신문고시에 찬성하는 입장이니까 이런 질문에 대답해 달라는 요청이었고, 질문의 내용도 『조선일보』가 평소 주장하는바 공정위의 시장 개입의 부당성 문제였다. 하지만 『조선일보』는 앞뒤 문맥을 완전히 무시하고 필요한 부분만 덜어내 마치 사회자가 자신의 입장을 피력한 것처럼 왜곡 보도를 한 것"이라며 악의적인 사설이었다고 반박했다. '언론 개혁 100인 모임' 가입 여부에 대해서도 유시민은 "가입 권유를 받은 적은 있지만 거부했다"라고 밝혔다. '언론 개혁 100인 모임' 측도 "유시민 씨는 회원이 아니다"고 밝혔다. 『조선일보』로서는 기본적인 사실관계가 모두 틀려버린 셈이었다.

『조선일보』는 두 가지 허위 사실을 근거로 삼아 〈100분 토론〉과 사회자 개인의 명예를 심각하게 훼손하는 비난을 퍼부음으로써 정확한 사실을 근거로 명료한 논리를 펼쳐야 한다는 사설의 기본마저 무시했다는 비판을 받았다. 이에 제작진은 사설과 꼭 같은 크기의 사과문을 사설란에 실을 것을 공식 요구했으나 받아들여지지 않았고 MBC와 유시민은 『조선일보』를 상대로 손해배상 및 정정 보도 청구 소송을 제기했다. 『조선일보』이 4월 17일자 '바로잡습니다'로는 부족했다.

그해 말 서울지방법원 민사25부는 『조선일보』의 사설이 허위 사실에 근거해 MBC와 유시민의 명예를 훼손한 사실이 인정된다며 유씨에게

1,000만 원을 지급하고 정정 보도를 내라는 강제 조정 결정을 내렸다. 『조선일보』는 "MBC와 유시민 씨에게 유감의 뜻을 표한다"는 정정 보도문을 실었다.

『조선일보』는 왜 이리도 무리한 사설을 냈을까? 이 시기는 언론사에 대한 대규모 세무조사가 이루어지던 시기였다. 국세청은 그해 2월 8일부터 60일간 중앙 언론사 세무조사를 실시했고 『조선일보』는 언론 탄압이라며 반발했다. 그해 6월 공정거래위원회는 불공정거래 등을 이유로 『동아일보』 62억, 『조선일보』 34억, 『문화일보』 29억, 『중앙일보』 25억 원 등 과징금을 부과했다. 『조선일보』로서는 자사 이해관계와 연결되어 있던 신문고시에 민감할 수밖에 없었고, 신문고시를 비롯해 언론사 세무조사와 신문 권력 비판 등을 계속 이슈화했던 MBC에 불편한 감정을 갖고 있을 수밖에 없었다. 당시 오보는 그러한 감정이 앞섰던 결과였다. 한편 2002년 1월, 『조선일보』의 '바람'대로 유시민은 〈100분 토론〉 진행자에서 하차했다. 그리고 손석희가 등장했다.

"5·18은 북한의 특수부대가 개입한 폭동"

2013년, 5·18을 앞두고 TV조선이 5·18 광주민주화운동 당시 북한군 특수부대가 개입해 게릴라전을 벌이며 광주 시민을 선동했다는 '북한 개입설'을 여과 없이 내보냈다. 채널A는 자신을 광주에 투입되었던 북한군이라 주장하는 남성을 인터뷰해 내보내기도 했다. 모두 박근혜 정부 임기 첫해, 기고만장했던 종합편성채널(종편)에서 벌어진 일이었다. 역사 왜곡을 넘어 대한민국 정부가 인정한 민주화 운동을 북한군에 의한 폭동으로 규정하는 장면이었다.

5월 13일, 지금은 '심의 제재의 전설'이 되어버린 TV조선 〈장성민의 시사탱크〉에서 탈북자이자 전 북한 특수부대 장교인 임천용과 뉴라이트 계열 원광대학교 사학과 이주천 교수가 출연해 "600명 규모의 북한 1개 대대가 (광주에) 침투했다", "전남도청을 점령한 것은 북한 게릴라다", "5·18은 무장폭동의 성격을 띠고 있다", "5·18 자체가 김정일이 김일성에게 드리는 선물이었다"는 주장을 50여 분 가까이 펼쳤다.

특히 이날 방송에선 "북한의 인민군 영웅들의 렬사묘는 광주에 투입됐다 사망한 북한군 특수부대원들의 가묘다", "망월동 5·18 묘역의 신원 미상자 묘 70여 개가 북한 특수부대원들의 묘다", "5·18은 북한의 모략전이 아니면 풀리지 않는다"라는 등 근거 없는 주장들이 그대로 전파를 타고 나갔다. 이에 민주통합당 의원들은 "5·18의 비극을 상처로 간직하고 있는 수많은 시민의 명예를 훼손하고 민주주의를 지키고자 했던 5·18의 의미와 가치를 무너트려 시청자들이 5·18의 진실을 호도하도록 조장했다"며 해당 프로그램이 공정성과 객관성, 명예훼손 금지, 품위 유지 등을 위반했다고 주장했다.

민주통합당 의원들이 〈장성민의 시사탱크〉 심의를 요청한 5월 15일, 채널A 〈김광현의 탕탕평평〉에선 '방송사 최초 광주 투입 북한군 인터뷰'가 나갔다. 5·18 당시 자신을 광주에 있던 북한군이라 주장한 이 남성은 김명국이란 가명으로 등장해 "광주 폭동 때 참가했던 조장, 부조장은 (다시 북으로 돌아가서) 군단 사령관도 되고 그랬다"고 주장했다. 이어 "전라도 사람들은 광주 폭동이 그렇게 들통나면 5·18 유공자 대우를 못 받는다"고 주장했다. 사실이라면 충격적인 방송이었다. 해당 방송에선 '5월 23일 10시 광주 시내 한복판 진입', '5월 19일 4시 대항리에서 50명 전투 인원 지프차 타고 출발', '5월 19일 밤 9시 황해남도 장산포 바닷가 도착'과 같은 자막이 등장했다.

당시 이 같은 종편의 무리한 보도가 연달아 이루어진 시점은 상징적이다. 특히 이 무렵엔 종편이 섭외했다고 보기 힘든 탈북자들이 등장했는데, 이를 두고 국가정보원(국정원)이 종편의 탈북자 섭외를 도와주고 있는 것 아니냐는 의혹이 제기되기도 했다.

북한도 당시 상황이 황당했는지 입장을 냈다. 대남 선전 매체 『우리민족끼리』는 25일 "력사를 부정하고 인민들의 정의의 투쟁 정신을 말살하려는 자들은 민심의 규탄 배격을 받기 마련"이라며 "남조선의 현 집권 당국이 력대 괴뢰정권들도 감히 건드리지 못한 정의로운 광주 인민봉기의 정신을 모독하면서 유신 파쑈 독재의 부활을 기도한다면 그것은 결국 제2, 제3의 광주 인민 봉기를 불러오게 될 것"이라고 주장했다.

『동아일보』는 채널A 보도를 반박하는 보도에 나섰다. 『동아일보』는 5월 18일 "5·18의 북한 개입설을 처음 제기한 것은 1980년 5월 광주 시민들을 무력으로 진압했던 신군부였다. 하지만 이들은 이후 자신들의 주장이 과장이었다고 털어놨다"고 보도했으며 "5·18을 현장에서 샅샅이 취재하고 그 내용을 기초로 『10일간의 취재수첩』을 펴낸 김영택 전 『동아일보』 기자는 (북한 개입설을) '한마디로 터무니없는 얘기'라고 일축했다"고 강조했다.

『동아일보』는 5월 20일자에서도 주한 미국대사관이 유네스코 측에 "5·18 민주화운동 기록물의 가치를 인정하며 보관하겠다"는 동의서를 보낸 것을 1면 기사에서 전하며 "이런 동의서를 보낸 것은 미국 정부가 5·18을 인류 보편적 가치를 담고 있는 민주화운동으로 보고 있음을 공식적으로 인정한 것"이라 해석했다. 『동아일보』는 "유네스코는 북한군 개입설이나 폭동설 등은 허위라고 결론 짓고 2011년 5월 25일 만장일치로 (5·18 기록물을) 세계기록유산으로 등재했다"고 보도했다. 사고는 채널A가 치고, 수습은 『동아일보』가 하는 격이었다.

당시 채널A 공채 1기 기자들은 20일 사내 게시판에 성명을 내고 "『동아일보』는 물론 채널A 타 프로그램까지 '김광현의 탕탕평평-5·18 북한군 개입설' 보도와 거리를 두려고 한다"며 "이번 사태의 본질은 이렇게 논란이 큰 기사가 이렇게 빈약한 팩트로 사실인 양 보도될 수 있느냐일 것이다"라며 "인터뷰만으로 '5·18 북 개입설' 기사가 보도되기엔 관련 주제가 너무 무거웠다. 보도국의 게이트 키핑 능력 자체가 재고되어야 할 시점"이라고 비판했다.

결국 채널A는 21일 〈김광현의 탕탕평평〉과 메인 뉴스 〈채널A종합뉴스〉에서 사과 방송을 했다. TV조선 또한 22일 메인 뉴스를 통해 "진실과 거리가 먼 발언이 방영돼 민주화운동 희생자 유족과 관련 단체 여러분께 깊은 상처를 드린 점 사과드린다"고 밝혔다. 이어 '5·18 북한군 개입설 진실을 밝힌다'란 기획 아래 6개의 리포트를 통해 북한군 개입설을 반박했다. 그러나 '5·18 역사 왜곡 저지 상경 투쟁단' 100여 명은

6월 10일 『조선일보』와 『동아일보』 사옥 앞에서 TV조선과 채널A의 방송사 폐지를 주장하며 격렬히 항의했다.

TV조선과 채널A는 방송통신심의위원회에서 '프로그램 관계자 징계 및 경고'라는 중징계를 받았다. 하지만 방송사가 문을 닫아도 될 만큼 사안의 중대성이 컸던 것에 비하면 징계는 가벼웠고 이 사건은 박근혜 정부의 수많은 실패 속에 그저 게이트 키핑이 부족했던 한 번의 실수처럼 잊혔다. 사실 이 정도 사안이면 방송사가 문을 닫아야 했다.

어떻게 이런 방송이 나갈 수 있었을까? 2013년 6월 5일 방송통신심의위원회 방송심의소위원회 회의록을 뒤져보았다. 오동선 TV조선 보도본부 전문위원은 "5·18 민주화운동을 앞둔 시점에서 아이템을 고민하다 광주민주화운동 당시 북한군이 개입되었다는 일부 탈북자의 확인되지 않은 주장이 사실처럼 유포되고 있는 것을 알게 되었고 루머의 재생산을 해소할 필요가 있겠다는 판단으로 아이템으로 선정하게 됐다"고 해명했다.

권순활 채널A 보도본부 부본부장은 "(증언) 내용을 보면 굉장히 구체적이다. 날짜별로 어떻게 했고, 어떻게 돌아갔고, 어떻게 왔다고 한 부분을 통째로 거짓말한다고 믿기는 쉽지 않은 부분이고, 충분히 합리적 의심이나 합리적 의혹을 가질 수 있는 부분이라고 판단한 것"이라고 해명했다. 이어 "제작진은 김명국(가명)이란 사람이 한국에 왔었다고 믿었다고 한다. 거짓말이라면 전혀 오지 않았는데 이렇게까지 완벽하게 거짓말을 할 수는 없다고 판단했다고 한다"고 말했다.

섭외 경위는 알 수 없었다. 도대체 이들은 어떻게 섭외된 걸까? 5년 전 방송에서 김명국을 직접 만났다고 밝힌 김광현(『동아일보』 논설위원)에게 전화를 걸었다. 김씨는 김명국의 섭외 과정을 묻고 싶다고 말하자 "물어보지 마라. 지나간 일이다. 말하고 싶지 않다"고 말한 뒤 전화를 끊었다. '북한군' 김명국은 어떻게 되었을까? 그는 아무런 처벌도 받지 않았다.

5·18 역사 왜곡 대책위는 채널A와 TV조선 출연자를 형사 고소했다. 이 사건을 담당했던 민주사회를위한변호사모임(민변) 소속 정인기 변호사는 내게 "이주성·임천용·김명국(가명)을 출판물에 의한 명예훼손으로 고발했으나 모두 2014년 3월과 4월 무혐의로 불기소 처분을 받았다"고 말했다. 정 변호사는 "허위 사실을 유포했더라도 피해자가 특정되지 않는 집단 표시에 의한 명예훼손의 경우 개개인에게 도달하는 과정에서 희석되기 때문에 명예훼손이 성립하지 않는다는 게 무혐의 이유였다"고 밝혔다. 피해자는 분명 있는데 가해자는 없는 황당한 결론이었다. 김명국은 수원지방검찰청 성남지청에서 수사를 지휘했으며 2014년 4월 22일 '혐의 없음'으로 불기소 처분을 받았다.

5년이 흘러, 이들 탈북자는 문재인 정부가 들어서며 종편에서 사라졌다. 섭외 과정에 대한 의문이 여전히 풀리지 않는 상황에서 박근혜 정부 시절 종편에 자주 출연했던 한 시사평론가는 이렇게 말했다. "듣지도 보지도 못했던 탈북자들이 과거 정부 종편에 패널로 많이 등장했다. 종편이 자체적으로 이들을 찾아내 섭외할 능력은 없었다. 국정원이 탈북자들을 종편에 꽂아준다는 이야기가 돌았다."

탈북자들 사정에 밝은 탈북 출신의 한 기자는 "북에 (광주 북한군 투입)

소문이 돌았던 건 사실이지만 (김명국) 주장은 사실이 아니다. 탈북자들이 자기 몸값을 올리기 위해 남쪽 사람들이 속아 넘어갈 만큼 거짓 증언을 하는 이가 더러 있다"고 말했으며 "보수 정부에서 탈북자들이 국정원 돈을 받고 국정원 데스킹을 받으며 칼럼을 게재하고 방송에 출연했던 건 널리 알려져 있는 일"이라고 말했다. 김명국을 직접 만난 김광현 『동아일보』 논설위원은 국정원 섭외 의혹에 대해 "모르는 사실이다"라고 말했다.

문재인 정부 들어 국정원 개혁TF에서 이 사건을 다루지 않았을까? 아쉬운 답변이 돌아왔다. 국정원 개혁TF 관계자는 5·18 왜곡 방송과 관련해 "공식 사건으로 다뤄지지 않아서 조사를 벌인 적이 없다. 탈북자 관련 사건은 전혀 다뤄지지 않았다"고 밝혔다.

5·18 광주민주화운동의 북한군 투입설을 공식석상에서 처음 거론한 인물은 전두환이었다. 『전두환 회고록 1』에도 이 내용이 나오는데 허위 사실로 인정되어 법원이 이 부분에 삭제 명령을 내렸다. 미 국무부 비밀 문건에 따르면, 5·18 직후 전두환은 1980년 6월 4일 주한 미상공회의소 기업인 만찬 자리에서 "22명의 신원 미상 시신이 발견됐는데 북한 침투 요원으로 보고 있다"고 말했으며 "책임은 김대중에게 있으며 기소해서 입증하겠다"고 주장했다.

표현의 자유로도 용납될 수 없는 주장이 있다. 독일은 나치를 옹호하는 발언을 하는 사람들을 형사처벌한다. 이를 두고 표현의 자유를 침해한다고 주장하는 독일인은 없다. 한국은 어떠한가. 용납돼선 안 될 주장이 그럴듯한 가짜뉴스로 확산되고 있다. 우리는 희대의 왜곡 방송 사건

진상을 온전히 추적하지 못했고 가해자를 제대로 처벌하지 못했다. 가짜뉴스를 유포했던 방송사 사주들은 지금도 버젓이 방송 사업자 지위를 유지하고 있다.

'미네르바 인터뷰'에 미네르바가 없었다

『신동아』 송문홍 편집장은 2008년 11월 8일경 대북 사업가로 알려진 권 아무개에게서 "미네르바 기사를 만들어보지 않겠느냐"는 제안을 전화로 받았다. 미네르바는 2008년 경제 변동 추이를 예견하며 온라인에서 큰 주목을 받고 있던 누리꾼이었다. 권씨는 온라인 경제 독서 모임을 통해 K씨의 존재를 알게 되었다고 했다. 권씨는 미네르바 박대성이 올렸던 독서 토론 모임 관련 글의 내용이 경제 독서 모임과 같다고 판단해 K씨를 미네르바로 확신했다.

송 편집장은 11월 10일 다시 권씨의 전화를 받고 『신동아』 12월호에 K씨와 인터뷰를 추진했다. 그러나 그는 11월 12일 권씨와 통화에서 "미네르바가 인터뷰를 꺼린다"는 말을 듣고 13일 K씨의 기고문을 싣기로 결정했다. 12월호 최종 기획안에는 「독점 공개, 인터넷 경제 대통령 미네르바, 절필 선언 후 최초 토로」를 포함시켰다.

K씨는 11월 13일 밤부터 이튿날 새벽까지 기고문을 작성했다. 다음 아고라에 올라 있는 미네르바 박대성의 글과 자신의 이전 글을 섞어 이메일로 발송했다. A4 12장 분량의 원고를 정리한 『신동아』 기자는 송

편집장에게 "앞뒤 문체가 확연히 다르고, 내용상 중복되는 대목이 몇 군데 눈에 띈다. 원고를 정리한 사람이 여러 명인 것 같다"고 말했다. 『신동아』 내부에서 "최소한 필자의 신원을 밝혀야 한다"는 건의가 있었지만 게재를 강행했다. 『신동아』는 K씨의 기고문을 게재하는 과정에서 필자에 대한 신원과 경력을 확인하지 않았다. 송 편집장은 K씨를 소개한 권 아무개 이야기만 믿고 K씨를 미네르바라고 속단했다. 그렇게 12월호가 11월 18일 발매되었다.

2009년 1월 10일 검찰은 정부 비판적이던 미네르바 박대성을 허위사실 유포 혐의로 구속했다. 국경없는기자회는 박대성 체포가 표현의 자유를 위협하는 중대한 사건이라고 우려했고, 그는 훗날 무죄를 선고받았다. 문제는 『신동아』였다. 박씨는 구속 전 기자들과 만나 "『신동아』 12월호에 기고한 적이 없다"고 주장했다. 박씨는 "『신동아』와 접촉한 사실이 없고, (내 글을) 짜깁기한 것"이라고 밝혔다.

1월 14일, 송 편집장은 어렵게 K씨를 만났다. 서울 아현역 인근 카페에서 1시간 넘게 대화를 나누었다. 이때 송 편집장은 경제 관련 이야기를 하는 것을 보면서 이 사람이 미네르바가 맞는 것 같다는 생각이 들었다고 했다. 그는 K씨를 설득해 『동아일보』 출판국 회의실로 데려갔다. 인터뷰는 다음 날 새벽 3시 30분까지 진행되었다. 실명을 밝히라는 요구에 K씨는 망설이다 자신의 이름을 밝혔다. 『신동아』 기자 대부분은 당시 K씨를 미네르바라고 생각했다.

결국 『신동아』가 2009년 2월호에서 K씨와 인터뷰를 기사화할 때도 신원 검증은 제대로 이루어지지 않았다. 인터뷰 게재 당시 『신동아』가 알고 있는 것은 K씨의 이름뿐이었다. 검찰이 박대성을 미네르바로 특정한 가장 중요한 근거였던 IP와 ID 문제에 대해서도 『신동아』는 엄밀하게 검증하지 못했다.

1월 19일 발매된 『신동아』 2월호에서 K씨는 "진짜 미네르바는 7명의 전문가 그룹이며 다음 아고라에 쓴 글은 대부분 자신이 썼고 검찰에 구속 기소된 박씨는 전혀 모르는 사람"이라고 주장했다. 미네르바의 IP 주소는 박씨의 집에서 나온 게 유일했지만 거짓말은 계속되었다. 논란이 이어지자 2월 12일 오후 송 편집장과 K씨 등 4명이 서울 당산역 인근에서 만났다. 『신동아』 측은 K씨에게 주민등록증을 보여달라고 요구해 K씨의 성명과 주소, 생년월일 등을 확인했다. 이어 K씨에게 "미네르바가 맞다면 그동안 글을 올린 ID와 패스워드를 밝히라"고 요구했고, K씨는 "사실 글은 내가 직접 올리지 않아서 ID와 패스워드는 모른다"고 말했다.

2월 13일 새벽 1시, ID 문제 등을 계속 질문하던 한상진 기자가 K씨에게 "당신 미네르바 아니지?"라고 물었다. K씨는 한동안 망설이다가 "네"라고 답했다. K씨는 "기고문을 보낸 것도, 인터뷰를 한 것도 내 의지가 아니었다. 하도 심하게 압박이 들어와 거절하지 못하고 그렇게 됐다. 박대성이 구속됐을 때는 죽고 싶었다"고 말했다.

K씨는 "2006년경 네이버에서 미네르바라는 필명을 잠시 사용한 적이 있다. 그때 만난 누리꾼 일부가 2008년 7~8월경 나에게 연락을 해왔다. 그들은 '네가 미네르바인 걸 안다. 계속 위험한 글을 올리고 있는데 가만 두지 않겠다. 수사기관에 신고하겠다'고 말했다. '난 미네르바

가 아니다'라고 말했지만 그들은 믿지 않았다. 그래서 미네르바인 것처럼 인터넷상에서 행동하기 시작했다. 그러다 보니 여기까지 온 것이다"라고 말했다.

『신동아』는 2월 14일 출판국에서 전체 회의를 열었고, 이 자리에서 K씨가 '가짜 미네르바'라고 최종 결론 냈다. 단독 보도를 놓치고 싶지 않은 감정이, 기자가 붙들고 있어야 할 의심을 불안한 확신으로 덮어버렸던 사건이다. 『동아일보』는 2009년 3월 18일자 1면 사고를 통해 "『신동아』가 사실과 다른 내용을 보도한 것에 대해 깊이 자성하고 독자들에게 진심으로 사과한다"고 밝혔다. 『동아일보』는 오보의 책임을 따져 출판 편집인과 출판국장, 『신동아』 편집장을 해임·정직 등 엄중 문책했다. 이후 『신동아』는 2009년 4월호에서 '미네르바 오보 진상 조사 보고서'를 냈다.

지금도 온라인에서는 누구든 마음만 먹으면 특정인 행세를 할 수 있다. 여전히 기자들이 취재원 검증에 소홀하다는 점에서 '가짜 미네르바' 사건은 반복될 수 있다.

봉하 사저가 495억 원짜리 '노무현 아방궁'이 되기까지

노무현 전 대통령과 『주간조선』은 악연이 깊다. 『주간조선』은 1991년 10월 6일자 「노무현 의원은 재산가인가」라는 기사에서 노무현 의원이 재산이 상당하다, 인권변호사 활동이 과장되었다, 요트 타기를 즐겼다,

노사분규 중재 과정에서 노사 양쪽에서 돈을 받았다는 내용을 보도했다. 한 사람의 인생을 부정할 수 있을 만큼 악의적인 보도였다.

당시 노무현 의원이 제기한 명예훼손 소송 결과, 재판부는 1992년 『조선일보』에 2,000만 원의 손해배상액을 지급하라며 원고 승소 판결을 내렸다. 당시 재판부는 "원고가 깨끗한 정치인이고, 근로자와 농민들을 대변하는 인권변호사라는 일반적인 평가와 달리 재산을 얻기 위하여만 노력하는 부도덕한 정치인이라는 인상을 주고 있다 할 것이므로 피고들은 이 사건 기사에 의한 원고에 대한 명예훼손으로 인한 불법행위의 책임을 면할 수 없다 할 것"이라고 판시했다.

보도는 대부분 과장 또는 왜곡된 것이었다. 노사 양쪽에서 돈을 받았다는 부분 역시 일방적인 주장에 불과했다. 재판부는 특히 "원고(노무현 의원)가 탄 요트는 제작비가 120만 원의 범선"이란 점을 언급한 뒤 "이런 사실은 누락한 채 요트는 일반적으로 모터를 부착한 고가품이고 요트 타기는 호화 사치성 오락으로 인식되고 있음을 이용하여 독자들로 하여금 원고가 사치성 오락을 즐긴 것과 같은 인상을 주도록 의도되었다"고 판시했다.

이렇듯 '노무현 아방궁' 논란은 악연이 깊은 『주간조선』이 2007년 9월에 쓴 「봉하마을 '노무현 타운' 6배 커졌다」란 제목의 커버스토리 지면에서 시작되었다. 『주간조선』은 노 대통령의 형 노건평 부부가 사저 옆 6개 필지를, 부산상고 동문 강 아무개가 노 대통령 생가 터 3개 필지를 각각 구입했다고 보도했다. 또 태광실업 박연차 회장 측근인 정 아무개가 사저 뒤쪽 산자락 2개 필지를 샀고, 대통령 경호실이 3개 필지를 사들여 사저를 둘러싼 인근 14개 필지가 노 대통령 측근의 땅이 되었다고 보도했다.

청와대는 『주간조선』 기사에 반박했다. 우선 7,000평 가까이 되는 사저 뒤편 임야의 주인인 정 아무개는 대통령과 안면도 없는 사람으로, 귀향 발표 전에 투자 차원에서 구입한 것이라고 밝혔다. 대통령 생가 터는 대통령의 고등학교 동창인 강 아무개가 생가 복원을 염두에 두고 구입한 것이고, 대통령 경호실 소유 토지는 경호대기동 신축을 위해 법에 따라 구입한 것으로 소유자들이 각기 다른 동기와 목적에 따라 취득한 것이라고 해명했다.

그러나 『주간조선』 보도를 시작으로 『조선일보』·『중앙일보』·『동아일보』는 노무현 대통령의 사저 부지가 역대 대통령 가운데 최대라며 노 대통령을 비판했다. 이 같은 비판은 사저 뒷산에 수십억 원의 예산이 투입되어 숲이 조성된다는 보도가 이어지면서 더욱 확산되었다. 『중앙일보』는 2007년 11월 10일자 「봉하마을에 '노무현 정원' 만드나」라는 사설을 통해 봉하마을 주변 삼림을 건강한 숲(웰빙 숲) 가꾸기 사업 대상으로 정한 것을 비판했다. 웰빙 숲 조성이 대통령 개인을 위한 특혜성 사업인 것처럼 말이다. 하지만 봉화산 웰빙 숲 사업은 노 대통령이 귀향 결정을 내리기도 전에 당시 한나라당 출신 김해시장이 2005년부터 추진한 사업이었다.

『조선일보』는 2007년 9월 10일자 「노무현 타운」이란 제목의 사설에서 "작년에 대통령이 노사모 회원들을 청와대로 불러 모아 '(우리가) 청와대에서 삼겹살을 못 먹게 되면 고향에 넓은 마당을 만들어놓겠다'고

했던 말이 떠오른다. 편협한 활동으로 국민의 혐오감을 산 노사모가 앞으로 1만 평짜리 노무현 타운에서 보란 듯이 파티를 열 모양"이라고 주장했다. 다른 언론들도 잇따라 전임 대통령들과 사저 규모를 비교한 기사를 실어 호화 사저라는 점을 부각시켰다.

하지만 당시 사저 규모가 아닌 사저 땅값을 확인해보면 노 대통령 사저 규모의 5분의 1에 불과하다는 전두환 전 대통령 사저 터의 개별 공시지가는 15억 원으로 노 대통령 사저 터 구입 가격 1억 9,000만 원의 7배가 넘었다. 면적만으로 호화 사저라 하기에는 무리가 있었다.

일명 '노무현 타운'은 봉하마을과 직접 관련이 없는 김해시의 각종 사업으로까지 번졌다. 이 과정에서 처음에는 수십억 원이라던 봉하마을 관련 예산이 눈덩이처럼 커져서 나중에는 495억 원이라는 보도까지 나왔다.

2007년 김해시는 봉화산 일원 관광 자원 개발 사업 기본 계획을 시의회에 제출했다. 노무현 대통령 생가 복원을 포함해 봉하마을 일대 10개 사업에 시도 예산 75억 원을 투입한다는 계획이었다. 이 사업을 처음으로 제안한 건 한나라당 소속 김해시 의원이었다. 관광 사업으로 돈을 벌 수 있을 것 같아 제안한 사업 예산이었다.

이 사실이 알려진 뒤 『동아일보』와 『경향신문』 등은 봉하마을 단장에 모두 75억 원이 투입된다고 보도했다. 반면 『조선일보』·『중앙일보』·『문화일보』는 봉하마을 단장에 165억 원의 예산이 들어간다며 다르게 보도했다. 봉화산 웰빙 숲 조성 사업 예산 30억 원과 봉하마을에서 1킬로미터 이상 떨어진 화포천 생태 환경 복원 사업비 60억 원을 포함시킨 결과였다.

이후 『동아일보』는 김해시 진영시민문화센터 건립 예산 255억 원을 포함시켜 봉하마을 관련 예산이 모두 420억 원이라고 보도했고, 닷새 뒤 『조선일보』는 「봉하마을 일대에 세금 460억 쏟아 붇는다」란 제목의 기사를 1면에 실었다. 이 기사에는 김해시 진영공설운동장 개보수 예산 40억 원이 봉하마을 관련 예산으로 새롭게 포함되었다. 여기에 더해 2008년 2월 4일자 『동아일보』 기사에서는 해당 예산이 495억 원까지 액수가 늘어났다. 법에 근거해 짓고 있는 대통령 경호·경비 시설 예산 35억 원까지 포함시킨 결과였다.

결국 '김해시에서 하는 모든 개발 사업은 노무현을 위한 것'이라는 전제로 보도가 계속되었다. 『문화일보』 윤창중 논설위원은 2008년 1월 31일자 「노무현 캐슬」이란 제목의 칼럼에서 "노무현의 눈과 발이 닿을 활동 공간이거나 마을 사람들에게 인심 한번 쓸 거라면 모조리 찾아내 혈세를 발라놓고 있다"고 주장했다. 2008년 1월 30일자 『동아일보』는 "감사원이 봉하마을에 대한 수백억 원 예산 투입에 대해 감사에 들어갔다"는 보도를 내기도 했다. 명백히 오보였다.

2008년 2월 방송된 KBS 〈미디어포커스〉는 「혈세 495억, '노무현 타운'의 진실은?」 편을 통해 언론 보도 문제점을 심층 분석하며 봉하마을 주변 정부 사업을 특혜성 사업으로 몰아가더니 예산 규모를 의도적으로 부풀렸다고 비평했다. 당시 한나라당 소속 김해시 시의원은 한나라당이 추진한 사업까지 언론이 노무현 타운 예산으로 집어넣는 것을 두고 "이렇게 보도되는 것은 용납할 수 없다"고 비판하기도 했다.

'노무현 타운' 논란은 이명박 정부 첫해인 2008년 10월 '노무현 아방궁' 논란으로 번졌다. 한나라당은 당시 이명박 대통령 측근인 이봉화 보건복지부 차관의 쌀 직불금 부당 수령 의혹이 불거지자 '봉화' 대 '봉하'로 맞불을 놓겠다면서 '노무현 아방궁' 프레임을 만들었다. 한나라당 홍준표 원내대표는 2008년 10월 14일 국정감사에서 "노무현 대통령처럼 아방궁 지어놓고 사는 사람이 없다"고 주장했다. 노 전 대통령 측과 민주당은 "기자들은 제발 한 번이라도 직접 봉하마을을 찾아와서 보고 진짜 아방궁인지 아닌지 확인해봤으면 좋겠다"고 밝혔다.

그리고 이듬해인 2009년 5월, '아방궁'에서 산다며 조롱의 대상이 되었던 전직 대통령은 스스로 목숨을 끊었다.

시간이 흘러, 노무현 전 대통령의 사저가 2016년 5월 1일 일반인에게 첫 공개되었다. 사저는 대지 면적 4,264제곱미터 건물 면적 601제곱미터(사저동 370제곱미터, 경호동 231제곱미터)였다. 사저동은 112평으로 사랑채·안채·서재·회의실 등으로 내부 공간이 분리되었다. 『연합뉴스』는 1일 「노무현 전 대통령 사저 가보니…"아방궁은 무슨…소박하다"」라는 제목의 기사에서 "노무현재단이 1일 일반에 개방한 경남 김해시 진영읍 본산리 봉하마을의 노 전 대통령 사저는 아방궁과는 거리가 먼 소박한 형태라는 소감이 대다수"라고 보도했다.

『한겨레』 역시 2일자 「"아방궁이긴커녕 소박한 집이네요"」란 제목의 기사를 통해 "언론에서 아방궁이라고 하두 떠들어서 집이 무척 크고 화려할 줄 알았는데, 한마디로 소박했다. 사랑채에 손녀의 낙서를 지우지 않고 놔둔 것을 보니 마음이 찡했다"고 말한 방문객 발언을 인용 보도했다. 『국민일보』도 같은 날 「소박하고 투박…서재엔 1,000권의 장서」라는 제목의 기사에서, 『서울신문』도 「봉하마을 사저 일반 공개…밀짚모자 쓰던 소박한 흔적 고스란히」라는 제목의 기사에서 관련 소식을 전했다. 같은 날 『조선일보』 지면엔 관련 기사가 없었다.

2007년 12월 28일, 이명박 대통령 당선 다음 날 국회에서는 포항 지역 사업 예산이 330억 원 추가 배정되어 통과되었다. 예상에 없던 일이었다. 포항은 이명박 당선자의 고향이었다. '아방궁' 프레임에 확성기 역할을 했던 언론은 침묵했다.

모두 '조문객 연출'이라 믿고 싶었다

박근혜 대통령에 대한 분노가 절정이었던 2014년 4월 29일, 박 대통령은 경기도 안산에 있는 세월호 참사 정부 합동 분향소를 방문했다. 이 날 현장에서 박 대통령이 어깨를 감싸며 위로한 할머니가 유가족이 아니라 정부 측이 동원한 인물이라는 이야기가 온라인에 급속도로 퍼졌다. 이런 가운데 『CBS노컷뉴스』가 4월 30일 "이른바 조문 연출 의혹에 등장하는 여성 노인이 실제로 청와대 측이 섭외한 인물인 것으로 드러났다"고 보도했다. 파장은 컸다. 많은 사람이 '보고 싶었던' 보도였다.

『CBS노컷뉴스』는 익명의 정부 핵심 관계자 말을 인용해 "미리 계획했던 건 아니지만, 청와대 측이 당일 합동 분향소에서 눈에 띈 해당 노인에게 부탁을 한 것은 사실"이라고 보도했다. 해당 관계자는 "노인이 유족인지 아닌지 확인은 안 했다"고 밝혔다. 『CBS노컷뉴스』는 "조문 영상을 보면 정부 관계자가 해당 노인을 박 대통령 근처로 안내하는 장면이 나온다. 박 대통령은 조문을 한 뒤 이 노인에게 다가가 위로했고, 이 모습은 박 대통령이 세월호 유가족을 위로하는 장면으로 보도됐다"고 보도했다.

실종자 · 희생자가족 대표였던 유경근은 다음 날인 4월 30일 CBS 라디오 〈김현정의 뉴스쇼〉에 출연해 "대통령께서 분향소 안에 어떤 할머니 한 분을 대동하고 분향을 한 뒤 사진을 찍으신 걸로 알고 있는데 제가 궁금해서 어느 분이신가 수소문을 해봤는데 희한하게도 아는 분이 없었다"고 말했다. 이로써 논란은 더욱 증폭되었다. 청와대는 즉각 "조문 연출 의혹은 사실이 아니다"라고 해명했다. 청와대 민경욱 대변인은 "분향소에는 조문객도 계셨고 유가족도 계셨고 일반인들이 다 섞여 있었기 때문에 누가 누구인지 알 수 없는 상황이었고 그 가운데 한 분이 대통령께 다가와 인사를 한 것"이라고 해명했다.

온라인에서는 '박근혜 대통령을 사랑하는 사람들의 모임(박사모)' 회원 손 아무개의 박사모 행사 사진이 돌며 분향소에서 만난 할머니와 동일 인물이라는 주장까지 등장했다. 사진을 보면 두 사람은 놀라울 정도로 닮아 있었다. 즉, 박사모 회원이 분향소에 나타나 연출 사진을 도왔다는 것이다. 이 주장은 SNS를 통해 급속도로 확산되었다. 그러자 5월 2일 논란의 주인공 손 아무개가 기자회견을 열고 "나는 경주에 사는 산불 감시원으로, 이날 안산에 간 적이 없다"고 말했다.

청와대의 사진 연출설은 사실이 아니었다. 분향소에서 박 대통령을 만난 노인은 안산 초지동 주민 오 아무개로 밝혀졌다. 오씨는 『경향신문』과 인터뷰에서 "분향소 인근 주민이며 조문을 갔다 대통령을 만났다"고 밝혔다. 청와대는 분향소 특성상 자연스러운 경호를 했고, 오씨를 안내한 남성은 정부 관계자가 아닌 장례 지도사로 밝혀졌다.

SNS에서는 박 대통령이 방문한 시각이 일반 조문객 분향이 시작되기 전이라는 점과 오씨가 분향소에서 내내 박 대통령 뒤를 따라다닌 장면이 포착된 영상을 근거로 오씨가 청와대에서 동원한 인사라는 주장이 이어졌다. 하지만 모두 추측에 불과했다. 사실 오씨는 지인과 함께 오전 9시 분향소 앞에서 만나기로 한 뒤 30분 먼저 도착했는데, 오전 10시부터 일반인 조문을 받는 줄을 몰랐고 처음에 출구를 잘못 찾았다가 다른 출구 쪽에 사람이 들어가서 들어가도 되는 줄 알고 따라갔다 박 대통령을 만났다고 밝혔다.

박 대통령은 오씨와 마주치자 "유가족이세요?"라고 물으며 손을 내밀었고, 오씨는 "아닙니다"라고 대답했으며 이후 다른 대화는 없었다. 평범한 시민이 삼엄한 경호를 뚫고 대통령 뒤를 따라가 조문할 수 있느냐는 누리꾼들의 의혹에 대해 안전행정부 측은 "일반적으로 대통령이 오면 경호를 엄격하게 하지만 이날은 유족들의 마음이 상하지 않게 배려하는 차원에서 통제를 하지 않았다"고 밝혔다.

결국 박 대통령의 합동 분향소 조문 당일 한 조문객이 유달리 눈에 띄었고, 정부에 불신을 갖고 있던 시민들이 의혹을 제기했으며, 언론이 충분한 확인 절차 없이 여론에 편승하며 오보를 냈다. 당시 박근혜 정부의 행태를 보면 조문 연출도 충분히 있을 법한 시나리오였다. 하지만 『CBS

노컷뉴스』는 결정적으로 오씨를 찾아내 당사자 확인을 하지 않았다.

대통령비서실은 『CBS노컷뉴스』를 상대로 낸 정정 보도 청구 소송에서 승소했다. 1심 재판부는 "할머니나 장례 지도사 등을 취재하지 않았고 의혹 사실의 존재를 수긍할 만한 새로운 자료를 추가 제출하지 않는 등 보도가 진실하지 않음이 증명됐다"고 밝혔다. 익명의 정부 핵심 관계자 주장이 근거의 전부였다. 당시 『CBS노컷뉴스』 내부에서도 보도의 '부실함'을 두고 뒷말이 나왔다.

확증 편향이란 말이 있다. '보고 싶은 것만 본다'는 의미로, 원래 갖고 있는 생각과 신념을 확인하려는 일종의 경향성을 뜻한다. 확증 편향은 증거 수집에서 선택 편향으로 이어지는데, 기자들은 확증 편향을 가장 경계해야 하는 직업이다. 진보·보수를 떠나, 기자들은 유언비어를 가려낼 의무가 있다. 그래서 기사를 쓰며 월급을 받는 것이다.

『경향신문』 2016년 9월 21일자 1면 사진기사 제목은 「흙 묻을라… 길게 뻗은 손」이었다. 이 신문은 "박근혜 대통령이 진흙을 밟아 묻지 않도록 경호원들이 붙잡고 있다"며 사진을 설명했다. 9월 20일 지진 피해 지역인 경주 황남동 한옥마을을 방문해 피해 복구 중인 자원봉사자들과 손을 잡으며 대화를 하다 악수를 나누려는 장면이었는데 뒤에서 경호원들이 박 대통령을 붙잡고 있었다.

당시 현장에선 한옥 기와를 보수하기 위해 사용되는 '복구용 흙'은 밟지 말아야 했고, 박 대통령도 이런 주문에 따랐다. 흙을 사이에 두고 자원봉사자들과 악수하려다 몸이 쏠려 넘어지지 않도록 하려고 경호원이 허리를 잡고 있었다. 하지만 당시 사진기사로 박 대통령은 마리 앙투아

네트와 비교당하며 여론의 비난을 받았다. 청와대 정연국 대변인은 "대통령이 주민들한테 악수하려고 다가가니 주민들이 '복구용 흙이니까 밟지 마세요'라고 해서 흙을 사이에 두고 멀리 떨어져 악수를 했다"고 해명했다. 결국 『경향신문』은 "사실관계를 충분히 확인하지 못하고 취지와 다른 사진 설명을 실은 데 대해 모든 관계자와 독자들께 사과드린다"고 밝혔다.

반성이 느껴지지 않는 세 번째 정정 보도문

2018년 10월 27일, 『조선일보』가 지율 스님과 관련한 6년 전 기사의 오보로 정정 보도문을 냈다. 2012년 9월 18일자 「도롱뇽 탓에 늦춘 천성산 터널…6조 원 넘는 손해」란 제목의 기사에서 『조선일보』는 지율 스님의 단식 농성과 환경단체의 가처분 신청을 언급하며 대법원이 2년 8개월 만에 공사 재개를 결정했고, 당시 1년간 공사가 중단되면 사회·경제적 손실이 2조 5,000억 원에 이를 것으로 추산된다며 천성산 터널 공사가 늦춰져 6조 원 넘는 손해가 발생한 것으로 보도했다.

그러나 『조선일보』는 정정 보도문에서 "당시 추산된 사회·경제적 손실 2조 5,000억 원은 공사 중단으로 인하여 개통이 1년간 지연될 것을 전제로 한 것이었으나 실제로 개통은 지연되지 않았고, 가처분 사건이 계속 중인 2년 8개월 동안 천성산 구간 공사가 중단된 기간은 6개월이었으므로 6조 원 넘는 손해는 발생하지 않은 것으로 확인되었다. 법원의 판결에 따라 이를 바로잡는다"고 밝혔다. 정정 보도문에서 지율 스님에 대한 사과는 없었다.

눈여겨봐야 할 대목은 이날 정정 보도문이 실린 5면의 톱기사였다. 「지율이 "말라붙는다"며 단식한 천성산 습지, 살아 숨 쉰다」는 제목의 해당 기사에서 『조선일보』는 "2010년 터널 개통 후 8년이 지났지만 화엄늪은 우려와 달리 여전히 살아 숨 쉬고 있었다. 도롱뇽 등 양서·파충류는 진동에 아주 민감하다며 걱정하는 사람들도 있었지만 역시 기우였다"고 보도했다. 정정 보도문을 낸 지면에 '지율 스님이 거짓말쟁이였다'는 식의 기사를 크게 실은 것이다.

『조선일보』는 이 기사에서 지율 스님이 기거한 곳 근처의 동네 주민 발언을 인용해 "내원사 계곡 물이 터널 개통 전이나 지금이나 변한 게 없다. 비가 얼마나 오느냐에 달렸지 터널과 무슨 상관이 있겠느냐"며 "지율이 동네 주민이긴 하지만 쓸데없이 반대해 일만 만든 거지. 전국에 터널이 수천 개일 텐데……"라고 말했다고 보도했다. 터널 공사 과정에서 환경단체의 비판과 여론의 눈초리 덕분에 환경 피해를 최소화했을 가능성은 염두하지 않는 대목이었다.

『조선일보』의 지면 편집은 앞선 '전력'을 살펴보았을 때 악의적이라는 비판을 면하기 어렵다. 『조선일보』는 2009년 4월 24일자 「환경운동의 내리막길은 천성산에서 시작됐다」란 제목의 사설과 「고속철 공사 방해 지율 스님 유죄」란 제목의 기사에서 천성산 터널 공사가 중단된 기간이 1년이라고 보도했다가 사실과 달라 그해 6월 5일 정정 보도문을 실었다. 당시 『조선일보』는 "직접적인 공사 관련 손실은 145억 원"이라고 밝혔다.

그로부터 3개월 뒤인 9월 26일에도 『조선일보』는 "본지는 지하수 유출로 인한 습지 등 생태 환경 파괴를 이유로 한 지율 스님의 단식 농성으로 경부고속철도 천성산 원효터널 구간의 공사가 1년 이상 중단돼 2조 5,000여 억 원의 손실을 입게 됐다는 취지의 기사를 여러 차례 보도한 바 있으나 실제 지율 스님의 단식 농성으로 인해 위 공사가 중단된 기간은 6개월이고, 이로 인해 시공사가 직접적으로 입은 손실액은 약 145억 원"이라고 정정 보도했다.

그리고 대법원은 2018년 10월 12일 지율 스님이 2012년 『조선일보』 기사를 상대로 낸 손해배상 청구 소송에서 최종적으로 지율 스님의 손을 들어주었다. 『조선일보』는 "본지가 기사를 보도한 2012년 9월은 이미 공사가 끝난 시점이었다는 점에서 실제 공사 중단 기간과 그로 인한 손실을 정확히 반영하지 못한 것은 잘못이다"라고 밝히며 세 번째 정정 보도문을 내야만 했다. 똑같은 오보로 3번이나 정정 보도문을 낸 초유의 상황에서 사과문치고는 반성이 느껴지지 않았다.

세월호 유가족을 둘러싼 오보, 반복되면 의심 된다

메시지를 반박할 수 없으면 메신저를 공격한다. 박근혜 정부를 향한 세월호 유가족들의 주장에 반박할 수 없었던 보수 언론은 유가족을 흠집 내는 보도로 여론의 뭇매를 맞았다. 특히 채널A와 TV조선, 무엇보다

『조선일보』의 정도가 심했다.

채널A는 5월 6일자 〈김 부장의 뉴스통〉에서 '단독 입수' 자막을 내보내고 세월호 추모 집회 관련 시위대의 경찰 폭행 사진을 공개했다. 하지만 이날 방송에 등장한 세월호 시위대의 경찰 폭행 사진에는 세월호 집회와 관련 없는 사진이 포함되어 있었다. 채널A는 2008년 6월 28일 서울 광화문 일대에서 벌어진 광우병 촛불 집회에서 시위대에게 전경이 폭행당한 장면을 찍은 『조선일보』 사진을 '세월호 시위대의 경찰 폭행 사진'으로 내보냈다.

또 2003년 한국 · 칠레 FTA 국회 비준을 앞두고 열린 농민 집회에서 『오마이뉴스』가 찍은 경찰과 시위대의 몸싸움 장면 역시 세월호 시위대의 폭행 사진으로 보도했다. 이 같은 사진을 놓고 방송 출연자들은 "폭력이 난무한 세월호 시위를 합리화할 수 있나"라고 주장했다. 세월호 참사의 진상 규명을 요구하는 이들에게 '폭력 집회' 프레임을 씌운 것인데, 돌이켜보니 헛소리였다.

채널A 시사프로그램은 재방송을 보기가 어렵다. 다시보기 서비스가 부실해서다. 세월호 시위 사진이 아닌 줄 알고서도 그랬는지, 아니면 정말 실수였는지는 확인할 길이 없다. 당시 이 사실은 시민의 제보를 통해 『미디어오늘』이 기사화하며 처음 알려졌다. 당시 기사를 썼던 나는 방송 내용을 직접 확인하기 위해 방송통신심의위원회에 잘 아는 선배에게 부탁해 해당 영상을 확인할 수 있었다. 우리나라에서 모든 방송 영상을 의무적으로 모아두는 곳은 방송통신심의위원회뿐이다.

이후 해당 프로그램은 사과 방송에 나섰고, 며칠 뒤 폐지되었다. 그런데 프로그램의 진행자였던 김광현은 훗날 『동아일보』 편집국 부국장으로 승진했다. 김광현 부장은 2013년 5·18 광주민주화운동을 두고 "북한군 특수부대가 개입해 일으킨 폭동"이라는 주장을 여과 없이 내보냈던 시사프로그램 〈김광현의 탕탕평평〉 진행자이기도 했다. 〈김광현의 탕탕평평〉 역시 오보 이후 폐지되었다.

TV조선은 2014년 9월 23일 「민변, 유족 변호 손 떼」라는 제목의 리포트를 통해 "대리 기사 폭행에 연루된 세월호 유가족의 변호를 맡았던 민주사회를위한변호사모임, 이른바 민변이 이번 사건에서 손을 떼기로 했다"면서 "변호를 맡는 데 부담을 느낀 것 같은데 아무리 그래도 민변이 이래서는 안 될 것 같다는 생각도 든다"고 보도했다. 세월호 유가족의 법률 도움을 맡고 있던 민변과 유가족 사이에 갈등이 생겼다는 뉘앙스였다.

그해 12월 28일 서울중앙지방법원은 민변과 박주민 변호사가 TV조선을 상대로 제기한 손해배상 청구 소송에서 TV조선이 민변에 2,000만 원을, 뉴스에 이름이 잘못 나온 박주민 변호사에게는 300만 원을 지급하고 정정 보도하라고 결정했다. 항소심에선 TV조선이 민변에 1,400만 원을 지급하고 정정 보도를 하는 것으로 조정이 성립되었다. 박주민 변호사는 돈을 받지 않겠다고 밝혀 손해배상금이 지급되지 않았다. 박 변호사는 당시 『미디어오늘』과 인터뷰에서 "사실관계를 파악하려는 노력이 조금이라도 있었다면 이런 엉터리 보도는 나오지 않았을 것"이라고 비판했다.

재판부는 TV조선 보도로 인해 민변이 인권 옹호를 표방하는 단체임에도 자신들의 이미지 훼손을 우려해 유족들의 불미스러운 사건 변호를 포기한 것으로 비춰졌다고 보았으며, 박주민 변호사의 이름을 잘못 내보냈을 뿐 아니라 그가 유족 변호를 맡지 않기로 한 상황에서 취재진을 만나 당황한 것처럼 보이는 장면을 내보냈다고 밝혔다. 재판부는 TV조선이 민변과 박 변호사의 명예를 훼손했으며 기자의 추측으로 방송을 강행했다고 지적했다.

결국 TV조선은 2015년 5월 14일자 메인 뉴스를 통해 "민변은 폭행 사건을 일으킨 유족들을 변호하기로 결정한 사실이 없었고, 나아가 유족들의 변호를 맡지 않기로 결정하거나 또는 유족들 변호에 참가한 소속 회원들에게 그 변호를 맡지 말 것을 요청한 사실이 없는 것으로 확인됐다"면서 "위 방송은 허위 사실이기에 바로잡는다"고 밝혔다. 또한 TV조선은 당시 유족들과 경찰 조사에 함께 입회한 김종보 변호사를 박주민 변호사라고 잘못 보도한 사실도 인정하고 정정 보도했다.

『조선일보』는 유독 세월호 특별조사위원회(특조위)와 관련된 오보를 자주 냈다. 2016년 6월 29일자 1면 「세월호 특조위, 비즈니스석 해외 출장 계획 논란」 기사에서 『조선일보』는 "특조위가 미국 447만 원, 영국 267만 원 등 비즈니스 항공권 가격을 요구했다"며 "출장자 모두가 비즈니스 좌석 요금을 책정한 것"이라고 보도했다. 특조위가 세월호 참사 원인 규명에는 관심 없고 세금을 이용해 호화 여행이나 떠날 궁리만 하고 있다는 투로 읽힐 만한 대목이었다. 해당 기사는 세월호 특조위의 활동 기간 종료 시점과 맞물리며 파장을 일으켰다. 활동 기간 연장을 요구하던 특조위에는 치명타였다.

『조선일보』는 그러나 7월 1일자 '바로잡습니다'를 통해 "공무원 여비 규정 등 정부의 예산 관련 규정에 따른 이코노미석 요금이고, 특조위는 이에 따라 신청한 것으로 확인됐다"고 밝혔다. 규정에 따라 이코노미 요금을 책정했는데 비즈니스 요금으로 둔갑했던 것이다. 정정 보도는 이미 특조위에 부정적 이미지가 덧씌워진 뒤였다.

『조선일보』는 2016년 4월 16일자 사설에서 세월호 특조위의 예산이 369억 원이라고 주장하기도 했다. 하지만 확인 결과 2015년과 2016년 특조위에 배정된 예산은 총 150억 원이었다. 『조선일보』는 4월 21일자 '바로잡습니다'에서 "미국 9·11 테러 조사위원회 예산 170억 원의 2배가 넘는다는 것은 잘못이었다"며 오보를 인정했다.

『조선일보』는 2015년 11월 7일자에선 이석태 세월호 특조 위원장이 받은 8개월치 급여가 '세전 1억 1,689만 원, 한 달 1,461만 원'이라고 보도했다. 위원장이 높은 급여를 받고 있다는 취지로 읽히는 대목이다. 『조선일보』는 그러나 일주일 뒤인 11월 14일자 '바로잡습니다'를 통해 "8개월치 월급은 세후 7,550만여 원"이며 변호사를 겸직하고 있다는 보도 역시 사실이 아니었다고 밝혔다. 실제 받고 있던 급여보다 월 500만 원가량 뻥튀기한 보도였다.

앞서 언급한 일련의 오보들은 '세월호 특조위가 혈세를 펑펑 낭비하고 있다'는 프레임으로 귀결된다. 이 프레임의 목적이 무엇인지는 쉽게 짐작 가능하다. 아무리 특조위가 미워도 이렇게 사실과 다르게 기사 쓰면 안 된다.

여기에 더해 『조선일보』는 2015년 4월 30일자 기사에서 이석태 특조 위원장이 참여연대 현직 공동대표라고 보도하기도 했다. 정치 성향을 띤 시민단체 현직 대표가 특조 위원장이라는 맥락이었다. 그러나 이 신문은 하루 뒤 '바로잡습니다'를 통해 이석태 위원장이 참여연대 전 공동대표라고 정정했다. 이쯤 되면 '의도적으로 오보를 내고 정정하는 방식으로 여론 형성에 개입하고 있는 것 아니냐'는 의혹이 등장할 수밖에 없다.

세월호 유족에 대한 악의적인 명예훼손 기사도 있었다. 세월호 참사로 숨진 단원고 학생의 친부인 A씨가 오래 전 이혼한 뒤 자식과 연락을 끊고 지내오다 사고 후 돈 때문에 나타났다는 보도였다. 보도에는 신청인이 이혼 후 3년간 생활비를 지급한 이후 양육에 전혀 도움을 주지 않다가 딸이 사망하자 보험금 5,000만 원 가운데 절반을 받아갔다는 내용도 있었다. 소중한 자식을 가슴에 묻어야 했던 이 아버지의 슬픔 앞에 정말이지 잔인했다.

하지만 A씨는 2014년 2월까지도 양육비를 여러 차례 전달했고, 딸과 가족 모임 등 여행에도 동참한 사실이 있다며 해당 보도를 한 10개 매체에 정정 보도 및 상징적 금액의 손해배상을 요구했다. 조정 심리 결과 대부분의 매체가 정정 보도문을 게재했다. 당시 사건과 관련해 김동규 언론중재위원은 "언론이 공익이나 알 권리라는 이름 아래 보도한 많은 내용들이 진정한 의미에서 공익과 알 권리의 대상이었는지 언론계 내부의 치열한 고민과 성찰이 필요하다"고 지적했다.

"조선은 자기 성찰의 용기를 보여라"

"그 신문은 왜곡·편파 보도로 우리를 상처냈어요." 2016년 5월, 『한겨레』에 연재되고 있던 '이희호 평전'에서 이희호가 한 말이다. 1989년 1월 31일 평화민주당 김대중 총재는 이희호 여사와 함께 유럽 6개국 순방에 나섰다. 첫 방문국 스웨덴에서는 스웨덴 지도자 27명이 김대중을 노벨평화상 후보로 추천했다는 소식이 발표되었다. 이탈리아 로마에선 교황 요한 바오로 2세를 만났다.

그런데 『조선일보』 정치부 기자가 『주간조선』 3월 5일자에 쓴 「김대중 평민당 총재 일행의 유럽 순방 동행 취재기」가 논란을 일으켰다. 유명한 '조·평 사태'(『조선일보』·평화민주당 사태)의 시작이었다. 당시 사건은 결국 그해 10월 평화민주당(평민당)의 고소 취하로 일단락되었으나 『조선일보』는 끝내 사과하지 않았다. 당시 『주간조선』은 「좌파에도 우파에도 손짓, 수행 의원들 추태 만발」이라는 제목으로 수행원들 중 일부가 비행기 안에서 맨발로 돌아다니고, 교황의 소매를 붙들고 '헤이' 하고 부르는가 하면, 호텔 로비에서 귀부인을 희롱했다고 보도했다.

이희호는 『한겨레』와 인터뷰에서 "『주간조선』 기사는 사실 확인도 제대로 하지 않고 쓴 것이었다. 우리는 항상 일반석을 탔는데 그것까지 문제 삼았다. 남편은 천주교 신자로서 수행원들이 교황에게 결례를 범했다고 매도당하는 걸 참지 못했다. 나도 몹시 화가 났다"며 당시를 회상했다.

평민당과 『조선일보』는 그 무렵 최악의 관계였다. 1988년 국회 언론

청문회에서 평민당 소속 박석무 의원은 당시 증인으로 출석한 방우영 『조선일보』 사장에게 전두환 정권 초기 국가보위입법회의 입법의원 활동 이력을 따졌다. "입법위원으로 있으면서 언론기본법 통과에 한 마디 반대 의견도 못 내놓았느냐"며 박 의원은 『조선일보』의 광주민주화운동 왜곡 보도를 비롯해 5공화국 시절 보도를 추궁했다.

『주간조선』 보도 이후 평민당은 『조선일보』 허위·왜곡 보도 대책 위원회를 구성하고 3월 6일 입장을 통해 "그동안 『조선일보』의 집요하고도 잔인한 비수에 수없이 상처를 입고 가슴 아파해왔으면서도 인내의 자세로 묵묵히 참아왔던 것이 김대중과 평민당이었다"며 『조선일보』 관계자 5명을 서울중앙지방검찰청에 고소했다. 그러자 『조선일보』 편집국 기자들은 총회를 열고 '언론자유수호선언'을 발표했다. 기자들은 "평민당이 『조선일보』에 대해 취하고 있는 일련의 공격적 행동은 구시대 독재 권력의 언론 탄압과 결코 다름없는 새로운 형태의 언론 탄압"이라고 주장했다.

그러나 당시 『조선일보』 강제 해직 언론인 모임인 조선투위(조선자유언론수호투쟁위원회)는 그해 3월 14일 성명을 내고 "민주주의가 질식당하고 인권이 유린되던 시절에 『조선일보』는 무엇을 썼고 어떻게 말했는가 우리는 묻고 싶다. '언론자유수호선언'은 언론사의 사적 이익을 위해 편리할 때 편리한 방법으로 하는 그런 액세서리가 아니다"라고 비판했다.

논란이 진실 공방으로 거세지자 한국기자협회는 1989년 3월 17일자 『기자협회보』를 통해 동행했던 다른 기자들을 취재한 결과를 바탕으로 『주간조선』 기사가 오보일 가능성이 높다고 보도했다. 당시 동행했던 기자단은 『기자협회보』를 통해 교황의 소매를 붙들고 '헤이' 하고 불렀다는 보도를 두고 "참석자 전원은 '헤이'라는 소리를 들어본 사람도, 부를 상황도 아니라는 데 의견을 같이했다"고 밝혔다. 이에 『조선일보』 측은 "당시 그것을 들었다고 기자단 회의에서 발언한 기자가 있음을 기사화했으며 기사 중에는 사실이 아니라는 발언도 포함했다"고 밝혔다. 직접 듣지는 못했다는 의미였다.

또한 호텔 로비에서 귀부인을 희롱했다고 보도한 대목에 대해선 "한 기자가 농담으로 '서양 애들이 코가 큰데 키스를 어떻게 할까'라고 묻자 서경원 의원이 우리 대사관 현지 고용 여직원에게 한국말로 '당신 키스를 어떻게 해'라고 물은 내용이 있다"고 밝혔다. 평민당은 "호텔 로비에서 모 의원과 기자 등 일행이 대화를 나누던 중 '이태리인은 코가 저렇게 큰데 키스를 어떻게 할까'라고 농담하자 의원이 '옆으로 틀고 하면 되지'라고 농담조로 응수했는데 주이태리 대사관 현지 채용 직원이 지나가자 의원이 '당신들은 코가 커서 어떻게 키스하느냐'고 한국말로 농담했고 해당 직원은 이해하지 못하고 그냥 지나갔다"고 해명했다.

『주간조선』은 이와 같은 대목을 "호텔 로비의 귀부인에게 한국말로 '너 XX 좋아해'라고 묻고는 당황해하는 부인을 향해 다시 한국말로 '알았어 좋아한다구?'라고 돌아서는 희롱과 추태를 서슴지 않은 의원"이라 보도했다.

수행원들 중 일부가 비행기 안에서 맨발로 돌아다녔다는 보도에 대해서는 기자단이 "서경원 의원이 취침 시간으로 기내 소등 상태에서 맨발을 벗고 일행자리에 한 번 갔던 것은 사실이고 기자의 지적을 받고 양말을 신었다"고 밝혔다.

당시 한국기자협회는 사설격인 「우리의 주장」 지면을 통해 "조선은 자기 성찰의 용기를 보여라"라고 비판했다. 한국기자협회는 "조선은 더 이상 이 문제에 관해 언론 자유를 운위하지 말라. 신문은 독자를 위한 공기이며 지면은 국민의 알 권리를 지키는 사회 전체의 광장일 뿐 언론사 경영주의 사유물이 결코 될 수 없다"고 비판했다. 당시 보도가 지면 사유화의 결과물이라는 지적이었다.

"우리는 『조선일보』가 지난해 언론 청문회에서 방우영 사장에 대한 평민당 의원들의 비판 질문이 있은 후 이에 대한 불만을 그대로 지면에 반영한 사례를 기억하고 있다.……『조선일보』는 자사 이익을 주장하거나 대변할 일이 있다면 공공적인 지면을 사용하지 말고 분명하게 사고나 광고 난을 이용하는 것이 온당한 처사다."

지금 봐도 살아 숨 쉬는 '명문'이다. 비단 『조선일보』만 새겨들을 대목도 아닌 것 같다.

쉽게 쓰면 쉽게 무너진다

제3장

받아쓰기

2006년, 미국 중앙정보국CIA과 국무부 출신의 북한 전문가 로버트 칼린Robert Carlin이 강석주 북한 외무성 제1부상의 재외공관장 회의 연설문을 입수했다며 이 글을 노틸러스연구소 홈페이지에 올렸다. 칼린은 이 글에서 강석주 부상이 현재 북한이 5~6개 이상의 핵무기를 보유하고 있는 것처럼 말한 것으로 묘사했다.

이 글은 그가 9월 14일 미국의 한 북한 문제 정책 토론회에서 북미 문제를 강석주의 입장에서 바라보기 위해 작성한 '소설'이었다. 강석주의 연설문을 가상한 발표 형식 때문에 참석자들 사이에서 원본과 출처를 묻는 질문이 이어지기도 했다. 그러나 한국 언론은 이 같은 사실을 몰랐다. 그리고 칼린의 소설은 훌륭했다. 대다수 전국 종합일간지는 9월

25일 이 소설을 강석주 북한 외무성 제1부상의 발언으로 잘못 보도했다. 9월 24일 밤 11시께 『연합뉴스』에서 시작된 오보 사태는 25일 『동아일보』를 비롯한 일부 신문이 대서특필하며 확산되었다.

『동아일보』는 9월 25일자 1면에서 「강석주 "북 외교는 추락하는 토끼"」라는 제목의 기사를 내고 강석주 부상이 북한 외교정책에 대해 자책성 발언을 했다며 자세히 소개했다. 『동아일보』는 2면과 3면에서도 「"핵실험 할지 안 할지 우리 스스로도 몰라"」, 「"북미 관계 사망…건설적 길 되돌아갈 희망 없어"」라는 제목의 기사를 내며 강석주 부상의 발언을 상세히 전했다. 소설에 각주를 단 꼴이었다. 『세계일보』도 같은 날 1면 톱기사에서 「북 "핵무기 최소 5~6기 보유"」라고 보도했고, 『경향신문』도 「북 강석주 "핵무기 5~6개 보유"」라는 제목으로 1면 하단에 관련 내용을 보도했다.

당시 『연합뉴스』 통일외교 팀장은 『미디어오늘』과 인터뷰에서 "여러 정통한 소식통으로부터 강석주 연설이 실렸다는 제보를 받았고 지금까지 내용 중 가장 솔직하고 적나라해 싣게 됐다"고 말했다. 그는 "워싱턴 특파원으로부터 오보라는 것을 알게 됐다"며 "표현이 애매해 노틸러스연구소에 올라온 보고서만 보면 알기가 어렵다"고 해명했다. 『연합뉴스』는 6시간 뒤 기사 전문을 취소했다. 당시 『한겨레』와 『중앙일보』 정도가 한국 정부의 입장을 추가해 사실이 아닐 가능성이 있다고 언급하긴 했으나 칼린의 글이 허구라는 사실은 몰랐다.

칼린과 통화를 해서 오보를 잡아낸 MBC 윤용철 특파원은 "글 중간에 '체니 부통령을 북한 군사위원회에 가입시키자'는 등 조크성 발언이 군데군데 나와 칼린에게 전화했다"고 밝혔다. 칼린은 MBC와 인터뷰에서 "14일 한 세미나에서 발표된 글이 왜 뒤늦게 오해를 받게 됐는지 모르겠다"고 덧붙였다. 『연합뉴스』가 기사를 쓰고, 언론이 이를 받아쓴 결과였다. MBC는 당시 오보 사실을 전하며 "오늘 새벽 잠시나마 충격을 준 오보 사건은 그만큼 북한 핵문제가 민감하다는 반증인 동시에 미국발 정보와 주장에 쉽게 흔들리는 우리 언론의 현 주소를 확인시켜주었다"고 지적했다.

당시 피터 벡Peter Beck 국제위기감시그룹 동북아시아 사무소장은 MBC 〈손석희의 시선집중〉에 출연해 "이번 사태는 기본적으로 한국 언론들이 영어를 정확히 해석하지 못해서 발생한 문제"라고 지적하기도 했다. 『중앙일보』는 당시 '기자수첩' 형식을 빌려 "촌각을 다투는 조간 신문의 마감 시간도 정확한 판단을 방해했다"며 사과했다.

받아쓰기로 오보가 반복되는 경우는 2015년에도 있었다. 메르스 사태 당시 언론은 메르스 감염의 위험성을 낮추는 시설로 음압 병상이 필수적인데 메르스 확진자 수를 따라가지 못해 시설 확충이 불가피하다고 보도했다. 그런데 언론이 음압 병상에 대해 잘못된 정의를 내리고 받아쓰기 보도가 계속되면서 논란이 반복되었다.

음압 병상은 기압이 높은 곳에서 낮은 곳으로 흐르는 원리를 이용한 것이다. 병실 안 기압을 낮게 유지해 공기가 밖으로 나가지 못하게 해서 바이러스가 병실 밖으로 나가는 것을 막는 시설이다. 하지만 대다수 언론은 메르스 사태를 보도하며 음압 병상을 "음파로 공기를 항상 병실 안에서만 흐르도록 유도하는 특수 병상"이라고 소개했다.

음압 병상은 소리를 뜻하는 음音과 전혀 상관없는 압력(기압)을 이용한 시설인데, 엉뚱하게 음파라는 말을 쓰면서 음音과 관련한 시설이라는 오해를 주었다. 이 같은 보도를 보다 못한 『동아사이언스』는 "음압 병상은 음파로 치료하는 특수 병상이 아니다. 음압 병상에서 '음'은 소리 음音이 아니라 네거티브(-)를 뜻하는 음陰이다"고 바로잡기도 했다.

당시 언론이 잘못된 설명을 반복하게 된 '시작점'은 2014년 11월 5일자 『뉴스1』 기사 「에볼라 환자 입원하는 국립의료원 음압 병상 둘러보니」로 보인다. 『뉴스1』은 당시 음압 병실을 소개하며 "음압은 음파에 의해 생긴 압력 변화량을 말한다"고 설명했으며 "음압이 걸리면 공기 흐름이 항상 병실 안쪽으로만 흐르고 내부 공기가 병실 밖으로 흘러나가지 않는다"고 보도했다. 이 기사는 지금도 검색하면 나온다.

문재인을 범법자로 만들다

2013년 6월 3일, MBC는 〈뉴스데스크〉에서 국회의원들의 '겸직 특권'에 대한 리포트를 내보내면서 문재인 의원이 변호사를 겸직하면서 별도의 급여를 받았다고 보도했다. 법을 어긴 채 변호사를 겸직하고 있다는 내용이었다.

문재인 의원은 다음 날인 6월 4일 보도자료를 내고 "19대 국회 개원 후 변호사 겸직을 하지 않기로 하고 지난해 6월 20일자로 부산지방변호사회에 변호사 휴업 증명원을 제출한 바 있다"고 밝힌 뒤 "이에 따라

세비 이외의 급여를 받은 적이 없다. '변호사를 겸직하면서 급여를 받았다'고 보도한 내용은 사실과 다르다"고 밝혔다.

명백한 '오보'였음이 드러나자 MBC는 4일자 〈뉴스데스크〉에서 정정 보도를 했다. 사과는 하지 않았다. 문재인 의원의 입장을 들으려는 노력이 있었다면 오보를 막을 수 있었다. 〈뉴스데스크〉는 방송통신심의위원회에서 법정 제재인 '관계자 징계 및 경고'라는 중징계를 받았다. 심의위원들은 "전화만 걸면 확인할 수 있는 사안"이었다며 MBC를 강하게 질책했다. 이처럼 쉽게 쓰는 기사는 쉽게 무너진다. 논란이 될 사안에 대한 보도에서 반론 취재는 기본이다. 그러나 기본을 지키지 않는 경우가 많다.

『동아일보』는 당시 한나라당 안상수 대표가 2010년 11월 24일 연평도에서 보온병을 들고 포탄이라고 말한 것을 보여준 YTN 〈돌발영상-폭탄&폭탄〉편이 조작된 것이라고 보도했다. 『동아일보』는 2010년 12월 1일자 「알고 보니 방송사의 연출 영상」이란 제목의 기사에서 "『동아일보』 확인 결과 당시 현장 안내자들이 포탄이라 말하자 방송사 카메라 기자들이 안 대표에게 들고 포즈를 취해달라고 요청한 것"이라고 보도했다.

YTN 측은 정정 보도를 요청했다. YTN은 "취재 당시 방송사 카메라 기자가 누군가가 부르는 소리를 듣고 안 대표 일행이 모여 있는 곳으로 갔더니 안 대표가 문제의 보온병을 들고 '이게 포탄'이라고 설명하는 것을 연출 없이 그대로 촬영한 것"이라고 반박했다. 언론중재위원회는 2011년 1월 4일 『동아일보』에 정정 보도 직권 결정을 내렸다. 『동아일보』는 6개월이 지나서야 오보를 인정했다. 처음부터 YTN 측의 입장을 듣고자 전화 한 통화만 했다면 오보를 내지 않을 수 있었다. 2011년 7월 9일자 『동아일보』 2면 '바로잡습니다'는 정말 찾기 어려울 정도로 작았다. 하지만 오보의 파급력은 컸다.

뭔가 기사를 쓰면서 이상하다 싶으면 몇 군데 더 확인해보아야 한다. 2014년 『연합뉴스』 보도가 그랬다. 『연합뉴스』는 2014년 6월 26일 "남아프리카공화국에서 승객 39명을 태우고 뉴욕으로 향하던 미국 팬암 항공사 여객기가 라이베리아에서 실종됐다고 현지 언론 『뉴데모크랏』이 26일 보도했다. 이 항공기는 지난 24일 라이베리아의 찌는 듯한 정글에서 추락한 것으로 추정된다"고 속보를 냈다. 곧바로 KBS 등 다수 언론사가 받아썼다.

그러나 이 사고는 1951년 6월 22일에 발생했다. 아프리카 매체 『고센 뉴스Goshen News』가 1951년 사고를 재조명한 기사를 그대로 전재하며 날짜만 'yesterday'라고 수정했다. 이를 『연합뉴스』 남아프리카공화국 특파원이 어제 일어난 일로 착각한 황당 오보였다. 『연합뉴스』 정도되면, 국가기간통신사라면 항공사 쪽에 확인 취재를 할 필요가 있었다.

지구에서 세계 최고의 부자인 빌 게이츠는 한국에서 아주 잠깐 사회주의자로 변신하기도 했다. 2015년 11월 2일 『세계일보』는 「빌 게이츠 "사회주의가 미래 지구의 유일한 대안 체제"」란 제목의 기사를 올렸다. 빌 게이츠가 최근 미국 언론사 『애틀랜틱』과 인터뷰에서 "자본주의는 기후변화로부터 우리를 구할 수 없다", "오직 사회주의만이 지구를 지킬 수 있다"고 밝혔다는 내용이다. 사실이라면 세계의 정점에 있는 자본가가 자본주의를 부정한 것으로 일대 사건이었다.

그러나 실제 인터뷰 원문에는 사회주의socialism라는 단어가 없었다. 정부가 개입해야 새로운 에너지 산업을 개발할 수 있다고 강조한 대목만 있었을 뿐이다. 어떻게 된 일일까? "사회주의가 미래 지구의 유일한 대안 체제"라는 표현은 『애틀랜틱』 기사를 인용한 또 다른 언론사인 『인디펜던트』에 등장한다. 『인디펜던트』 기사에도 본문에는 이러한 표현이 없었다. 하지만 『인디펜던트』의 주요 기사 100개를 소개하는 사이트 '인디펜던트100'이 기사를 소개하며 "Bill Gates says that only socialism can save us from climate change(빌 게이츠 "사회주의만이 우리를 기후변화로부터 구할 수 있다)"라는 표현을 사용했다.

『세계일보』 기자는 "'인디펜던트100'이라는 사이트에서 제목을 그렇게 달아서 인용했다"고 밝혔다. 여러 번의 인용 보도를 거치다 발생한 오보다. 외신을 받아쓰는 경우에는 오보가 날 확률이 높기 때문에 꼼꼼하게 원문을 확인하는 것이 최선이다.

의처증 남편의 눈물에 기자도 속았다

2017년 8월 8일자 『연합뉴스』 기사는 강렬한 문장으로 시작했다. "저는 그저 가정을 지키고 싶었을 뿐입니다. 자식들한테 말도 못하고 너무나 힘들었습니다. 정말 잘못했습니다." 기사 제목은 「법원, 15년간 외도 아내 통화 내용 몰래 녹음한 남편 선처」였다.

『연합뉴스』 기사에 따르면, 서울동부지방법원 형사합의12부가 진행한 국민 참여재판에서 피고인 A씨는 최후 진술에서 눈물을 흘렸다. A씨는 아내의 불륜 증거를 잡으려고 2014년 2월부터 2015년 1월까지 스마트폰으로 아내의 통화 내용을 5차례 불법 녹취해 통신비밀보호법 위반 혐의로 재판에 넘겨졌다. 그는 자신의 스마트폰을 숨겨놓고서 녹음 기능을 켜놓은 채 외출했는데, 그사이 아내가 다른 남성과 통화하는 내용이 녹음된 것이다.

보도에 따르면, A씨가 아내의 '외도'를 알아챈 것은 2001년이었다. A씨는 아내가 다른 남성과 함께 차를 타고 있는 모습을 목격했고 이후 그 남자를 만나지 않겠다는 약속을 받아냈지만 4년 뒤인 2005년에도 둘이 연락을 주고받는 사실을 알게 되었다. 2013년에는 아내가 운영하는 가게에서 한 남성과 다정하게 있는 모습을 보고 그 남성과 몸싸움을 벌이기도 했다. 2014년에는 외국에 나간 딸을 보고 오겠다던 아내가 아무런 언질도 없이 귀국했다는 소식을 듣고 의심이 깊어졌다고 했다. 모두 A씨의 관점에서 서술된 대목이다.

A씨는 불륜 증거를 잡으려고 녹음을 시작했고, 2015년 아내가 이혼 소송을 제기하자 이혼 귀책사유가 아내에게 있음을 입증하기 위해 해당 녹음 파일을 증거자료로 법원에 제출했다가 불법 녹취 사실이 알려지게 되어 아내가 고소했다. 그 결과 검찰이 A씨에게 징역 1년 집행유예 2년, 자격정지 2년을 구형했다는 게 보도의 요지였다. 7명의 배심원단은 "범행 동기가 불륜 증거를 확보하기 위한 것이었고, 범행 당시에는 큰 죄의식이 없었다고 보인다. 정상을 참작할 만한 사유가 있다"며 구형량의 절

반인 징역 6개월 집행유예 1년, 자격정지 1년 평결을 내놓았다.

해당 보도는 아내의 '외도'를 의심하지 않았고, 남편 A씨의 입장에서 쓰인 것과 다름없었다. 당시 『연합뉴스』 기사에는 "남편분만 억울한 사건", "불륜 저지른 주제에 녹음했다고 고소를", "아내가 너무하다"처럼 A씨를 지지하거나 A씨의 상황을 안타까워하는 댓글이 주로 달렸다. 하지만 추천을 가장 많이 받은 베스트 댓글은 "불륜 저지른 여성은 어떻게 되었는지는 (기사에) 없네요"였다. 정작 기사에서 불륜을 저질렀다고 묘사된 아내의 입장은 찾을 수 없었기 때문이다.

그렇게 기사가 나오고 3개월이 지난 11월 7일, 『연합뉴스』는 정정 보도문을 냈다. 『연합뉴스』는 "사실관계 및 이혼소송 판결문 확인 결과, 아내가 15년간 외도를 했다는 것은 60대 남성의 일방적인 주장에 의한 것이었음이 밝혀졌다"고 보도했다. 『연합뉴스』는 "혼인 관계가 파탄에 이르게 된 이유도 아내의 외도 때문이 아니라 결혼 기간에 이유 없이 아내의 남자관계를 의심한 60대 남성의 의처증 및 아내에 대한 폭언·폭행 때문이었고, 이에 60대 남성은 가정폭력의 피해자인 아내에게 위자료 2,500만 원을 배상하라는 판결을 받았음이 확인돼 해당 기사를 바로잡는다"고 밝혔다. 반전이었다.

당시 채널A는 『연합뉴스』 보도를 바탕으로 "이혼의 책임이 아내에게 있음을 입증하려고 녹취 파일을 증거로 제출했다가 통신비밀보호법 위반 혐의로 되레 역고소를 당한 것"이라며 남편 A씨의 입장에서 리포트를 내기도 했다. SBS와 MBN, 『세계일보』와 『중앙일보』도 마찬가지였다. 이들 언론사 역시 정정 보도문을 내야만 했다. 의처증 남편의 폭력에 시달렸던 아내는 불과 3개월 전 『연합뉴스』 보도에 의해 '불륜을 저지르고 남편을 고소한 사람'으로 묘사되어 정신적 고통을 받았고, 이에 언론중재위원회에 조정을 신청했다.

이 사건의 진실이 궁금해서 서울가정법원 이혼소송 판결문을 찾아보았다. 재판부는 그해 6월 두 사람의 이혼을 주문했다. 두 사람은 1981년 혼인 관계가 되었는데, A씨는 혼인 초부터 아내의 남자관계를 의심해 여러 차례 폭행했고, 아내는 폭행을 피하기 위해 2003년 5월부터 7월까지 가정폭력피해자 보호시설에 입소하기도 했다. A씨는 2003년 6월경 자신의 행동을 뉘우치며 앞으로 아내에게 폭언과 폭행을 하거나 집착하지 않겠다는 각서를 작성했으나 그 후에도 계속 아내를 폭행했고, 2013년 7월에는 아내가 운영하던 옷가게에 손님으로 온 남자와의 관계를 의심해 두 사람을 폭행하기도 했다.

판결문에 따르면, A씨의 의처증과 폭행이 계속되자 아내는 2015년 남편을 피해 딸이 거주하고 있는 해외로 출국했다. 재판부는 혼인 관계 파탄 책임을 두고 "혼인 기간 중 아내의 남자관계를 의심하고 계속해서 아내를 폭행해온 남편에게 있다"고 명확히 밝혔다. 남편의 불륜 주장에 대해서는 증거가 부족하다며 받아들이지 않았다. 『연합뉴스』 기자가 국민 참여재판에서 A씨가 보인 눈물 어린 호소를 본 뒤 아내 쪽 입장을 취재하지 않고 기사를 쓰며 결국 오보로 이어지게 되었다. 이미 나와 있던 이혼소송 판결문만 확인했더라도 피할 수 있는 오보였다.

'밀덕'이 찾아낸 팩트

"미국은 자국산 무기 판매와 관련해 한국을 3.5~4등급 국가로 분류해놓고 있다. 1등급은 이스라엘, 2등급은 영국과 일본, 3등급은 캐나다와 호주 등이다. 3등급 이상으로 분류되면 미국산 무기를 수출할 때 의회 동의와 국무부 수출 승인 등 절차가 오래 걸린다."

2017년 9월 5일자 『연합뉴스』의 「미국산 장비 한국 구매 '개념적 승인' 백악관 설명 배경 촉각」 기사의 한 대목이다. 도널드 트럼프 미국 대통령이 미국산 군사 장비의 한국 구매 계획을 '개념적으로 승인했다'고 발표한 백악관 보도자료가 등장하자, 정부와 방산업계 관계자들이 '앞으로 미국이 한국에 무기를 팔 때 정부 내 절차를 간소화하겠다는 뜻'이라는 취지의 보도에 등장한 내용이다.

당시 북한 6차 핵실험 이후 긴장이 고조되고 있는 한반도에서 무기 판매 3.5~4등급에 불과한 한국이 미국 무기를 빠르게 구입할 수 있다는 게 『연합뉴스』 보도의 핵심이었다. 이 보도는 『아시아경제』와 MBN 등이 받아썼다. 『한국일보』 이계성 논설실장은 9월 6일자 칼럼에서 "미국은 무기 수출 대상 등급을 분류해놓고 있는데 한국은 3.5~4등급이어서 의회 승인 등 절차가 까다롭다. 전략 무기인 고고도 무인정찰기 글로벌 호크 도입이 지연됐던 게 한 예다"라고 적기도 했다.

실제로 미국이 설정한 대외 군사 판매FMS · Foreign Military Sales 구매국 분류 등급(1~4)이 높은 나라는 무기와 기술 자료 수출 승인 면제, 통제 범위나 승인 기간 등에서 혜택을 볼 수 있다고 한다. 그런데, 한국의 FMS

구매국 지위는 3.5~4등급이 아니었다. 2008년 10월, 이미 기존 3등급에서 2등급으로 올라갔다. 더욱이 3.5등급이란 기준은 아예 존재하지도 않았다.

2009년 방위사업청 정순목 차장이 '정책 브리핑'에 기고한 「FMS 지위 향상과 기대 효과」란 제목의 글에 따르면 "지난해 10월 15일 부시 미국 대통령이 무기 수출 통제법 개정 조항을 포함한 군함 이전법에 서명함으로써 한국의 FMS 지위가 NATO+4 수준으로 향상되었다"고 명확히 적어놓았다. 2013년 2월 감사원이 작성한 「FMS 방식의 해외 무기 구매 실태」란 제목의 감사 결과 보고서에서도 "FMS 등급 자체는 이미 2008년 상향 조정되었다"고 적혀 있다.

FMS는 미국 정부가 품질을 보증해 우방국에 무기를 수출하는 판매 제도로 무기를 판매할 때 철저하게 미 의회의 통제를 받고 있으며, 미국과의 관계에 따라 국가별 등급을 차별화해 놓았다. 미국의 FMS 국가 분류에 따르면, 나토NATO 회원국인 영국 등 27개국이 1그룹, 나토+5개국이 2그룹에 해당하는데, 이 5개국이 한국, 일본, 호주, 뉴질랜드, 이스라엘이다. 3그룹은 비非나토 주요 동맹국으로 이집트, 요르단, 아르헨티나, 바레인, 필리핀, 태국, 쿠웨이트, 모로코, 파키스탄이 이에 해당한다.

한국이 FMS 3등급이던 당시 의회 심의 기간은 나토 회원국은 2배인 30일이었으며, 행정 검토 기간까지 포함하면 50일까지 소요되었다. 계약 행정비는 전체 구매 대금의 1.5퍼센트 정도였는데 나토 회원국은 0~0.85퍼센트가 부과되었다. 이 때문에 한국은 FMS 지위가 격상되면 수천만 달러를 아낄 수 있다는 지적이 나왔다. 방위사업청에 따르면, 한국은 2006년부터 2009년까지 계약 행정비로 연평균 780만 달러(약 88억 2,180만 원)를 냈다.

이 같은 『연합뉴스』 오보는 디시인사이드 군사 갤러리에서 활동하는 한 '밀리터리 덕후'에 의해 알려졌다. 이 사람은 나와의 통화에서 "해당 기사를 쓴 『연합뉴스』 기자와 통화해 근거가 뭐냐고 따져 묻자 2011년 1월 12일자 『세계일보』 기사를 참조했다고 말했다"고 전했다. 그러나 『연합뉴스』 기자가 언급한 『세계일보』 기사에도 3.5~4등급이라는 대목은 존재하지 않았다.

그렇다면 도대체 3.5~4등급이란 근거는 어디서 등장한 걸까? 그는 해당 기자와 통화했지만 『세계일보』 기사를 참조했다는 말 빼고는 명확한 해명을 들을 수 없었다고 전했다. 그는 "전화를 받은 『연합뉴스』 기자의 대응은 한심하고 졸렬했다. 군사 전문이라는 타이틀을 단 기자도 그렇고 국방위 소속 국회의원조차 그러한데 기자라고 특별히 다를 이유가 없지 않겠나"라며 씁쓸해했다.

그는 "애초에 우리나라에서 FMS를 2등급으로 올려달라고 요구한 계기는 이스라엘이 3등급에서 2등급으로 바뀐 것 때문"이라고 전했으며 『한국일보』 논설실장이 예로 든 '글로벌 호크 도입 지연' 배경에 대해선 "글로벌 호크 도입이 지연되었던 것은 미사일 기술 통제 체제MTCR에서 예외 규정을 적용받아야 하고 한미 미사일 지침에서도 문제가 되기 때문이었다. 그 외 가격 변수도 있었다"고 반박했다.

나는 수화기 너머에 있는 이 사람의 정체가 궁금했다. "전략과 무기체계에 관심을 두고 있는 오래된 일개 밀덕"이라고 자신을 소개한 제보자는 "밀리터리 커뮤니티에서는 한국 언론이 군사 관련 기사에서 오류를 범하는 일에 대해서는 몹시 당연하게 생각한다. 다른 분야에서 오보를 내는 것보다 훨씬 그 빈도가 높기 때문"이라고 지적했다. 나는 해당 기사를 쓴 『연합뉴스』 기자에게 3.5~4등급이라고 적은 근거가 무엇인지 문의했으나 답변을 받지 못했다.

이제 취재 환경이 달라졌다. 기자들은 '덕후'를 능가할 수 없다. 항상 겸손해야 한다. 잘못 썼으면 받아들이고 고쳐야 한다. 그리고 낮은 자세로 배워야 한다. 이 '밀덕' 제보자는 요즘도 자주 회사로 전화를 걸어 갖가지 오보를 알려준다. 여전히 허술한 기사가 많은 탓이다. 나는 이 사람을 '제보자 K'라고 부른다.

단독이란 유혹

'단독'에 눈이 멀면 부실한 취재로 이어진다. 빨리 쓰려다 보니 크로스 체크가 약해지고 디테일도 부족해지는 경우가 대부분이다. 나중에 타사로 이직할 때 포트폴리오에 쓰려면 이런 단독 하나는 써야 된다는 생각, 또는 단독을 해야 연말 연봉 협상에 유리할 거란 생각 등이 순간의 선택을 결정한다. 이 경우 오히려 포트폴리오를 망칠 수도 있다.

MBN은 2017년 9월 1일 「[단독] 지상파 기자가 국정원 민간인 댓글팀 가담」이란 제목의 리포트에서 "국가정보원이 운영한 민간인 댓글부대 팀장 30명에 이어 또 다른 18명이 검찰에 수사 의뢰됐다. 그런데 추가 수사 의뢰된 내용 가운데 지상파 방송기자가 댓글 공작에 가담했다는 내용이 담긴 것으로 확인됐다"고 보도했다.

MBN은 사정 당국 관계자라는 익명의 코멘트를 통해 "당시 지상파의 중견 기자 가운데 한 명이 댓글 팀에서 팀장급으로 활동했던 것으로 전해졌다"며 "해당 기자는 다른 댓글 팀장의 소개로 국정원 댓글 공작에 합류했던 것으로 알려졌다"고 보도했다. MBN은 "지상파 기자가 국정원 공작에 가담한 것은 전례를 찾기 힘들 뿐만 아니라, 한국기자협회 윤리 강령에도 위배되는 행동"이라고 강조했다.

수많은 언론이 MBN 보도를 인용하며 기사에 등장하는 지상파 기자가 누구인지 찾기 시작했다. 보도 내용이 사실이라면 이는 단순히 개인의 일탈에 그치지 않고 해당 방송사 보도 전반의 신뢰도까지 흔들 수 있는 사안이었다. 기사는 큰 파장을 일으켰다. 하지만 오보였다.

『한겨레』는 이틀 뒤인 9월 3일자 「국정원 댓글 민간 팀장에 유명 교수·롯데 임원·아나운서도」란 제목의 기사에서 "국정원이 지난 1일 검찰에 추가 수사 의뢰한 사이버외곽 팀 민간인 팀장급 18명 중에는 지역 MBC에서 2개월간 라디오 프리랜서 진행자로 활동했던 이 아무개 아나운서도 포함됐다"고 보도했다.

『한겨레』는 이 아나운서를 두고 "2011년 9월부터 수개월간 사이버심리전 활동을 벌인 것으로 조사됐다. 이씨는 이듬해 한 정당에 잠시 소속돼 있다가 현재는 프리랜서 아나운서로 활동하고 있다. 이번에 추가된 팀장급 명단에는 이 아나운서 외에 방송사 직원이나 기자는 포함되지 않았으며, 다만 2011년 창간한 온라인 매체 소속 기자가 1명 포함된 것으로 전해졌다"고 보도했다.

MBN에서 지목한 지상파 중견 기자는 처음부터 존재하지 않았다. 해당 지역 MBC 관계자에 따르면 이씨는 여러 방송사에서 프리랜서 라디오 진행자로 근무한 경력이 있었으며 군소 정당의 대변인을 맡기도 했다. 결국 프리랜서 아나운서의 수사 의뢰 건을 두고 MBN이 '지상파 중견 기자'로 왜곡해 보도한 셈이다. MBN이 '지상파 중견 기자'를 찾아 반론을 받으려는 노력만 했더라면 오보는 막을 수 있었다. 해당 리포트는 온라인에서 삭제되었다. 짜릿했던 단독의 최후였다.

단독 보도의 '비참한 최후' 하나를 더 소개한다. 2016년 방송계 화두는 사드 배치에 따른 중국의 한류 제재 여부였다. 그런데 중국 정부가 한국 예능 프로그램 방영과 한국 연예인의 출연을 중단시키라는 지침을 발표했다는 보도가 등장해 충격을 주었다. 『서울경제』·『노컷뉴스』·『매일경제』 등은 9월 4일 중국 언론을 총괄하는 국가광보뎬스총국國家廣播視總局(광전총국)이 9월 1일부터 한국 연예인의 TV 출연과 오락 프로그램 방영을 금지한다는 지침을 내렸다고 보도했다.

『서울경제』는 '단독'을 달고 「중국 CCTV "광전총국, 9월 1일부터 한류 제재 명문 규정 발표"」란 제목의 기사를 내보냈다. 보도 근거는 CCTV 뉴스 갈무리 화면이었다. 갈무리 화면 자막에는 "중국 광전총국에서 한국 예능 방송 금지", "광전총국이 발표한 최신 명문 규정에 9월 1일부터 각 위성TV에서 한국 연예인 출연을 제한한다"는 내용이 담겨 있었다.

하지만 이들 언론이 근거로 제시한 뉴스 화면은 중국 누리꾼이 뉴스

갈무리 사진에 자막을 합성한 조작 이미지였다. 해당 이미지는 4일 오전 일종의 '지라시'처럼 국내에 퍼지기 시작했는데, 사실 확인을 하지 않고 갈무리 사진을 그대로 받아쓴 결과 대형 오보로 이어졌다. 광전총국 홈페이지에는 관련 지침이 없었고, 해당 일자에 방영된 CCTV 뉴스 영상에는 관련 보도가 없었다. 앵커 또한 다른 인물이었다. 공산당 기관지인 『런민일보人民日報』, 『환추시보環球時報』는 물론 중국의 포털사이트격인 바이두에서도 관련 내용은 전혀 찾을 수 없었다.

이 같은 대형 뉴스는 한 번만 진위 여부를 의심하고 크로스 체크에 나섰다면 오보를 막을 수 있었다. 하지만 이미지만 믿고 지나치게 불성실했다. 요즘처럼 이미지 조작이 쉬운 세상에 기자로 먹고살려면 이미지도 의심해야 한다.

『연합뉴스』라는 '나비'

대부분의 기자들이 『연합뉴스』를 인용하며 살고 있다. 국가기간통신사의 보도가 가장 빠르고 신뢰받기 때문이다. 그러나 『연합뉴스』를 무비판적으로 인용하다가는 오보를 확산시킬 수 있다. 『연합뉴스』도 오보를 낸다. 수많은 나비효과 가운데 『연합뉴스』라는 나비의 파괴력은 상상을 초월한다.

첫 번째 사례다. 정세현 전 통일부 장관이 비공개로 북한을 방문 중이라는 기사가 등장했다. 2018년 11월 29일 오전 7시 28분, 『연합뉴스』

는 「정세현 전 통일부 장관 방북…김정은 답방 물밑 논의 주목」이란 제목의 기사에서 중국 선양瀋陽의 한 교민의 증언을 인용해 "정세현 전 통일부 장관이 어제 선양을 경유해 북한 평양에 도착한 것으로 안다"며 "정 전 장관이 대한항공 KE831편으로 선양에 도착 후 고려항공 JS156편으로 평양에 들어갔다"고 보도했다. 해당 기사는 선양에 있는 『연합뉴스』 특파원이 작성했다.

그러나 정 전 장관은 기사가 나간 시점에 자신의 집에 있었다. 정 전 장관은 29일 오후 CBS라디오 〈시사자키 정관용입니다〉에 출연해 "수요일 내내 감기 몸살 때문에 집에 누워 있었다. 그런데 아침에 갑자기 사방에서 전화가 오길래 뭐가 기사가 나왔나 그랬더니 내가 평양에 들어간 걸로 기사가 나왔더라"며 황당했던 상황을 설명했다.

중국 선양의 교민 발언은 어떻게 저렇게 구체적일 수 있었을까? 확인 결과 우리민족서로돕기운동본부 측 간부들이 『연합뉴스』 보도에 등장했던 비행기편으로 28일 평양에 들어간 것으로 확인되었다. 결국 교민이 이 일행에 정 전 장관이 포함되었다고 착각한 것이 오보로 이어졌다. 『연합뉴스』는 29일 오전 사과문을 내고 기사 전문을 취소했다. 『연합뉴스』를 인용·보도했던 수많은 언론도 덩달아 기사를 삭제해야만 했다. 이처럼 『연합뉴스』의 '오보'는 제법 큰 사회적 비용을 치른다.

특히 이 같은 사회적 비용은 외교 관련 기사에서 심각하다. 『연합뉴스』는 2017년 9월 17일 도널드 트럼프 미국 대통령의 트위터 발언을 오역했다. 그 대가는 컸다. 트럼프 대통령은 한미 정상 간 통화 직후 자신의 트위터에 이렇게 적었다. "I spoke with President Moon of South Korea last night. Asked him how Rocket Man is doing. Long gas lines forming in North Korea. Too bad!"

이에 『연합뉴스』 워싱턴 특파원은 트럼프의 트윗을 소개하며 'Long gas lines forming'이란 표현을 두고 "긴 가스관이 북한에 형성 중이다. 유감이다"라고 해석해 보도했다. 'Long gas lines forming'은 1970년대 오일쇼크 당시 사용하던 수사적 표현으로, 기름을 구하기 위해 주유소 앞에 사람들이 길게 줄섰다는 의미였다. 가스관은 보통 'Gas Pipe'로 표현한다.

문제는 오역보다 오역에 따른 해석이었다. 『연합뉴스』는 트럼프 트윗에 등장한 'Long gas lines forming'을 두고 "문 대통령이 지난 6일 러시아 방문을 통해 한국과 북한 · 러시아를 잇는 가스관 사업 구상을 밝힌 부분에 대해 부정적 견해를 드러낸 것으로 풀이된다"고 보도했다. 『연합뉴스』는 이어 "미국 정부가 북한의 잇따른 도발에 맞서 전방위 경제 제재를 통해 돈줄 죄기에 나선 상황에서 한국이 북한의 우방인 러시아와의 협상을 통해 북한과의 경제 협력을 추진하는 점을 비판한 것일 수 있다는 지적이다"라고 보도했다. 오역을 바탕으로 트럼프 트윗을 '러시아 가스관 사업 구상에 대한 문재인 정부 비판'으로 엉뚱하게 해석한 것이다. 더욱이 해당 트윗은 문 대통령과의 통화 직후 올린 것이어서 파장은 엄청났다.

오보는 확산되었다. KBS · YTN · 『조선일보』 · 『한겨레』 · 『매일경제』 · 『문화일보』 등 수많은 주요 언론이 『연합뉴스』를 받아썼다. KBS는 『연합뉴스』의 오역을 바탕으로 "한국이 북한의 우방인 러시아와의 협상을 통해 북한과의 경제 협력을 추진하는 점을 비판한 것일 수 있다는 지적이다"고 보도했다. 뜻하지 않게 문재인 정부 외교 라인은 '의문의 1패'를 당했다.

이후 『연합뉴스』 기사는 「트럼프 "북한서 주유하려고 길게 줄서"」란 제목으로 수정되었다. 이 기사는 트럼프가 "북한에서 주유하려고 길게 줄을 서고 있다. 딱하다"라고 말했으며 "이는 유엔의 강화된 대북 제재로 인해 북한이 석유 공급난에 시달리고 있다는 비유"라고 보도했다. 이 기사에는 1,000여 건이 넘는 댓글이 달렸는데, 대부분 오역을 꼬집는 내용이었다. 기자들은 베끼기에 급급했고, 정작 독자들이 오보를 잡아낸 모양새였다.

한 누리꾼은 『연합뉴스』의 오보를 두고 "전형적인 기자의 뇌 내 망상이다. 아무 근거도 없는 주장을 '풀이된다', '지적이다' 이런 식으로 멋대로 갖다 붙여서, 새로운 논란거리를 하나 창조하려던 셈"이라고 비판했다. 당시 바른정당 하태경 의원은 "트럼프 트윗 오역으로 문재인 대통령이 한미 동맹을 약화시킨다고 오해받을 뻔했다"며 "오역한 언론들은 문 대통령에게 사과해야 할 것 같다"는 글을 올렸다.

『연합뉴스』는 9월 18일 오전 사고를 내고 "오역으로 인해 잘못된 사실과 해석이 보도됐다"며 "28분 후 고침 기사를 송고하고 틀린 내용을 수정했다"고 밝혔다. 이어 "국가의 외교·안보와 한미 정상 간 통화 내용과 관련된 사안에서 사실관계를 틀리게 보도해 혼선을 빚은 점을 고객사와 독자 여러분께 사과드린다"고 밝혔다. 『연합뉴스』 보도를 인용했던 『한겨레』도 같은 날 사과문을 올렸다.

청와대는 9월 18일 기자간담회를 열고 공개적으로 강한 유감을 표시했다. 문재인 정부 청와대가 언론 보도 브리핑을 자청한 것은 이날이 처음이었다. 청와대 고위 관계자는 "지금 현재 (외교 안보) 상황이 매우 엄중하고 민감한 시점"이라며 "일부 언론의 보도가 어떨 때는 너무 아슬아슬하고, 외국과 관계가 꼬일 수 있게 하는 지점들이 여러 차례 있었다"고 우려하며 정확한 보도를 당부했다.

하지만 3개월 뒤 『연합뉴스』는 핵무장과 관련한 오보로 또 다시 국제적 망신을 자초했다. 오보의 주인공은 3개월 전 사건의 당사자였던 『연합뉴스』 워싱턴 특파원이었다. 『연합뉴스』는 2017넌 12월 6일 오전 7시 39분에 보도한 「페리 전 미 국방 "북, 실전형 ICBM 보유 때까지 시험발사 안 멈출 것"」이란 제목의 기사에서 빌 클린턴 정부 시절 국방부 장관을 지낸 윌리엄 페리William Perry가 5일(한국 시간) 워싱턴D.C.에서 열린 무기통제협회ACA 주최 세미나에서 "한국 또는 일본에 핵무기를 배치하는 것은 바람직하지도 않고 필요하지도 않다"면서 "이들 나라가 독립적인 핵전력을 갖는 것을 더 선호한다"고 말했다고 보도했다. 『연합뉴스』는 "전직 국방부 장관이긴 하지만 미국 내에서 한국의 핵무기 보유를 옹호하는 언급이 나오는 것은 이례적"이라고 보도했다.

그러자 『조선일보』는 7일 「페리 전 미 국방 장관 "한국에 핵 재배치보다 자체 핵무장하는 게 낫다"」란 제목의 기사를 냈다. 『조선일보』는 "미국의 전직 고위 외교 안보 관련 인사가 한국의 자체 핵무장 가능성을 언급한 것은 이례적"이라며 『연합뉴스』를 인용했다. 『매일경제』 또한 "미국 내에서 한국과 일본의 자체 핵무장을 옹호하는 발언이 나온 것은 사실상 처음"이라고 의미를 부여했다. 『문화일보』는 해당 발언을 두고 "미국 정치권의 대북 압박에 가속도가 붙고 있다"며 "미국 정치권의 의지를 반영한 것"이라고 해석했다.

하지만 오보였다. 윌리엄 페리 전 장관은 6일 오후 10시 11분경 자신의 트위터를 통해 『연합뉴스』와 『조선일보』 등에서 쓴 기사가 잘못되었다며 이들 언론사에 수정을 요청했다고 밝혔으며, 7일 오전 11시 12분경 자신의 트위터를 통해 "『연합뉴스』가 핵무기 배치와 관련한 내 코멘트를 수정했다"고 밝혔다. 페리는 "나는 한국이든 일본이든 어떤 나라에서든 핵무기 배치를 지지하지 않는다"고 강조했다.

그는 자신의 발언과 관련해 이렇게 밝혔다. "나는 한국이나 일본에 다시 미국 핵무기를 배치하는 건 바람직하지도 필요하지도 않다고 생각한다. 하지만 한국, 일본이 독자적으로 핵 능력을 갖는 것보다는 미국의 핵무기를 재배치하는 편이 더 낫다고 생각한다." 자칫 외교 문제로 비화될 수 있었던 대목을 페리가 직접 바로잡았다.

페리 전 국방 장관의 항의 이후 『연합뉴스』 기사는 수정되었다. 페리 전 장관의 발언은 "이들 나라가 독립적인 핵전력을 갖는 것을 더 선호한다"에서 "이들 나라가 독립적인 핵전력을 갖는 것보다는 핵을 배치하는 게 낫다"로 바뀌었다.

이 오보를 『미디어오늘』에 알려준 이는 앞서 언급한 '밀덕' 제보자 K였다. 그는 내게 "윌리엄 페리는 공직을 떠난 이후 꾸준히 북미 대화로 핵무장 관련 이슈를 풀어야 한다고 주장해왔다. 애초에 ACA에서 했던 세미나 내용의 통역이나 번역이 제대로 이뤄졌다면 보수 언론에 아예 언급조차 되지 않았을 것"이라 말했다. 그의 말이 맞았다.

실제로 페리 전 장관은 2016년 회고록 『핵 벼랑을 걷다』를 출간하며 방한한 자리에서 한국의 핵무장 주장에 대해 "나쁜 아이디어, 정말 나쁘고 나쁜 아이디어bad idea, really bad bad idea"라고 밝힌 바 있다. 당시 『한국일보』는 페리 전 장관을 두고 "김대중 정권 시절 북핵 해법으로 체제 인정과 비핵화를 일괄적으로 주고받는 '페리 프로세스'로 유명한 핵협상 전문가"라고 소개했다.

『연합뉴스』를 인용 보도했던 언론사 기자 가운데 한 명만이라도 페리가 누구인지 검색해보고 지금까지 그의 입장과 『연합뉴스』에 등장한 입장이 다르다는 걸 확인하고 의심을 가졌다면 오보를 막을 수 있었다. 그러나 절대 다수의 기자들은 『연합뉴스』를 인용하는 쉬운 방식을 택했다. 당시 오보를 낸 워싱턴 특파원은 내게 이메일을 보내 다음과 같은 심경을 밝혔다.

"제 책임을 면하려는 건 아닙니다. 그러나 실수를 바로잡으려고 성실하게 노력한 언론사가, 무책임하게 기사를 받아서 그냥 방치하다 뒤늦게 책임을 떠넘기는 언론사들보다 비난받는 것은 조금 이해가 안 되기도 하네요." 맞는 말이었다.

메신저를 조심하라

정치인의 발언을 무비판적으로 옮기기만 하는 '따옴표 저널리즘'은 매우 위험하다. 기자들이 가장 경계해야 하는 대목이기도 하다. 하지만 기자들은 영향력 있는 공인의 발언이면 일단 사실 여부 확인 없이 그냥 보도하는 경우가 허다하다. 특히 이들이 자극적인 말을 해주면 더욱 자극적으로 포장해 보도하기 바쁘다. 그러나 이는 저널리즘에도, 한국 사회에도 전혀 도움이 되지 않는다. 여기서는 한국 언론이 가장 조심해야 할 정치인, '가짜뉴스의 숙주'로 불리는 홍준표의 사례를 중심으로 따옴표 저널리즘이 오보로 이어지는 과정을 설명해본다.

총선을 앞둔 2004년 2월 5일 한나라당 홍준표 의원은 국회 법제사법위원회 회의에서 "노무현 대통령의 당선 축하금 1,300억 원이 CD(양도성예금증서)로 존재한다"고 폭로했다. 홍 의원은 "하나은행 계좌에서 2003년 10월 8일 발행되고 2월 18일 만기인 액면가 100억 원의 양도성예금증서를 입수했다. 이 같은 형태의 CD 자금 1,300억 원이 13개 계좌에 은닉돼 있다"고 주장했다. 홍 의원은 "노무현 대통령의 부산상고 동문인 은행 지점장 출신 인물이 CD 증서를 관리하고 있다고 주장했으며 4월 총선 자금 마련을 위해 이 CD를 자금 세탁하고 있다"고 주장했다. 천문학적인 비자금을 주장한 셈이었다.

당장 하나은행은 "100억 원짜리 CD 13장을 발행한 것은 사실이지만 홍 의원이 입수한 CD는 지난해 10월 위변조된 CD"라고 반박했다. 2월 6일자 종합일간지는 가판에서 홍 의원의 폭로를 사진까지 덧붙여 주요 기사로 다루었으나 밤사이 폭로 내용 자체가 거짓임이 유력해지자 배달판에서 대부분 관련 기사를 뒤로 배치하거나 축소했다. 은행과 증권사 쪽 반론을 추가하기도 했다. 그럼에도 홍준표 의원의 주장은 확산되었다. 그는 따옴표 저널리즘을 효과적으로 이용한 셈이었다. 홍 의원은 "수사권이 없는 야당 의원이 어떻게 완벽히 규명된 의혹만을 제기할 수 있겠느냐"고 주장했다. 아니면 말고 식이었다. 홍준표 의원은 2002년 9월에도 서울중앙지방검찰청 국정감사장에서 "민주당 의원 3명이 여자 탤런트로부터 성 상납을 받았다"고 폭로했지만 근거를 제시하지 못했다.

언론은 대세가 기울어지자 면책특권을 악용한 정치인의 총선용 폭로 발언을 비판했다. 『조선일보』는 홍 의원을 가리켜 "입수한 CD 사본을 발행 은행 측에 제시하고 물어보는 가장 초보적 확인 절차도 거치지 않았다"고 비판한 뒤 "최소한의 검증도 거치지 않은 이런 식의 폭로는 면책특권의 남용에 해당할 뿐"이라고 주장했다.

그러나 이런 비판은 그 당시뿐이었다. 따옴표 저널리즘은 반복되었다. 13년이 흘러 홍준표 의원은 자유한국당 대선 후보가 되었다. 그는 2017년 대선 국면에서 '가짜뉴스의 숙주'를 자처했다. 의도적인 거짓 주장으로 특정 후보에 불리한 여론을 만들고자 반복적으로 선동했다.

홍준표 후보는 2017년 4월 28일 중앙선거관리위원회 주최 토론회에서 더불어민주당 문재인 대선 후보를 향해 "언론사 팩트 체크 팀에서 문 후보의 사건 해명 가운데 사실이 18%, 거짓말이 54%로 밝혀졌다"며 "오늘은 거짓말 안 하실 거죠?"라고 물었다. 이에 문재인 후보는 "주제 이야기하십시다. 우리 사회자한테 지적 받습니다"라고 답했지만 이미 가짜뉴스의 늪에 빠진 뒤였다. 많은 언론이 이날 토론회를 기사화하며 홍 후보의 "거짓말 54%" 발언을 담아 양쪽의 '공방'으로 처리했다.

그러나 홍 후보의 주장은 거짓이었다. 홍 후보 주장의 근거는 인터넷매체 『미디어펜』이 4월 26일 오전 11시경 내보낸 온라인 기사였다. 『미디어펜』은 "『조선일보』가 '4차 TV토론 누가 거짓을 말했나'란 내용의 카드뉴스를 통해 팩트 체크한 결과 문재인 후보 해명에는 거짓말이 54%였다"고 보도했다. 그러나 정작 『조선일보』는 같은 날 "가짜 그래픽 뉴스가 나돌았다. 그런 통계를 뽑은 적 없다"고 밝혔다. 『조선일보』는 "국내 일부 커뮤니티 사이트에서 『조선일보』가 JTBC가 중계한 대선 후보 토론을 팩트 체크해 보도했다는 뉴스가 돌아다녔지만 이는 사실이 아니"라고 밝혔다. 『미디어펜』은 해당 기사를 삭제했다.

『조선일보』가 만들었다는 가짜 카드뉴스에 따르면, 안철수 국민의당 후보는 거짓말 28퍼센트, 심상정 정의당 후보는 거짓말 50퍼센트, 유승민 후보는 거짓말 16퍼센트를 나타낸 반면 홍준표 후보는 거짓말 0퍼센트였다. 홍 후보 캠프에서 거짓말 0퍼센트라는 그래프를 순순히 믿었던 걸까? 홍 후보는 인터넷에 떠돌던 가짜뉴스를 토론회에 유포하며 문 후보의 이미지를 추락시켰다. 가짜뉴스를 내세운 정치인의 주장을 공방으로 처리한 언론은 결과적으로 홍 후보에게 유리한 기사를 쓴 셈이었다.

홍 후보는 "DJ부터 노무현, 이명박, 박근혜, 네 개의 정권을 거치면서 지니계수가 가장 나빴던 때가 노무현 대통령 때"라고 주장했고 언론은 인용 보도했지만 역시 거짓이었다. 빈부 격차를 나타내는 지니계수는 노무현 정부가 아닌 이명박 정부 때 가장 높았다. 지니계수는 김대중 정부 0.279→노무현 정부 0.281→이명박 정부 0.290→박근혜 정부 0.275였다.

홍준표 후보는 정의당 심상정 후보와 노동 분야 관련 논쟁을 벌이던 중 "아니, 토론 태도가 왜 그래요! 쌍용자동차 정리해고법에 따라 정리해고된 것 아닙니까? 그때 통진당 하실 때 같이 만든 것 아닙니까?"라고 주장했지만 역시 거짓이었다. 정리해고법이라 부르는 근로기준법 제24조는 1998년 도입되었으며 통합진보당은 2011년 12월 창당되었다. 민주노동당의 원내 진입도 2004년 총선 때였다. 그러나 이 같은 거짓 주장 역시 공방으로 보도되었다.

4월 25일 JTBC 대선 후보 토론회에서도 홍준표 후보는 문재인 후보에게 "동성애 때문에 지금 얼마나 우리 대한민국에 에이즈가 1만 4,000명 이상 창궐하는지 아십니까"라고 말했으나 역시 거짓이었다. 질병관리본부는 "에이즈는 동성애자들만의 질병이 아니다. HIV(인간면역결핍바이러스) 감염은 성性 정체성에 관계없이 HIV 감염인과 안전하지 않은 성관계를 할 때 전파된다"고 공식적으로 밝히고 있다.

홍 후보는 SBS-한국기자협회 초청 대선 후보 첫 토론회에서도 "노무현 정부가 세월호 유병언 빚을 탕감해줬고, 당시 민정수석인 문재인 후보가 책임이 있다"고 주장했으나 역시 거짓이었다. 1,155억 원의 채권 출자 전환은 정부가 아니라 채권단이 합의하고 법원이 인가한 것이었으며 채권이 출자 전환된 2007년 12월 당시 문 후보는 민정수석이 아니라 대통령 비서실장이었다. 그러나 이 같은 팩트 체크는 항상 홍 후보의 주장이 확산된 이후 뒤늦게 이루어졌다. '선 검증→후 보도'가 아니라 '선 보도→후 검증'이었다. 홍 후보의 주장이 거짓이라는 걸 뒤늦게라도 알게 된 유권자는 과연 몇 명이나 되었을까?

가짜뉴스에 대한 비판을 또 다른 가짜뉴스로 덮는 식의 네거티브 전략은 미국 대통령에 당선된 도널드 트럼프의 전략과 유사했다. 언론은 지속적으로 정치인의 주장과 공인의 주장을 따져야 한다. 사실에 기반한 주장과 흑색선전을 언론이 구분하고 흑색선전일 경우 확산을 막아야 한다. 그래야 언론이 권위를 인정받고 언론인은 밥값을 한다고 볼 수 있다. 그러나 객관을 가장한 맹목적인 따옴표 저널리즘은 오늘도 반복되고 있다. 메신저를 무비판적으로 대하면 결국 메신저와 함께 추락하기 마련이다.

오보에 대처하는 자세

『중앙일보』가 일본에 있는 신라시대 유물 금동관이 한국에 왔다고 잘못 보도한 뒤 오보로 밝혀지자 이를 인정하는 대신 "전시관 측이 진품을 모조품처럼 전시하다 뒤늦게 고백했다"는 식으로 보도한 적이 있다.

『중앙일보』는 2013년 11월 21일자에서 「가야 보물, 90일간의 슬픈 귀향」이란 기사를 1면 톱으로 배치했다. 1965년 한일기본조약 때 반환 요구를 포기한 양산 부부총夫婦塚 유물 가운데 67점이 일본에서 한국으로 건너와 90일간 양산유물전시관(현재 양산시립박물관)에 전시된다는 내용이었다.

『중앙일보』는 기사에서 부부총 유물 가운데 금동관을 자세히 묘사하며 "이 금동관은 한국에서 출토된 유물이지만 일본 도쿄국립박물관에서 빌려다 전시하고 있다"고 보도했다. 이어 "지난달 15일 빌려와 내년

1월 12일 이후엔 도쿄박물관에 돌려줘야 하는 신세다"라고 전했다. 기사는 "해외에 나간 유물에 대해서는 정부가 적극적으로 나서서 가져와야 한다"고 강조했다.

그러나 『중앙일보』 기사가 묘사한 금동관은 모조품이었다. 해당 기사를 쓴 기자가 본 금동관은 복제품(레플리카)으로, 이미 4월 11일 전시관 개관 이전부터 만들어져 개관 당일부터 지금까지 전시되고 있었다. 진품은 일본에서 가져오지 못했다.

당시 양산유물전시관장은 나와의 통화에서 "전시가 확정되고 프레스룸을 통해 금동관의 경우 진품을 가져오지 못하게 됐다고 알렸다. 이후 지역에서 관련 보도도 나갔다. 부부총 유물의 경우 다들 금동관이 오는 게 관심사였는데 보존 상태가 너무 좋지 않아 아쉽게도 가져오지 못했다. 문화재청도 진품이 오지 않은 걸 알고 있었고 지역 주재 기자들도 다 알고 있었다"고 말했다.

그러나 『중앙일보』 기사에는 금동관이 진품처럼 묘사되어 나갔다. 이에 전시관 측은 사실관계를 『중앙일보』 기자에게 알렸다. 오보를 알려준 것이다. 그런데 다음 날 실린 기사는 정정 보도가 아니었다. 『중앙일보』는 22일자 「가야 보물 슬픈 귀국 전시회 더 슬픈 건 모조품 금동관」이란 제목의 기사에서 "양산유물전시관이 일본에 반출된 문화재 부부총 금동관을 특별 전시용으로 빌려오지 못하고 국내에서 만든 복제품을 대신 전시 중인 것이 뒤늦게 알려졌다"고 보도했다.

당시 『중앙일보』의 보도를 두고 경남지역 한 지역 일간지 기자는 내게 "아무리 중앙지 권력이 심하다지만 이런 수준의 기사는 이해할 수가 없다"고 말했다. 그는 "모조품은 개관 전부터 있었다. 지역 기자들은 일본이 금동관을 안 주겠다고 해서 나머지 67점만 가져온 사실을 대부분 알고 있었다"고 설명한 뒤 "『중앙일보』는 전시가 시작되고 한 달 지나서 뒤늦게 취재를 했고, 전시관 입구에 있는 모조품을 보고 이야기를 만들어냈다. 금동관이 모조품이란 사실은 『중앙일보』 기자만 몰랐던 것 같다"고 말한 뒤 "금동관은 신라 유물인데 이마저도 가야 유물이라고 허위 보도했다"고 지적했다.

당시 양산유물전시관장은 내게 "『중앙일보』 기사 때문에 공공기관에서 거짓말로 국민을 속였다는 항의 전화를 많이 받았다"며 억울함을 호소했다. 억울할 만도 했다. 그는 "『중앙일보』 기자는 모조품에 대해선 미처 확인을 못했다고 말했다. 그런데 다음 날 기사에선 우리가 고해성사하듯 뒤늦게 모조품을 고백했다는 보도가 나왔다"며 "주요 언론사인 만큼 실수를 인정하고 정정 보도하기를 바랐는데 오히려 우리에게 독박을 씌우듯 보도했다"고 분통을 터뜨렸다.

이 같은 비판과 지적에 대해 해당 기사를 쓴 『중앙일보』 기자는 나와의 통화에서 "구체적으로 드릴 말씀이 없다. 보도에 틀린 내용은 없다"고 짧게 답했다. 그러나 전시가 시작된 10월 중순 무렵 지역신문 기사를 찾아보면 금동관을 가져오지 못했다는 보도는 쉽게 찾을 수 있었다.

나도 여러 차례 오보를 내면서 숨기고 싶었던 적이 많다. 내가 이런 실수를 했다는 게 부끄럽고 남에게 알리기 싫을 때가 당연히 있었다. 하지만 이런 식으로 자신의 잘못을 덮는 건 왜곡에 가깝다. 오보만큼 중요한 건 오보를 대하는 자세인 것 같다. 명확히 사과를 하는 게 오히려 신뢰를 높일 수 있다.

시인의 삶을 앗아간 한 편의 기사

"전화 주셔서 감사합니다. 제 일생이 걸린 문제입니다. 관심 가져 주셨으면 합니다. 정말 감사합니다." 2017년 10월 31일 박진성 시인이 내게 보낸 문자는 간절해 보였다. 그해 12월 1일 오후 6시 21분, 그에게서 전화가 걸려왔다. 전화를 받지 못했다. 그리고 다음 날인 12월 2일, 그가 자살을 시도했다는 기사가 올라왔다.

"박진성은 그가 미성년자를 포함한 작가 지망생들을 상습적으로 성희롱, 성추행, 성폭행했다는 허위 사실을 담고 있는 『한국일보』 보도와 SNS 게시물로 인해 시인으로 활동해온 문단에서뿐 아니라 사회적으로도 파렴치한 사람으로 인식돼 더이상의 시작詩作 활동은 물론이고, 정상적 사회생활 자체를 하지 못하는 지경에 이르렀다."

2018년 7월 18일 서울중앙지방법원은 박 시인이 수년간 여성들에게 성희롱·성추행·성폭행을 가했다는 주장을 담은 2016년 10월 21일자 「"문화계 왜 이러나…이번엔 시인 상습 성추행 의혹"」 등 『한국일보』 기사 4건에 대해 정정 보도와 함께 5,000만 원 손해배상 판결을 냈다. 법원은 박 시인의 성희롱 의혹을 인정하지 않았다.

『한국일보』 첫 기사에서 박 시인에게서 성희롱·성추행·성폭행 등을 당했다고 주장한 익명의 여성은 'A, C, D, E, 기타'로 등장했다. 『한국일보』 기자는 SNS에서 나온 익명 여성들의 성폭력 고발을 인용해 기사를 썼다. 『한국일보』 기자는 가해자로 지목된 박 시인의 입장도 듣지 않았다. 기사가 나간 뒤 박 시인이 항의하자 『한국일보』 기자는 "나는 강간 여부를 판단해서 이렇다 저렇다 하는 위치가 아니다. 제기된 의혹을 보도하고 거기에 대한 주변부 맥락까지 함께 이야기하는 게 내 역할"이라는 식으로 답변했다.

『한국일보』는 2016년 10월 23일 후속 기사를 통해 박 시인의 성폭력 의혹에 관한 내용을 다시 거론했다. 『한국일보』는 그해 10월 24일자 사설에서 박 시인을 거론하며 "여성의 거처를 찾아가 만남을 강요하고 심지어 성관계까지 강제했다는 폭로가 나왔다. 이런 증언이 사실이라면 일종의 범죄를 저지른 셈"이라고 썼다. 『한국일보』는 이 내용을 카드뉴스로도 제작했다.

박진성 시인은 긴 법정 싸움을 시작했다. 『한국일보』 첫 기사에 등장하는 C씨는 2017년 5월 박 시인을 감금·협박·개인정보보호법 위반·강간·강제 추행 등 혐의로 검찰에 고소했다. C씨는 수사 도중 감금·협박·개인정보보호법 위반에 대해선 고소를 취하했다. 대전지방검찰청은 그해 9월 박 시인의 강간과 강제 추행 혐의에 대해 '혐의 없음'으로 불기소 처분을 내렸다. 박 시인은 E씨를 명예훼손 혐의로 고소했고 검찰은 2017년 6월 E씨의 범죄 혐의를 인정해 약식기소했다. E씨는 정식재판을 청구했지만 박 시인이 그해 12월 고소 취하서를 제출하면서 공소기각 판결이 선고되었다.

『한국일보』 기사는 법정으로 갔다. 『한국일보』 측은 "피해자들이 사후 피해 사실을 번복한 것은 박진성의 보복이 두려워서이지 피해 진술이 허위이기 때문이 아니다"라고 주장했으며 "박진성은 자신의 지위를 이용해 여성들을 꾀어내 성적 접촉을 하는 부적절한 행동 패턴을 반복했고 '성희롱, 성추행, 성폭행' 등의 표현은 그런 부적절한 행동에 대한 평가의 문제"라고 주장했다.

재판부는 『한국일보』 보도가 담고 있는 주요 사실관계인 미성년자 여성을 성희롱했다, 여자는 남자 맛을 알아야 한다고 했다, 키스를 하고 가슴을 만지는 등 추행했다, 자의적이지 않은 성관계를 했다, 다리 벌린 사진을 보내라고 하고 거부하면 자해 운운했다, 뒷풀이 자리에서 허벅지를 만졌다, 죽고 싶다고 해 오게 한 뒤 강제적 성관계를 가졌다, 박진성이 지명도를 이용해 여성들을 상습적으로 성추행·성폭행했다는 내용을 허위로 판단했다.

재판부는 박 시인이 『한국일보』 기사 이후 사과문을 올렸던 것을 두고 "다수 문인들을 대상으로 한 이른바 '문단 내 성폭력' 관련 폭로들이 이어지는 상황에서 구체적 내용이 포함되지 않은 형식적인 사과문을 올린 것"이라며 "최초 기사에 적시된 성희롱·성추행·성폭행 사실을 모두 인정하는 취지는 아닌 것으로 보인다"고 밝혔다. 재판부는 피해자들이 피해 진술을 번복한 것은 박 시인이 보복 위협을 가했기 때문이라는 『한국일보』 측 주장도 받아들이지 않았다.

재판부는 "(C·E씨의 경우) 허위의 사실을 바탕으로 익명의 폭로를 했다가 그것이 『한국일보』 최초 기사를 통해 언론에 널리 확산되는 바람에 이를 미처 수습하지 못한 상태에서 수사까지 받게 됐고 수사기관에서도 폭로에 관해 마땅한 근거를 제시하지도 못했다"며 "일부 여성은 정서적으로 다소 온전치 못한 상태에서 박진성에 대한 폭로를 한 정황도 엿보이는 점 등에 비춰보면, 피해자라고 자처했던 익명 여성들이 실제 그런 피해를 겪었음에도 박진성의 보복 위협에 시달리다 못해 그 상황을 모면하기 위해 거짓으로 이를 번복하고 있는 것으로는 보기 어렵다"고 판단했다.

재판부는 박 시인과 C·E씨들의 성적 접촉에 대해선 "위 여성들은 박진성과의 교류를 마다하지 않았고 자발적 의사에 기해 박진성과 여러 가지 성적 접촉을 했던 것으로 보인다"며 "이를 선불리 성추행이나 성폭행으로 평가하기 어렵다"고 했다. 박 시인이 C·E씨와 일부 성적으로 적나라한 대화를 나눈 것 역시 "여성들이 성적 수치심을 느꼈을 것이라고 추단하기 어렵다"고 했다. 보도에 등장하는 또 다른 익명 여성들이 박 시인을 겨냥해 제기한 성폭력 의혹에 대해서도 "인정할 뚜렷한 근거가 없다"고 했다.

『한국일보』 측은 보도 일부가 허위일지라도 공익에 관한 것으로 진실이라고 믿을 만한 상당한 이유가 있어 위법성이 조각된다고 주장했으나 법원은 받아들이지 않았다. 재판부는 『한국일보』 기자가 피해를 입었다고 주장하는 여성들과 박 시인에 대해 전화 또는 대면 인터뷰를 실시하지 않은 사실에 무거운 책임을 물었다. 재판부는 "피해자라고 자처하는 이 사건 익명 여성들에 대한 직접 확인 취재는 끝내 하지 않았고 『한국일보』는 그런 상태에서 최초 기사를 유지하는 것은 물론 후속 기사, 사설 등 관련 보도를 스스로 확대재생산했다"고 지적했다.

재판부는 이어 “이 사건 익명 여성들에 직접 연락이 어려운 상황에서 굳이 보도를 강행해야 할 특별한 이유를 찾기 어렵다”고 지적한 뒤 “게시글 자체가 완전히 허위일 가능성도 배제할 수 없기 때문에, 문단 내 성폭력이 만연하고 피해 호소자 중에 미성년자가 끼어 있다는 사정만으로는 이 사건 익명 여성들에 대한 확인 취재를 모두 거르고 일단 그 내용을 옮겨 적다시피 하는 방식으로 보도해야 할 만큼 급박한 상황이었다고 보기는 어렵다”고 판단했다.

성폭력을 다루는 보도는 설령 가해자가 명확해 보여도 신중해야 한다. 무엇보다 피해자가 보도를 원하는지, 의사를 확인하는 것이 중요하다. 피해자가 특정될 수 있고 3차 피해가 이어질 수 있기 때문이다. 때문에 피해자와 접촉해 명확한 경위를 파악하고 의사를 물어야 한다. 나 역시 피해자들이 보도를 원치 않아 기사화하지 않은 사건이 적지 않다. 또한 가해자의 반론을 듣는 것이 중요하다. 가해자가 아무리 나빠 보여도, 이 기사는 가해자의 삶을 좌우한다.

성폭력이 있었지만, 재판부에서 무혐의로 판단할 수도 있다. 재판부는 오직 증거만으로 판단한다. 대개 피해자들은 증거가 부족하다. 그래서 성폭력 기사를 쓸 때는 가해자가 빠져나갈 수 없게 시간을 두고 몇 개월이 걸리더라도 확실히 취재해야 한다. 그리고 3차 피해가 없도록 기사에서 공개 가능한 사건의 범위 등을 조정하며 변호사 자문도 구해야 한다. 그러나 『한국일보』는 트위터 인용이라는 아주 쉬운 방식을 통해 기사를 썼고, 한 시인의 삶을 앗아갔다. 이는 기자 개인의 문제도 있지만 『한국일보』 데스크의 총체적 실패다.

재판부는 "성폭력 관련 보도는 그 이슈 자체가 갖는 '폭발성'과 '휘발성'으로 인해 더욱 세심한 확인 취재가 필요하다"고 밝힌 뒤 "『한국일보』 소속 취재진들은 단순히 SNS에 폭로된 게시글만을 취합하고, 그에 대한 추가 확인을 전혀 하지 아니한 채 마치 그 내용이 사실일 개연성이 매우 높은 것처럼 보도해 박진성의 명예에 치명적인 타격을 줬다"고 지적했다.

2019년 새해 첫날, 다시 박진성 시인에게서 연락이 왔다. 2018년 12월 19일 서울고등법원에서 조정이 이루어졌다고 했다. 『한국일보』는 1월 30일 정정 보도문을 내고, 손해 배상금은 2,990만 원으로 결정되었다. 박진성 시인은 이렇게 말했다. "성희롱, 성추행, 성폭행 등 일체의 의혹 모두에 대한 정정 보도입니다. 저는 그것으로 만족하고 오랜 싸움에 지쳐서 조정을 수용했습니다." 박진성의 시 「메리 크리스마스」의 한 구절이다. "우리가 모르는 사이 / 우리가 잊고 지냈던 슬픔들이 / 우리 모르게 소멸했으면 좋겠습니다."

"세월호에 타고 있던 2학년 학생과 교사 전원이 구조"

2014년 4월 16일 오전 11시쯤, 여느 때처럼 편집국에 틀어놓은 YTN 화면에는 세월호가 있었고, '전원 구조'란 자막이 있었다. 모두 별것 아닌 사고로 생각했다. 나는 수학여행을 망친 학생들이 투덜대고 있겠구나 생각하며 고개를 돌렸다. 점심을 먹고 근처 카페에서 커피를 마시는

데, 스마트폰을 보던 동료들의 표정이 심상치 않았다. 상황은 최악으로 치닫고 있었다.

'기레기'라는 단어가 자리 잡은 건 세월호 참사 이후였다. 세월호 참사 관련 보도는 출발부터 오보였다. 세월호 참사가 발생한 16일 오전, 언론은 "경기 안산 단원고등학교 사고대책본부는 세월호에 타고 있던 2학년 학생과 교사 전원이 구조됐다고 오전 11시 5분 해경으로부터 통보받았다"고 일제히 보도했다. 그러나 오보였다. 오후 2시, 중앙재난안전대책본부(중대본)는 "탑승객 477명 중 368명을 구조했다"고 밝혔고 언론은 이를 또다시 받아썼다. 그러나 이것도 오보였다.

16일 오후 3시, 중대본은 368명이 아닌 180명을 구조했다고 정정했다. 황망한 상황이었다. 언론은 중대본을 비판하며 자신들은 책임에서 비껴갔다. 오후 4시, 중대본은 총 탑승 인원이 459명이며 이 중 164명을 구조했다고 밝혔다. 바뀌어가는 숫자는 절망적이었다. 결국 탑승 인원은 476명, 생존자는 174명으로 집계되었다. 언론은 중대본의 발표가 나올 때마다 자막을 고치느라 바빴다. 생존자가 368명에서 164명으로 고쳐지는 화면을 바라보며, 실종자 가족들은 언론에 분노할 수밖에 없었다.

물론 당시 오보는 정부 측에 일차적 책임이 있다. 언론 입장에선 정부 발표를 믿고 보도할 수밖에 없다. 그러나 '받아쓰기의 참극'은 오롯이 언론사의 몫이다. 예컨대 기자가 정보에 의문이 든다면 사상자의 최저치와 최대치를 산정하고 다만 중대본이 밝힌 숫자는 이렇다는 식으로 주의하며 산정하는 과정이 필요했다. 그러나 언론은 당장의 속보 경쟁을 피할 수 없었다. 이 때문에 4월 16일자 석간 『문화일보』·『내일신문』은 "수학여행 학생들이 전원 구조됐다"는 내용을 실었다가 17일자에서 사과문을 실어야 했다.

사고 발생 24시간이 흐른 뒤에도 오보는 이어졌다. YTN은 4월 17일 "오늘 낮 12시 반쯤부터 공기 주입이 시도되고 있지만 아직 성공하지는 못했다"고 보도했다. SBS는 "해경은 아침 7시 정도부터 전문 업체가 세월호 선체에 산소 공급 작업을 시작했다고 밝혔다"고 보도했다. 배 안의 생존자를 기대하고 있던 실종자 가족들에게는 간절히 기다리던 소식이었다. 하지만 이날 오후 해양수산부는 산소 공급 장치가 아직 현장에 도착하지 않았다고 밝혔다. 산소 공급 장치도 없던 시점에 언론은 이미 산소 공급이 시작된 것처럼 보도했다.

국가재난주관방송 KBS도 오보에서 자유롭진 않았다. KBS는 4월 18일 오후 4시 30분경 자막을 통해 '구조 당국 "선내 엉켜 있는 시신 다수 확인"'이라는 속보를 내보냈다. 그러나 해양경찰청(해경)은 즉각 "시체를 확인하지는 못했다"고 밝혔다. 이날 오전 대다수 언론은 잠수부들이 선내 진입에 성공했다는 보도를 쏟아냈지만, 중대본이 '선내 진입 성공'에서 '실패'로 정정하자 언론은 허겁지겁 '실패' 자막을 올렸다. 언론은 애타게 구조 소식을 기다리던 실종자 가족들을 농락했다.

이에 4월 17일 당시 실종자 가족이었던 김중열은 JTBC 〈NEWS9〉와 생방송 인터뷰에서 언론에 대한 불신을 강하게 드러냈다. 김씨는 "방송이 보여주는 화면이 전부가 아니다. 방금 전 8시 30분경, 우리나라에서 가장 공영적이어야 할 방송에서 조명탄을 환하게 밝히고 있는 구조 장면을 내보냈다. (하지만) 오늘 민간 잠수부 팀이 조명탄이 없어 대기하고 있었다. 조명탄 허가를 받는 데까지 40분이 걸렸다"며 "방송에 나가는 장면과 현장과는 많은 차이가 있다"고 주장했다. 언론이 오보를 넘어 사실을 왜곡하고 있다는 폭로였다. 당시 전남 진도에 있던 기자들 중 적지 않은 이들이 서울로 돌아와 정신과 상담을 받고 약을 먹었다.

오보를 막을 수 있는 순간은 있었다. 박영훈 목포MBC 기자는 세월호 참사 현장을 가장 먼저 찾았다. 사고 현장은 그의 고향이기도 했다. 그가 선박을 섭외해 현장을 확인한 뒤 목포MBC는 전원 구조가 아니라고 서울MBC에 보고했다. 그러나 박상후 MBC 전국부장은 이를 묵살하고 중대본 발표를 받아썼다. 당시 서울MBC 보도국장은 김장겸 전 MBC 사장이었다. 박영훈 기자는 2017년 『미디어오늘』과 인터뷰에서 "순간순간 울컥하게 된다. 트라우마라고 해야 하나. 대체 그때 그들(서울MBC 간부들)은 왜 그랬지 하는 울분을 참을 수 없다"고 말했다.

영국 공영방송 BBC는 2005년 런던 지하철 테러가 발생했을 때 상대적으로 관련 소식을 늦게 전달했다. 신속성보다 정확성에 무게를 둔 결과였다. BBC는 재난 보도 가이드라인을 통해 속보 방송으로 벌어질 수 있는 피해와 오보 등 부작용을 경계하고 있다. 재난 보도에 나선 한국 언론에, 특히 KBS에 아쉬웠던 대목이다. 훗날 KBS에선 세월호 참사 당시 정부 비판 보도를 축소하라는 청와대 홍보수석인 이정현 의원의 압력이 있었다는 KBS 보도국장의 폭로가 나오기도 했다(이정현 의원은 방송법 위반 혐의로 1심에서 징역 1년 집행유예 2년을 선고 받았다. 1987년 방송법이 제정된 뒤 첫 번째 유죄 판결이었다. 이정현 의원은 이에 항소했다).

구원파, 세기의 언론중재 '폭탄'

도대체 거기서 왜 유병언이 등장했을까? 세월호 참사 국면에서 국민적 분노는 박근혜 대통령에게 향했다. 하지만 언론은 국민적 분노가 유병언을 향하도록 안간힘을 썼다. 언론은 진상 규명과 참사 대책과 동떨어진 유병언·구원파 보도에 집중하며 참사의 본질을 흐렸다. '기레기'라는 표현이 딱 들어맞는 대목이었다.

2014년 언론중재위원회에 청구된 조정 건수는 1만 9,048건으로 2013년 2,433건에 비해 무려 1만 6,615건 증가했다. 최근 5년간 조정 청구 현황 평균에 비춰 보면 평균보다 7~8배 높은 조정 건수였다. 1만 9,048건 중 세월호 참사 관련 청구 건수는 1만 6,554건으로 전체의 86.9퍼센트를 차지했고, 이 중 구원파(기독교복음침례회)와 유병언 전 세모그룹 회장 유족 측 청구 건수가 1만 6,117건(97.4퍼센트)이었다. 언론의 말도 안 되는 보도에 구원파가 세기의 언론중재위원회 제소 '폭탄'으로 맞섰던 것이다.

구원파와 유병언 유족 측은 명예훼손을 주장하며 200여 개 매체를 대상으로 정정 보도 1만 1,564건과 손해배상 청구 4,934건을 접수했다. 그 결과 대부분이 정정 및 반론 보도 게재로 종결되었다. 처리 결과를 보면, 정정 및 반론 보도에 의한 심리 전 취하가 1만 4,566건으로 88퍼센트를 차지했다. 기사를 쉽게 쓴 언론사일수록 정정 보도 역시 쉽게 이루어졌다. 세월호 참사 보도는 전대미문의 대규모 언론 조정 대상이었다. 이 때문에 언론중재위원회는 '멘붕' 속에 업무 마비에 가까운 어려움을 겪었다. 막대한 규모의 조정 폭탄에 대한 1차 책임은 언론사들에 있었다.

구원파와 유병언 유족 측은 유병언이 세월호 실소유주다, 유병언이 구원파를 설립했다, 금수원이 유병언의 소유다, 세월호 이준석 선장을 비롯한 청해진 해운 직원 상당수가 구원파다, 구원파가 오대양 사건과 연관이 있다는 등 보도에 대해 조정을 신청했다. 이와 관련 김동규 언론중재위원은 『언론중재』(2015년 봄호) 기고 글을 통해 "많은 언론사들이 직접 취재하지 않은 정보를 기사화해 마구잡이식으로 내보냈기 때문에 많은 경우 기독교복음침례회와 같은 신청인 측 요구대로 정정 및 반론 보도를 수용할 수밖에 없었다"고 지적했다.

한 종편이 유병언 전 회장의 해외 도피 조력자로 언급했던 장정수의 억울한 사연도 있다. 볼리비아 올림픽위원회 스포츠 대사였던 그는 어느 날 아침 유병언의 검거 작전이 벌어지자 해외 도피를 돕는 인물로 등장했다. 장씨는 자신의 실명과 초상을 공개한 TV조선, 『세계일보』, MBN 소속 기자들에게 소송을 제기했다. 1심 재판부는 기사 내용에 진실성과 상당성이 인정되지 않는다며 총 1,100만 원의 손해배상 및 기사 삭제 명령을 내렸다. 재판부는 "보도 당시 장씨는 국내에 있었고, 그가 유씨의 국외 조력자라고 볼 근거가 없다"고 밝혔다.

언론중재위원회의 유례없는 조정 건수는 '베끼기' 보도 관행의 현실을 드러냈다. 취재만 했더라면, 반론만 들었더라면 천편일률적인 오보가 수백 건씩 쏟아지진 않았을 것이다. 2014년 세월호 참사 관련 조정 건수 1만 6,554건은 '기레기'의 규모를 보여주는 부끄러운 수치였다.

세월호 참사 이후 1년 뒤, 편집국으로 소포가 도착했다. 작은 책자가 담겨 있었다. 『언론 보도 백서』였다. 누가 만들었을까 보았더니 기독교복음침례회, 즉 구원파였다. 그들은 2014년 4월 16일부터 9월 15일까지 지상파, 종합편성채널, 보도전문채널, 일간지, 인터넷언론 등 310여 곳 언론사에서 쏟아낸 8만 5,000여 건의 구원파 관련 보도를 전수 조사했던 것이다! 그들은 이 중 1만 6,000여 건에 대해 유례없는 정정 및 반론 보도 청구에 나섰다. 백서에는 199건의 정정·반론 보도문을 받기까지의 과정이 나와 있었다.

87페이지 분량의 백서에는 '억울함'이 담겨 있었다. 백서는 세월호 참사의 왜곡된 언론 보도, 기독교복음침례회의 언론 대응, 기독교복음침례회 언론 대응의 결과 순으로 구성되었다. 백서에 등장한 반론 보도 리스트에는 세월호 참사 이후 등장한 정부 비판을 '구원파'와 '유병언'으로 덮으려 했던 언론의 무차별 보도 흔적이 남아 있었다. 구원파는 세월호 참사 이후 신도들과 관련된 기업이 현재 파산에 이르렀거나 청산 수순을 밟고 있고 정상적인 구직 역시 어려운 상황이라고 했다.

백서에는 구원파 관련 보도 분석, 언론 대응 일지, 주요 쟁점, 반론 보도 리스트, 언론 대응의 한계가 냉정하게 담겼다. 구원파는 "언론의 무차별적 비난 보도와 허위 악의 보도, 정치권력에 편향적인 보도와 선정적 보도, 시선 돌리기식 보도가 기독교복음침례회 신도들을 향해 쏟아졌다"고 진단했다. 그들은 "막장 드라마 같은 보도에 우리가 굳이 대응해야 하는지 고민했지만 그냥 넘어간다면 잘못된 보도 행태가 근절되지 않을 것이란 생각에 오보 대응을 시작했다"고 밝혔다.

『시사IN』이 보도한 유병언 자필 문서를 보면 그는 도주하는 도중에도 언론에 대한 실망감을 드러내고 있었다. 유병언의 자필 문서에는 "권력 휘하에서 기식하는 언론인들이 어느 나라 어느 시대에서도 있어온 듯하다는 걸 실감해본다. 근간에 방송을 청취하다 보면 해도 해도 너무하다는 생각이 든다. 말도 안 되는 말을 마구 지어내기가 일쑤인 것을 듣고 보는 이들은 속고 있으면서도 판단력이나 비판력마저 상실한 상태인 것을 알아야 할 텐데"라고 적혀 있었다.

대규모 정정 및 반론 보도 청구는 언론사 측에서 대부분 구원파 입장을 반영하며 끝이 났다. 구원파는 "본 교단의 언론 대응이 우리 사회의 언론 보도 양태를 바꾸기에는 매우 미미한 수준"이라고 평가했다. 또 "우리 사회 언론은 이미 권언유착이 심각한 수준이며, 세월호 보도 참사에 대한 자성의 목소리도 일부에 그치고 있는 현실"이라고 진단했다. "어쩌면 우리는 이 언론 대응 과정에서 아무것도 얻지 못한 것 같다"고 덧붙이기도 했다. 언론은 구원파의 『언론 보도 백서』에서 교훈을 얻어야 한다.

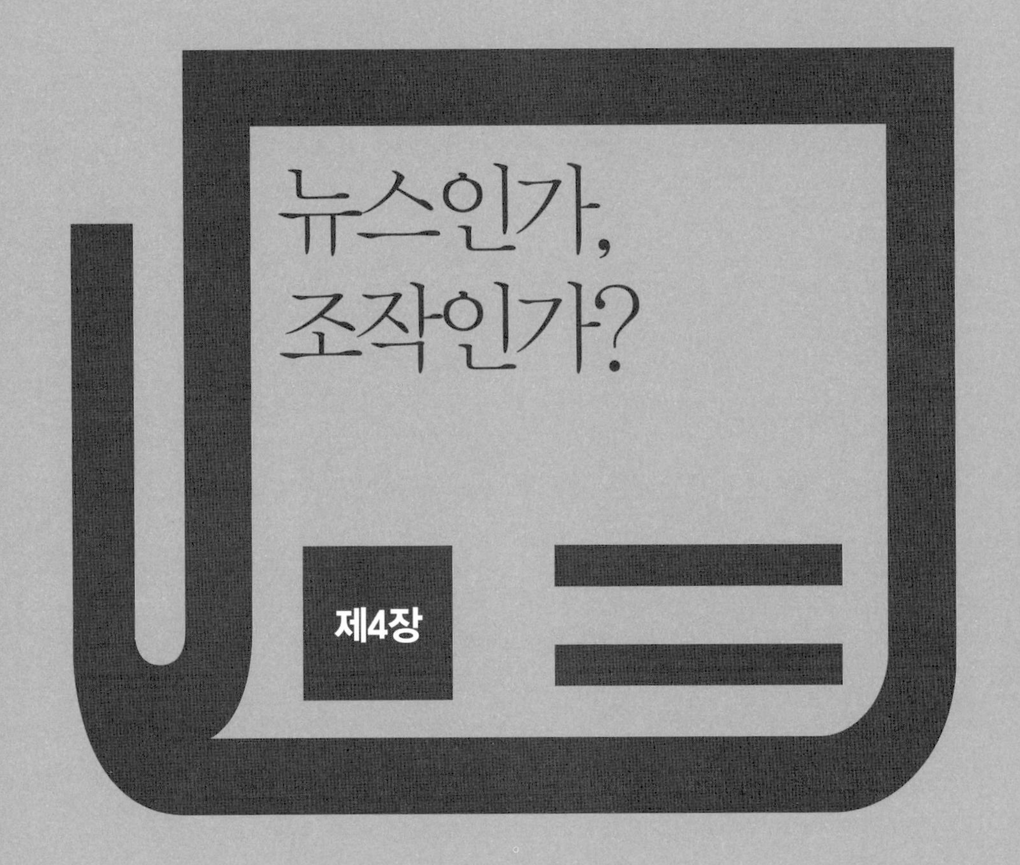

제4장

뉴스인가, 조작인가?

이재포를 감옥으로 보낸 '기사'

한때 개그맨이었고 탤런트였으며 한때 기자였던 이재포는 명예훼손 혐의로 징역 1년 6개월 징역형을 받았다. 많은 언론이 '연예인 이재포'의 구속에 주목했지만, 나는 기사 때문에 명예훼손으로 법정 구속 되는 일이 매우 이례적인 만큼 사건을 촘촘히 따져봐야겠다고 생각했다.

이 사건의 등장인물은 『코리아데일리』 편집국장 이재포와 김 아무개 기자, 배우 반민정이다. 『코리아데일리』는 2016년 7월 8일 「[단독] 백종원 상대로 돈 갈취한 미모의 여자 톱스타」, 7월 29일 「[단독] 백종원 식당 여배우 '혼절했다' 병원서도 돈 받아 경찰 수사 착수」, 8월 1일 「"백종원 식당 여배우, 근거자료(?) 내세워 이중으로 목돈 챙겨」, 8월 17일 「TV소설 '저 하늘에 태양이' 미모의 메인 여배우 만행사건」이란 제목의 기사를 보도했다. 해당 기사는 일명 식당사건과 병원사건을 다루었는데 그 내용은 이랬다.

먼저 식당사건이다. 반민정이 2014년 12월 13일 한 식당에서 국수를 먹고 배탈이 났다고 주장하며 식당에 배상을 요구했다. 위생검사 결과 아무 문제도 없고, 다른 고객도 아무 증상이 없었지만 반민정은 국수가 문제라고 우기면서 합의금으로 600만 원을 요구했다. 식당은 반씨에게 218만 원의 합의금을 주었다.

두 번째는 병원사건이다. 반민정이 2014년 12월 16일 병원에서 수액을 맞던 중 간호사가 잠시 자리를 비운 사이 피가 역류하자 119에 신고를 했고 합의금으로 300만 원을 받았다.

이 같은 기사는 반민정이 영화 촬영 도중 상대배우였던 조덕제의 강제 추행을 주장하며 시작된 1심 형사재판 과정에서 등장했다. 조씨 측 변호인은 반민정에게 '기망의 습벽'이 있다며 해당 기사를 적극 활용했다. 『코리아데일리』의 해당 기사는 '피해자가 자신의 이해관계와 주변 상황에 따라 사실을 왜곡하는 경향도 있다'는 인신공격의 근거로 사용되었다. 2016년 12월 2일, 재판부는 조덕제의 강제 추행 혐의에 대해 무죄를 선고했다.

그리고 이듬해 봄 이재포와 김 아무개 기자는 허위 사실 적시에 의한 명예훼손 혐의로 기소되었다. 2017년 9월 13일, 이재포·김 아무개 기자 명예훼손 재판 때 일명 식당사건 당사자 식당주인 증인신문의 한 장면이다.

문　피해자(반민정)가 이 사건으로 증인에게 금전 배상을 직접적으로 요구한 사실이 있나요.

답 아닙니다.

문 기사에 따르면 피해자가 증인에게 600만 원 합의금을 요구했다가 거절당하니까 구청에 신고해서 식당이 조사를 받았다고 되어 있는데 맞나요.

답 아닙니다. 주말에 음식물 배탈사고가 났고 월요일 아침에 식약청 점검을 받았고, 저희는 위생 점검을 받았습니다. 그다음에 보험회사에 접수를 하고 반민정한테 전화해서 보험 가입이 되어 있으니 다 나을 때까지 편하게 치료 받으라고 했습니다.

문 (사건) 2년이 지난 다음에 기자한테 전화가 왔는데 이전에 이 사건이 언론에 나오거나 문제가 된 적이 있나요.

답 없습니다.

문 그때 기자가 왜 이거를 문제 삼아야 된다고 얘기했나요.

답 제 추측으로는 다른 재판하고 연관이 있는 것으로 알고 있습니다.

문 어떤 근거로 그렇게 추측하는 것인가요.

답 조덕제가 기사가 나오기 약 한 달 전에 저를 찾아와서 도와달라고 했습니다.

그리고 2017년 9월 13일, 일명 병원사건 당사자 원무과장 증인신문의 한 장면이다.

문 세 명의 간호사가 근무를 하다가 두 명은 퇴근하고 한 명은 수액을 맞고 있는 피해자를 그대로 둔 채 병원 문을 잠그고 밖으로 나가버린 사실이 있지요.

답　예. 있습니다.

문　당시 많은 사람들이 응급실에 찾아가서 사과한 것은 피해자가 오라고 해서 간 게 아니고 병원 측이 잘못을 인정했기 때문에 찾아가서 미리 사과한 것이죠.

답　저희가 잘못한 게 맞는데 당연합니다.

2018년 5월 9일, 1심 선고공판에서 재판부는 김 아무개 기자에게 징역 1년 6개월 집행유예 3년, 『코리아데일리』 이 아무개 대표에게 징역 1년 집행유예 2년, 이재포에게 징역 1년 2개월을 선고했다.

앞서 『코리아데일리』는 병원사건을 보도하며 반민정이 "병원 측에 자신은 피를 보면 혼절하는데 수액 주사바늘을 제때 뽑아주지 않아 많이 놀랐으며 그동안 영화 촬영과 광고 재계약을 하지 못했으니 손해를 보상하라며 돈을 요구했고 병원 측은 소송이 두려워 300만 원을 주고 합의한 것으로 알려졌다"고 보도했으나 판결문에 따르면 간호사들이 피해자를 병원에 혼자 남겨두고 먹을 것을 사기 위해 병원 밖으로 나가 자리를 비웠고, 병원 문까지 잠겨 있었다. 그사이 수액 투여가 끝나 피가 역류하자 반민정은 자신이 직접 수액 주사를 뽑은 뒤 112를 불러 다른 병원으로 호송되었다. 병원은 과실을 인정하고 배상금을 지급했다.

재판부는 해당 기사를 두고 "피해자가 문이 잠긴 병원에 홀로 갇혀 있었고 피를 흘리고 쓰러진 채 발견되었다는 중요한 내용을 누락하여 사실을 왜곡한 것"이라고 판시했다. 이어 "병원은 배상 책임을 인정하고 피해자와 마찰 없이 합의한바, 소송이 두려워 합의했다는 보도는 사실 과장을 넘어 허위 사실 적시에 해당하며 경찰이 수사에 착수했다는 것은 명백한 허위"라고 판시했다.

식당사건에 대해선 "피해자는 음식을 먹고 배탈 등 식중독 증상이 발생하는 사고를 당해 식품의약품안전처에 신고했고, 식당 업주는 피해자에게 배상을 제안했다"고 밝히며 보도 내용이 사실과 달랐다고 밝혔다. 재판부는 "피고인들이 '목돈 챙겨', '갈취 여배우', '뜯어', '만행' 같이 피해자를 폄하하는 표현을 직접 사용했다"고 지적한 뒤 "배우이자 대학에 출강하는 피해자는 '백종원 갑질 여배우'로 알려졌고, 피고인들은 이해하기 어려운 변명을 내세워 책임을 회피하는 등 반성의 빛을 찾아볼 수 없다"고 판시했다.

2018년 4월 25일, 선고공판 직전 법정에 제출된 이재포의 반성문은 이러했다.

"피해자에 대해 일방적인 선입관이 있는 상태에서 취재를 하여 과하게 표현을 하였으며 비슷한 사건에 대해 두 번, 세 번 보도하며 피해자가 받았을 상처에 대해서도 깊이 공감하고 있으며 사과하고 싶습니다. 이번 일을 계기로 언론 보도를 하는 자리가 얼마나 신중해야 하는지 그 무게감을 실감하게 되었습니다. 때론 언론을 권력인양 생각했던 제 모습에 한없는 부끄러움을 느끼고 깊이 반성하고 있습니다."

그러나 뒤늦은 반성문이었다. 이재포는 현재 서울 남부구치소에 있다. 2018년 10월 4일 서울남부지방법원 2심 선고공판에서 김 아무개 기자는 징역 1년, 이재포는 징역 1년 6개월을 선고받았다. 1심 판결보다 양형이 늘어난, 매우 이례적인 판결이었다.

재판부는 판결문에서 "피고인들은 성범죄 재판을 받고 있는 지인(조덕제)에게 도움을 주기 위하여, 오로지 피해자의 명예 등 인격을 훼손하기 위한 목적으로 피해자의 과거 행적을 조사한 후, 2년이나 지난 일들에 관하여 허위의 기사들을 반복해 작성했다"고 판시하며 죄질이 좋지 않다고 강조했다. 실제로 이재포의 매니저였던 김 아무개 기자는 아무런 기자 경력이 없었지만 1심 재판 중이던 2016년 7월 12일 『코리아데일리』에 출근해 반민정에게 불리한 기사만 작성했다.

무엇보다 재판부는 "피고인들은 언론을 악의적으로 이용해 언론의 신뢰를 훼손했고, 수많은 언론인들의 자긍심을 훼손시켰다"고 판시했다. 『코리아데일리』는 같은 날 사과문을 내고 "피해자인 여배우에게 씻을 수 없는 마음의 큰 상처를 주었다"며 반씨와 관련된 기사를 모두 삭제했으며 영등포세무서에 언론사 폐업 신고를 냈다고 밝혔다.

당시 반민정 측은 2018년 9월 6일부터 네 차례에 걸친 탄원서를 통해 "이 사건은 언론을 악용해 사법부 결과에 영향을 미치려는 악의적인 의도를 바탕으로 한 성폭력 피해자에 대한 2차 가해"라고 주장하며 엄벌을 요구했다. 반민정은 탄원서에서 이렇게 적었다.

"사람이 무섭고, 언론이 무섭고, 수사기관, 법정이 무섭고, 저도 무섭습니다. 그냥 제가 죽으면 끝날 것 같은 이 고통 속에서 겨우겨우 사법부에 대한 믿음 하나로 버텨왔습니다.……이재포, 김○○을 엄벌에 처해주십시오. 피고인들이 두 번 다시 '기자'라는 이름으로 사람들을 짓밟지 못하게 해주십시오. 저는 살고 싶습니다, 판사님. 제발 살려주세요."

2017년 10월 13일, 서울고등법원은 항소심에서 무죄였던 원심을 파기하고 조덕제에게 징역 1년, 집행유예 2년을 선고하고 40시간의 성폭력 치료강의 수강을 명령했다. 2018년 9월 13일 대법원은 조덕제의 강제 추행 혐의를 인정하고 유죄를 확정했다.

국정원이 소개해준 취재원

“김 아무개 여인에게 지급된 돈은 법무부에서 1,800만 원, 국정원이 200만 원 지급한 겁니다. 200만 원은 『동아일보』 인터뷰 하면서 (김 여인에게) 수고비로 준 것 같습니다.”(윤웅걸 서울중앙지검 2차장)

“신문 인터뷰를 했는데, 국정원에서 왜 수고비를 지급하죠?”(서울중앙지검 출입 기자)

“그건 저도 알 수가…….”(윤웅걸 2차장)

2014년 11월 17일 오후 서울중앙지방검찰청 관계자와 출입 기자들 사이에 오간 대화 내용이다. 불과 몇 년 전만 해도 한국에선 버젓이 간첩 조작 사건이 벌어졌다. 이른바 ‘서울시 공무원 간첩 사건’으로 알려진 이 조작 사건은 서울시 공무원으로 재직했던 탈북자 유우성이 대한민국에 정착한 후 중국과 북한을 드나들며 북한 보위부에 탈북자에 관한 정보를 전달했다는 간첩 혐의로 구속 기소된 사건이다. 언론은 국정원이 원하는 대로 기사를 써냈다. 『동아일보』는 유우성 간첩 조작 사건 보도에서 가장 앞서 있던 언론사였다.

2014년 2월 24일자 『동아일보』는 유씨를 간첩이라고 단정적으로 지칭한 최초 신고자 김순덕(가명)의 발언을 그대로 인용 보도하며 「유씨 아버지가 '아들 북 보위부 일한다' 말해」란 제목의 기사를 냈다. 『동아일보』는 탈북자 김순덕을 유씨 사건의 최초 신고자라고 소개하며 "(유씨의) 아버지가 어느 날 아들이 회령시 보위부 일을 하고 있다고 말했다"는 김씨 발언을 보도했다. 1심 형사재판에서 유씨가 간첩 혐의 무죄를 선고받은 이후 등장한 보도였기 때문에 파장은 컸다.

『동아일보』는 "이른바 '서울시 공무원 간첩 사건'으로 기소된 유우성씨의 아버지, 여동생과 북한 함경북도에서 2010년 5개월 남짓 동거했던 김씨"를 만났다며 간첩 조작 사실을 밝혀낸 민변과 야당을 겨냥해 "우습다는 생각이 든다. 탈북자로 위장해서 들어온 애를 감싸고 있는데 그런 데 신경 쓰지 말고 여기서 적응하지 못해 자살하고 심지어 북한에 다시 들어가는 탈북자들에게나 관심을 줬으면 좋겠다"는 김씨의 말을 인용 보도했다.

그런데 당시 김씨 인터뷰에는 국정원이 개입되어 있었다. 김순덕의 전 남편 A씨는 '유우성 간첩 조작 사건' 법정에서 김씨가 허위 증언을 했고 국정원에서 수천만 원의 돈을 받았다고 주장했으며 국정원이 『동아일보』와 인터뷰까지 주선했다고 폭로했다. 유우성의 간첩 혐의는 1심에서 무죄판결이 나왔고, 2심에선 재판 과정에서 국정원의 출입기록 증거 조작이 드러났다. 탈북자 김순덕이 언론에 등장한 시기는 이 무렵이었다.

당시 검찰과 국정원은 증거 조작으로 유씨의 간첩 혐의 공소사실을 유지하기 어려웠던 상황이었지만, '유씨가 보위부에서 일했다'는 김순덕의 증언이 언론에 보도되자 국면 전환의 기회를 얻었다. 김순덕은 2013년 3월 14일 검찰에 출석해 "유진룡(유우성 아버지)이 아파트 근처에서 '아들이 회령시 보위부 일을 하고 있다'고 말했다"고 진술했다. 그해 6월 21일 서울중앙지방법원에 증인으로 출석해 판사가 "국정원 직원에게 피고인이 보위부 일을 도와준다는 말을 (김순덕이) 했나요"라고 묻자 김씨는 "네, 했습니다"라고 답했다.

국정원은 김씨에게 '유씨가 보위부에서 일했다'는 법정 증언을 하기 직전인 2013년 6월 800만 원을 입금했고, 김씨가 증인으로 출석한 후 그해 7월 또다시 1,000만 원을 지급했다. 탈북자 A씨는 당시 『미디어오늘』과 인터뷰에서 "유씨의 아버지와 동거할 때 쫓겨난 것에 대해 자기한테 피해를 줬으니까 한국에서 유씨에게 복수를 해야 한다고 했고, 유씨가 간첩인지도 모르고 (보위부에서 일했다고) 증언을 만든 것"이라며 "저는 거짓말인 것을 다 알고 있는 상황에서 김씨에게 법정에 나가지 말라고 했는데 국정원에서 저를 설득하기도 했다"고 말했다.

A씨에 따르면, 김순덕은 인터뷰가 끝난 뒤 '법정에서 이미 증언을 한 상황에서 이래도 죽고 저래도 죽는다'고 말했다. 며칠 후 국정원 직원들이 A씨와 김씨를 충북의 한 식당에서 만나 200만 원을 주었다. A씨는 "김씨가 언론사에 요청을 한 적도 없고 국정원이 인터뷰를 다 잡아 줬다. 인터뷰 대가가 아니면 국정원이 돈을 줄 이유가 없다"며 "김씨의 증언이 거짓이고 인터뷰가 거짓말이라는 것을 알고 있었기 때문에 국정원 직원이 A씨에게 돈을 주는 것을 보고 대한민국 정보기관이 참 웃긴다고 생각했다"고 말했다.

당시 유씨를 변호한 김용민 변호사는 "국가기관이 특정 언론사에 정보를 제공하고 자기네 입장을 보도하도록 하는 것은 정치적 행위"라며 "『동아일보』 역시 보도의 중립성을 위반했다. 제보를 받은 것이라고 해도 확인 절차를 거치고 보도로 인해서 피해를 입을 수 있는 상대방에 대한 반론권을 보장해야 하는데 확인 절차도 전혀 없었다"고 지적했다. 김 변호사는 "문서 조작 관련 논란이 일 때 『동아일보』 관계자와 통화를 했는데 그때 『동아일보』 보도가 오보라고 따지자 '국정원에서 주는 대로 하는 거죠. 어떻게 검증할 수 있겠느냐'라고 말해 놀랐다"고 말했다. 당시 『동아일보』 편집국장은 김순덕과 접촉한 경위를 묻자 "취재원 보호 차원에서 인터뷰한 과정을 공개할 이유가 없다"고 말했다.

시간이 흘러, 2017년 재판부는 유씨가 제기한 명예훼손 소송과 관련, 『동아일보』에 정정 보도와 함께 1,000만 원 손해배상 판결을 확정했다. 재판부는 "인용 보도라는 이유만으로 언론사가 언론중재법 등이 정하는 언론의 공적 · 사회적 책임으로부터 면제된다고 할 수 없고 형사판결로 간첩 공소사실에 대하여 무죄가 선고된 상태임에도 정반대로 원고를 간첩이라고 단정적으로 지칭하거나 간첩 행위를 했다고 주장하는 김씨의 발언 등을 그대로 보도한 점"을 문제로 꼽았다.

재판부는 "『동아일보』가 김씨의 언급이 진실에 부합한다는 점을 조사했거나 적어도 위 언급을 신빙할 수 있는 객관적이고도 합리적인 근거를 확인했다고 인정할 만한 자료가 없다"고 밝혔다. 논쟁적인 사안이 발생했을 때 취재원의 발언에 의지해 소송을 피해갈 수는 없다. 특히 한 사람의 삶을 간첩으로 규정짓는 사건이었다면 더욱 신중할 필요가 있다.

『동아일보』는 2015년 대법원에서 유씨가 최종적으로 무죄판결을 받은 이후에도 침묵하다가 2017년 3월 6일자 지면에 "사실 확인 결과, 유우성이 간첩 행위를 하였다는 보도 내용은 사실이 아니고, 최종적으로 간첩 혐의에 대하여는 무죄가 확정되었으므로 이를 바로잡습니다"라는 짤막한 정정 보도문을 냈다. 정말 짧았다.

김용민 변호사는 "국가정보원이 탈북자들의 방송 출연부터 토론회·강연 섭외까지 관리하고 있다고 탈북자들로부터 들었다. 강사료나 출연료를 주는 방식으로 탈북자를 관리하고 있어 돈을 벌기 힘든 탈북자들 사이에선 국정원만 바라본다는 이야기도 있었다"고 전했다.

3년 전 태풍이 엊그제 태풍으로

사진기사도 거짓말을 한다. 『조선일보』는 2012년 7월 19일자 1면 기사에서 3년 전 태풍 사진을 하루 전인 7월 18일에 찍은 사진으로 보도했다. 『조선일보』는 18일 오후 태풍 '카눈'의 상륙 시기에 맞춰 부산 해운대 앞바다의 험한 파도 사진을 내보냈다. 보도 당시 아무도 오보라는 걸 눈치 채지 못했다. 사진을 보면 재난 영화의 한 장면처럼 엄청난 파도가 금방이라도 모든 걸 덮칠 것만 같았다.

그러나 19일 『동아일보』가 온라인판을 통해 『조선일보』 사진이 거짓이라고 보도했다. 한 익명의 시민이 "저 정도의 파도면 입수 금지 조치가 있어야 하는데 18일엔 많은 이가 해수욕을 즐겼다"고 제보했던 것이다. 해당 사진의 메타데이터(디지털 파일의 구성 정보)를 확인한 결과 이 사진은 2009년 8월 9일 최초 촬영된 것이었다. 당시는 부산 앞바다에 태풍 '모라꽃'이 상륙한 시기였다.

3년 전 사진을 『조선일보』 본사에 송고한 김 아무개 사진기자는 『오마이뉴스』와 통화에서 "3년 전 찍은 사진이 맞다"고 시인하며 모든 걸 인정했다. 김 기자는 "3년 전 찍은 사진의 화상 상태가 좋아서 노트북에 있던 것을 빼서 서울 본사에 보냈다"고 털어놨다. 해당 기자는 오보가 알려진 당일 『조선일보』에 사직서를 냈다. 왜 이렇게 금방 들통이 날 오보를 낸 걸까?

『조선일보』는 20일자 2면에 사과문을 내고 "19일자 1면에 실린 '해운대의 성난 파도' 태풍 카눈 사진은 3년 전인 2009년 8월 9일 태풍 모라꽃 당시 동일한 장소에서 촬영된 사진인 것으로 확인됐다"고 밝힌 뒤 "사진을 촬영한 기자는 프리랜서이며, 해당 기자는 18일 부산 해운대 일대에서 태풍 취재에 나섰지만 사진의 상태가 좋지 않자 자신이 3년 전 같은 장소에서 찍었던 사진을 본사에 전송한 것으로 밝혀졌다"며 "해당 기자에 대해 법적인 책임을 물을 방침"이라고 밝혔다.

이번 사태의 원인을 프리랜서 기자 탓으로 돌리고 본사는 아무 문제 없다는 투였다. 그러나 사건의 발단은 '프리랜서'라는 구조에 있었다. 『조선일보』는 종합일간지 가운데 처음으로 인건비 절감 등을 이유로 사진부를 아웃소싱(외주제작)했다. 프리랜서 사진기자들은 통상적으로 배치 면과 사진 게재 수에 따라 보수가 달라지기 때문에 무리를 해서라도 사진을 주요 지면에 반영해야 하는 환경에 놓여 있었다.

김 아무개 기자는 수년 전부터 『조선일보』 부산지부에서 계약직 기자로 활동했다. 김 기자가 정규직이었다면 어땠을까? 당시 사건이 『조선일보』 사진기자들의 비정규직화가 불러온 구조적 문제일 수 있다는 지적이 나왔던 이유다.

홍익대학교 인문사회관 C동 831호의 진실

『조선일보』는 2012년 9월 13일자 「민노총, 대학 강의실 7개월째 불법 점거」란 제목의 기사에서 "이 공간(인문사회관 C동 831호)은 강의실 또는 교수 연구실로만 사용할 수 있다고 규정한 곳"이라고 설명한 뒤 "이 강의실은 약 4~5년 전부터 학내 운동권 단체 소속 학생들이 무단으로 점거해 학생회실로 사용해오던 곳"이라 보도했다. 『조선일보』는 홍익대학교 관계자 말을 인용해 "학내 공간도 모자라는 상황에 멀쩡한 강의실을 외부 단체가 불법 점거하는 것은 수업권 침해"라고 강조했다.

기사는 이어 "홍익대 총학생회도 '학내에서 민주노총 지부에서 강의실을 불법으로 점거해 사용하는 것에 대한 불만 의견이 많다'고 말했다"고 보도했다. 기사가 나간 당일 낮 홍익대학교 총무과는 831호에 자물쇠를 채우고 공고를 붙여 "831호를 무단 사용하는 관계자들은 9월 15일까지 퇴거하라"고 알렸다. 이후 홍익대학교 측은 16일 공간 내 집기를 모두 가져갔다. 학생들의 책과 기타까지 빼갔다. 노조 관계자는 이 사실을 18일에야 알았다.

『조선일보』 기사는 사실이었을까? 홍익대학교 청소 노동자들과 연대하는 홍익대학교 학생 모임인 '플라멩고'에서 활동했던 서희강은 당시 나와의 통화에서 "학생들은 20여 년 전부터 831호를 쓰기 시작했다. 831호는 처음부터 강의실이 아닌 창고였고 학생들이 이곳을 생활도서관으로 운영하다 2000년대 들어 학생 자치단체가 회의를 하거나 학생들끼리 세미나를 하는 곳으로 쓰였다"고 말했다.

이 말대로라면 홍익대학교 총무과는 강의실 또는 연구실로만 사용해야 하는 공간을 20년 가까이 학생들에게 제공하다 『조선일보』 기사가 나간 날 갑작스레 폐쇄 결정을 내린 셈이었다. "무단 점거"라는 표현을 쓰기에는 학교 측이 용인한 '점거 기간'이 너무 길었다. 19일, 학교를 찾아가보기로 했다.

기사에 쓰인 "외부 단체 불법 점거"란 지적도 사실과 달랐다. 2011년 831호를 이용하던 홍익대학교 학생들은 이곳을 홍익대학교 청소 경비 노조 사무실로 쓰자고 합의했다. 사무실 사용의 주체는 학내 구성원인 청소 노동자들이기 때문에 외부 단체란 표현은 부적절했다. 기사는 홍익대학교 총학생회가 '강의실 불법 점거'에 불만 의견이 많다고 지적했다고 보도했으나 이 역시 거짓이었다. 당시 김아름 홍익대학교 총학생회 부총학생회장은 나와 만나 "『조선일보』 기사는 사실과 다르다. 우리는 831호 공간 사용에 대해 학생들의 불만이 많다고 얘기한 적이 없다"고 말했다.

인문사회관 C동 831호 문 앞에는 청소 경비 노동자를 지지하는 문구가 여기저기 적혀 있었다. 홍익대학교 미술대생 윤종묵은 "부디 (공간을)

잘 지켜서 학교를 위해 수고해주시는 분들이 계속 잘 이용하셨음 한다"고 적었다. 이 건물에서 홍익대학교 청소 노동자를 만났다. 그는 "꿈 있는 학생들이 같이 쓰자고 해서 1년 가까이 써왔는데 학교의 이번 행동을 이해할 수 없다"고 말했다. 홍익대학교 청소 경비 노동자들은 지난해부터 학교 측에 노조 사무실 제공을 요청해왔으나 계속 거부당하고 있었다. 공공운수노조 산하 고려대 분회, 경희대 분회, 연세대 분회, 이화여대 분회의 경우 학교의 협조로 노조 사무실을 운영하고 있었다.

홍익대학교는 2011년 1월 용역업체 재계약 시기를 악용해 학내 비정규직 청소 경비 노동자들을 전원 해고하며 사회적인 물의를 일으켰다. 이후 학교 측은 2억 8,000만 원의 손해배상을 청소 경비 노동자들에게 청구했다가 기각당하기도 했다. 당시 보도는 홍익대 분회가 복수 노조 창구 단일화 제도를 악용해 교섭권을 제약하려 한 용역업체의 퇴출 약속을 받고 86일 만에 농성을 끝낸 지 한 달 만에 일어났다. 나는 해당 기사를 쓴 『조선일보』 기자에게 전화를 걸었다. 기사를 둘러싼 오보 논란에 대해 묻자 "경영기획실에 문의하라"며 취재를 거부했다.

홍익대학교 청소 노동자들은 이번 사건을 보수 언론을 이용한 홍익대학교의 노조 탄압으로 보았다. 공공운수노조 서울경인지부 홍익대 분회는 당시 성명을 내고 "언론 보도가 나가자마자 홍대 측이 사무실에 자물쇠를 걸어 잠그고 일방적 퇴거 요구를 하는 등 기획된 노조 탄압이 드러났다. 홍익대는 보수 언론을 활용해 언론 플레이를 하는 행태를 즉각 중단하라"고 주장했다. 「민노총, 대학 강의실 7개월째 불법 점거」란 자극적인 제목의 이 기사의 의도는 분명해 보였다. 나는 아름다웠던 홍익대학교 캠퍼스를 씁쓸하게 걸어 나왔다.

이해관계가 얽혀 있으면 벌어지는 일

이해관계가 얽혀 있으면 오보는 돈보인다. 한국소비자TV는 2012년 3월 5일 자사 사이트와 스카이라이프채널 130번에서 〈정직한 목격자 시선〉이란 프로그램에서 롯데칠성 소주 '처음처럼'에 사용되는 알칼리 환원수가 인체에 해롭고 해당 주류 제조면허도 불법 취득했다고 방송했다. 이후 소주 '참이슬'을 판매하는 경쟁사 하이트진로가 이 방송을 3분으로 축약한 동영상을 만들고 전단지·현수막을 제작해 조직적으로 마케팅에 활용했다. 이에 롯데칠성은 명예·신용훼손과 영업 방해 등으로 양사에 135억 원 규모의 손해배상 청구 소송을 제기했다.

롯데칠성은 한국소비자TV가 허위 제보를 바탕으로 프로그램 인지도를 높이기 위해 방송을 내보냈고, 하이트진로는 방송 내용이 허위라는 걸 알고도 마케팅에 활용했다고 주장했다. 1심 법원은 한국소비자TV와 하이트진로의 공동 불법행위를 인정하고 이윤 감소 추정분 30억 원과 위자료 1억 원 등 총 33억 원 배상판결을 냈다. 재판부는 "소비자TV는 방송 내용이 소비자 제품 선택에 막대한 영향을 끼친다는 사실을 잘 알고 있었다"고 언급한 뒤 "소비자TV와 진로는 공동 불법행위로 롯데칠성의 소주 매출이 감소하리란 사정을 인식했다고 볼 수 있다"고 밝혔다.

『조선일보』·『중앙일보』·『동아일보』·『세계일보』는 지상파 광고 총량제 도입을 두고 신문과 방송이 대립하던 2015년 4월 정보통신정책연구원KISDI 보고서를 인용하며 "지상파 광고 총량제가 도입될 경우 광고주의 81.7%가 신문, 유료방송 등 타 매체 광고비를 줄여 지상파 광고비로 충당하겠다고 밝혔다"고 보도했다. 그러나 81.7퍼센트란 수치는 사실과 달랐다. 원문에 따르면, 광고 총량제 실시로 지상파 광고에 증액 의사가 있다고 밝힌 19퍼센트의 광고주 가운데 81.7퍼센트, 즉 응답자의 15.5퍼센트가 다른 매체 광고비를 줄이겠다고 답했다. 15.5퍼센트와 81.7퍼센트의 차이는 적지 않다.

한국방송협회가 강하게 반발하자 신문사들은 오보를 인정했다. 광고 총량제 도입으로 신문 산업이 고사 위기에 처할 것이란 보도는 주요 면에 배치한 반면, '바로잡습니다' 지면은 찾기도 어려웠다. 지상파 광고 총량제가 도입되면 신문과 종편 광고 수주에 악영향을 우려해 조중동을 비롯한 신문사들이 자사 이해관계를 대변하는 편향 보도에 나섰다는 비판이 나올 수밖에 없었다. 당시 한국신문협회 소속 19개 지역 신문사도 조중동을 따라 KISDI 보고서를 왜곡 보도했다.

『중앙일보』는 "지상파 광고 총량제가 도입되면 연간 1,000억~2,800억 원의 신문 광고비가 지상파로 옮겨갈 것으로 예측됐다"고 보도하기도 했으나 이 역시 사실과 달랐다. 지상파 광고 증가에 따른 모든 피해를 전부 신문이 입을 것이라 전제했기 때문이다. 한국방송협회는 "지상파 광고비 증액 의사가 있는 광고주들은 증액 예산을 마련하기 위해 일부 광고비 조정 의사가 있는 매체로 종편 29%, 유료방송 33%, 인쇄매체 9%, 인터넷모바일 11% 등을 꼽았다"고 반박했다.

"좋은 지면으로 보답하겠습니다"

삼성과 관련된 보도는 논문으로 쓸 만큼 오보나 왜곡 보도 사례가 많다. 서울중앙지방법원은 2018년 7월 2일 '반도체 노동자의 건강과 인권 지킴이 반올림(반올림)'이 『한국경제』·『문화일보』·『아시아경제』 등을 상대로 청구한 손해배상 소송에서 『한국경제』 기사 4건, 『문화일보』 기사 2건에 대해 "독자가 (반올림에) 잘못된 인식을 가질 수 있는 개연성이 충분하다"며 "공익을 위해 활동한다는 목적하에 운영되는 원고의 사회적 평가를 저해했다"고 판단했다. 재판부는 『한국경제』에 500만 원, 『문화일보』에 200만 원의 손해배상금을 지급하라고 결정했다.

재판부는 『한국경제』·『문화일보』가 반올림 때문에 삼성전자 산재 피해자 보상이 지연되는 것처럼 허위 보도했다고 판단했다. 삼성전자·반올림·피해자 간 협상이 진행되던 2015년, 반올림이 보상 방식을 두고 '공익법인 설립안'만 배타적으로 고집해 보상에 걸림돌이 되었다는 취지로 여러 차례 보도한 것을 허위 보도로 보았다.

특히 재판부는 '반올림이 보상 논의를 먼저 하자는 피해자들에게 탈퇴를 요구해 결국 분열됐다'고 보도한 『문화일보』 기사를 왜곡 보도로 보았다. 『문화일보』는 2015년 10월 12일자 「사과 요구→조정위 거부→권고안 수정 요구…'반대 쳇바퀴' 8년」이라는 기사에서 "반올림은 발병자와 가족 등 당사자 8명과 활동가로 구성돼 출발했으나, 보상 논의를 먼저 하자는 당사자들에게 탈퇴를 요구해 결국 분열됐다"고 보도했다(2018년 7월 삼성전자와 반올림은 삼성전자 백혈병 조정위원회의 중재안을 수용하고, 11월 23일 '삼성전자·반올림 중재판정 이행합의 협약식'을 갖고 11년 만에 합의했다).

『문화일보』는 '반올림 활동가 왜곡 보도'로 손해배상금을 내기도 했다. 서울중앙지방법원은 2018년 3월 30일 반올림 소속 임자운 변호사가 『문화일보』를 상대로 청구한 민사소송에서 원고 승소 판결을 내렸다. 법원은 『문화일보』에 손해배상금 500만 원을 지급하라고 판결했다.

임 변호사는 『문화일보』가 2016년 4월 15일 보도한 「변호사 본분 잊은 '반올림 활동가'」라는 기사로 명예가 훼손되었다고 주장했다. 『문화일보』는 해당 기사에서 임 변호사가 "(사망 피해자의) 산재를 입증할 인과관계와는 거리가 먼 근무 공정 등의 자료를 무차별적으로 요구해온 것으로 전해졌다"고 보도하며 임 변호사가 "말하자면 의뢰인을 '볼모'로 소송 업무 외의 일을 하고 있다"면서 "변호사로서 '법조 윤리'를 잊어버린 그의 행동이 이미 사회적 합의를 이끌어낸 삼성 직업병 문제의 온전한 해결에 오히려 걸림돌이 되고 있지는 않은지 차분히 따져볼 일"이라고 비판했다.

재판부는 이와 관련해 "제보자나 삼성전자 취재 내용은 그대로 보도하면서 뒷받침하는 근거로 진위 여부가 확인되지 않은 허위 사실을 적시했다"고 판단한 뒤 "표현 방법에 있어서도 단순한 의혹 제기 수준을 넘어 과장되거나 단정적인 표현을 사용함으로써 임 변호사가 변호사로서의 의무를 다하지 않고 다른 목적으로 의뢰인을 이용한다는 인상을 강하게 주고 있다"고 밝혔다.

여기서 『문화일보』의 무리한 보도 배경을 엿볼 수 있는 문자 하나를 소개한다. 2016년 8월 26일 오후 3시 42분경 『문화일보』 편집국장이 장충기 삼성그룹 미래전략실 차장(사장)에게 보낸 문자다.

"사장님, 식사는 맛있게 하셨는지요? 편집국장이라는 중책을 맡은 지 4개월……저는 시간이 어떻게 가는지도 모를 정도로 정신없이 지내고 있습니다 죄송스런 부탁드릴 게 있어 염치 불구하고 문자 드립니다 제가 편집국장 맡으면서 김영모 광고 국장에게 당부한 게 하나 있었습니다. '편집국장으로서 『문화일보』 잘 만드는 데만 집중할 수 있도록 제발 저한테는 영업 관련된 부담을 주지 말아 달라'는 것이었습니다 지금까지는 잘 지켜주는 듯 싶더니 이번에는 정말 심각한지 어제부터 제 목만 조르고 있습니다 ㅠㅠ 올 들어 『문화일보』에 대한 삼성의 협찬+광고 지원액이 작년 대비 1.6억이 빠지는데 8월 협찬액을 작년(7억) 대비 1억 플러스(8억)할 수 있도록 장 사장님께 잘 좀 말씀드려 달라는 게 요지입니다 삼성도 많은 어려움이 있겠지만 혹시 여지가 없을지 사장님께서 관심 갖고 챙겨봐 주십시오 죄송합니다 앞으로 좋은 기사, 좋은 지면으로 보답하겠습니다. 김병직 배상."

이 문자를 보낸 사람은 『문화일보』 김병직 편집국장이다. 문자의 목적은 8월 협찬액을 올려달라는 것이다. 그러면서 "앞으로 좋은 기사, 좋은 지면으로 보답"한다고 적었다. 돈을 더 주면 삼성에 유리한 기사를 써주겠다는 의미로 읽힐 수 있는 대목이다. 우리가 삼성과 관련해 삼성에 우호적인 무리한 기사를 접할 때, 꼭 기억해야 할 '콘텍스트'다.

그들은 어떻게 MBC 뉴스를 사유화했는가?

2012년 10월 16일 MBC 〈뉴스데스크〉는 "신경민 민주통합당 의원이 특정 방송사 간부들에 대해 막말을 쏟아냈다"고 보도했다. 그리고 2년 뒤인 2014년 10월 15일, 이 보도는 오보로 판명났다. 대법원은 일명 '신경민 막말 파문' 보도가 담았던 사실적 주장이 진실하지 않을뿐더러 사익의 목적이 있었다는 서울고등법원 항소심 판결을 인용해 MBC가 신 의원에게 2,000만 원을 배상하고 정정 보도하라고 확정판결했다. MBC 저널리즘은 불명예를 얻었다.

판결문은 '신경민 막말 파문' 보도의 저널리즘적 문제를 구체적으로 적시하며 당시 김재철 경영진의 MBC가 '친정부 성향의 편파 방송'이란 비판을 받는 배경도 유추해볼 수 있게 했다. 판결문이 지적한 MBC '신경민 막말 파문' 보도의 가장 큰 문제는 보도의 핵심이었던 사실적 주장에 대한 왜곡과 보도 자체에 당시 보도국 간부들의 이해관계가 반영되었다는 점이다. 보도국 간부들이 공영방송 뉴스를 사유화했다는 비판이 나올 수밖에 없었다.

서울고등법원 재판부는 우선 "출신 지역과 지방대학 출신임을 비하하는 듯한 발언도 있었다"는 MBC 뉴스의 사실적 주장이 왜곡되었다고 판시했다. MBC가 그래픽을 통해 특정 간부의 출신 지역과 출신 학교 언급만 자막으로 보여주며 시청자들에게 출신 지역과 학교를 이유로 비하한다는 인상을 강하게 주었다는 게 재판부의 설명이었다. 당시 신경민 의원은 국정감사장에서 의원들끼리 이야기를 나누던 도중 "도대체 어떤 사람들이 김재철 MBC 사장 밑에서 일하냐"는 질문을 받았다. MBC 기자 출신인 신 의원은 황용구 보도국장이 충청도 출신인데 경북대학교를 나왔고, 권재홍 보도본부장이 서울대학교 후배라고 전했다. 김장겸 정치부장은 마산고에 고려대학교를 나왔다고 설명했다. 지역감정 조장과 학벌주의는 정치인이 가장 경계해야 할 발언인데, 언론이 이를 조장한 셈이다.

신경민 의원은 나와의 인터뷰에서 보도 당시를 떠올리며 "처음 보는 MBC 기자(박영일)가 인사하겠다고 찾아온 뒤 국감장에서 한 얘기를 꺼내며 왜 그런 얘기 하셨냐고 물어 '뉴스 망치고 있는 사람들 고향과 대학과 촌평을 의원들이 물어봐서 답한 건데 뭐가 잘못됐느냐'고 말했다"고 밝혔다. 신 의원은 "MBC 논리대로라면 (당시 언급한) 서울대·고려대·경북대·동국대와 인천·경상도·충청도를 모두 비하한 걸로 뽑아야 한다. 그럼 전국 각지를 비하한 셈 아닌가"라며 억울함을 토로했다.

재판부는 MBC 보도를 두고 "원고(신경민)가 실제 발언한 내용을 부정확 또는 불완전하게 밝히거나 발언 취지를 그릇되게 해석함으로써 원고가 출신 지역이나 출신 학교를 이유로 특정인을 비하했다는 사실적 주장이 함축되었다"고 판시했다. MBC는 '비하하는 듯한'이란 문구로 사실적 주장을 했다.

사실적 주장이란 의견 표명과 대치되는 개념으로 증거에 의해 판단할 수 있는 사실관계에 관한 주장이다. 그러나 재판부는 MBC 보도에 대해 "사실적 주장이 진실하지 않다"며 명예훼손을 인정했다. 기사의 핵심인 출신 지역과 지방대학 비하 발언은 MBC가 만들어낸 사실적 주장이었던 셈이다. 이와 관련 박근혜 정부 방송통신심의위원회 역시 2013년 1월 해당 보도를 두고 "특정 지역 비하라고 보기에는 무리가 있는 발언에 대해 지역감정 조장을 언급하며 추측성 보도를 했다"고 지적했다.

MBC는 왜 이렇게 무리한 보도에 나서야 했을까? 당시 MBC는 공정방송을 위한 전국언론노조 MBC본부의 170일 파업이 사실상 실패로 끝난 뒤 김재철 사장 측이 파업 참가자들에 대한 보복성 인사와 징계를 단행한 이후였다. 당시 민주통합당은 대선을 앞두고 MBC 보도가 박근혜 후보에게 편향되었다며 비판하고 있었다. MBC 출신인 신경민 의원은 누구보다 MBC의 불공정 보도를 앞서 비판했던 인물이다. '신경민 막말 파문' 보도는 신 의원과 야당을 위축시키는 효과를 노렸던 것으로 보인다.

재판부는 '신경민 막말 파문' 보도가 MBC 보도국 간부들이 방송을 사유화한 결과라고 비판했다. 재판부는 "언론 출판의 자유를 누리는 언론사가 언론사로서의 지위를 이용해 스스로 자신의 이해관계와 관련된 보도를 하는 경우라면 그 표현된 내용이 공공적 의미를 지닌다 하더라도 보도의 공정성을 준수할 의무가 더 요구된다"고 밝혔다. 자신들이 보도의 이해 당사자일 경우 더욱 보도에 신중해야 저널리즘의 신뢰를 유지할 수 있다는 뜻이다. 그러나 그들은 신중치 못했다.

재판부는 "MBC는 한정된 전파 자원을 이용하는 방송 사업자이므로, MBC 간부들 역시 비판을 상당한 정도 감수해야 하고 공적 책임과 공정성 및 공익성에 따라야 한다"고 판시했다. 그러나 공영방송 간부들은 박영일 기자의 정보 보고를, 공익성을 제대로 고려하지 않고 보도를 결정했다. '신경민 막말 파문' 보도는 모두 6회에 걸쳐 나갔다. 재판부는 "이 사건 방송에는 MBC 자신의 사익적 목적이나 동기가 상당 부분 내포되어 있다"고 지적하며 "위법성 조각사유에 해당하는 공익성을 갖춘 것이라 인정하기 어렵다"고 판시했다.

여기서 사익적 목적이라 함은, 출신 지역과 학력이 언급된 보도국 간부 자신들이 갖고 있던 사적 이익이다. 재판부는 "공익적 동기보다는 MBC 간부들에 대한 비판에 대하여 언론기관의 지위를 이용하여 대응한다는 사익적 목적 내지 동기에서 비롯된 것이면서 방송의 방식, 횟수, 편집 방법 등에 있어 공익적 목적의 달성에 필요한 범위를 상당히 초과하여 공익성을 갖추었다고 볼 수 없다"고 판시했다. 공영방송의 보도국 간부들이 뉴스를 사유화했다는 비판이 가능한 대목이다.

비극이 있다면 당시 '신경민 막말 파문' 보도를 결정했던 보도국 간부들이 그 후에도 수년 간 MBC의 주요 보직을 차지했다는 사실이다. 김재철-안광한-김장겸 사장 시절 MBC의 저널리즘이 추락했다는 비판은, 서울고등법원 판결문이 지적한 간부들의 '사익적 목적'을 염두에 두면 쉽게 이해할 수 있다.

경영진의 뉴스 사유화는 2017년에도 있었다. 2017년 1월 TV조선과 『미디어오늘』이 안광한 전 MBC 사장과 박근혜 정부 비선 실세 최순실의 남편 정윤회가 여러 차례 만나 우호적인 보도를 요구했다고 보도하자 MBC는 메인 뉴스를 통해 관련 의혹이 사실무근이라며 안광한 전 사장의 입장만 대변한 뒤 TV조선과 『미디어오늘』 기자들을 형사 고소했다. 당시 MBC는 이례적으로 형사 고소 대상자의 실명을 화면에 내보냈다. 나도 그중 한 명이었다.

MBC는 "모든 법적 수단을 동원해 허위 보도에 대한 책임을 물을 것"이라고 보도했다. 하지만 정윤회는 이후 TV조선과 인터뷰에서 안광한 전 사장을 만났다고 인정했다. MBC의 형사 고소 건은 물론 무혐의로 끝났다. 당시 서울중앙지방검찰청 조사관은 조사를 받고 있던 내게 말했다. "아니, 도대체 MBC는 왜 고소한 거예요?"

CCTV를 2배속으로 틀자 '어린이집 학대 영상'이 되었다

KBS가 2012년 보도한 유치원 교사의 원생 학대 영상은 사회적 파장을 일으키며 시청자들을 분노하게 만들었지만 법정에서 가려진 진실은 달랐다. KBS는 2012년 7월 25일자 〈뉴스9〉에서 「때리고 밀치고…유치원 교사, 원생 학대 논란」 리포트를 내보내고 "유치원 교사가 원생을 학대하는 CCTV 장면이 또 공개돼 원성을 사고 있다"고 보도했다. KBS는 "유치원 측은 학대 사실을 부인하다가 동영상을 보고는 이미 퇴직해버린 해당 교사의 책임으로 떠넘겼다"고 보도했다.

해당 리포트는 모자이크 처리가 되었으나 인물의 움직임을 확인할 수 있는 CCTV 화면을 보여주며 "밥을 먹이던 교사가 갑자기 아이를 밀어버린다", "겁에 질린 아이를 밖으로 데려갔다 다시 돌아온 교사, 이번에는 옆에 있던 여자아이의 머리까지 쥐어박는다", "어린 원생들을 발로 밀면서 줄을 맞추게 하고, 아이가 떨어뜨린 옷을 발로 차버린다"고 보도했다.

하지만 서울남부지방법원 민사15부는 KBS가 영상을 빠르게 재생시켜 교사가 원생에게 폭력을 가한 것처럼 보도하는 등 허위 리포트를 내보냈다며 정정 보도와 함께 4,000만 원 배상 판결을 내렸다. 판결문에 따르면, KBS는 CCTV 영상을 내보내며 3개 장면의 재생 속도를 2배 빠르게 돌려 실제로는 가벼운 신체 접촉 장면이 아이를 때리는 것처럼 보이게 했다. 재판부는 "CCTV 편집 전 영상에서는 교사가 아동을 때리거나 폭행한다고 단정하기는 어렵고, 오히려 아동을 훈계하는 과정에서 가벼운 신체적 접촉을 하는 행동으로 보인다. 반면 편집 후 영상에서는 교사가 아동에게 다소 강하게 폭행을 하고 아이들은 그 폭행으로 인해 갑자기 밀려나거나 뒤로 물러나는 것처럼 보인다"고 밝혔다.

재판부는 "사실을 다소 과장한 게 아니라 왜곡한 정도에 이르렀다고 봐야 한다. 교사가 아이들에게 하는 행동을 왜곡한 것은 허위 사실을 보도했다고 볼 수 있다"고 밝혔다. 재판부는 화면에 해당 유치원의 간판 모습이 포함되는 등 주변 사람들이 알 수 있고 보도 직후 원생이 90명에서 60명으로 급격히 감소하고 이후 유치원생 미달을 겪으며 어려움을 겪은 점 등을 들어 정정 보도문과 함께 위자료·손해배상금 4,000만 원을 지급해야 한다고 판결했다.

당시 유치원 측 변호를 맡은 변호사는 나와의 통화에서 "KBS는 팩트를 왜곡했다. 유치원 입장에선 돈보다 명예 회복이 더 중요했다"고 밝힌 뒤 "KBS가 왜곡 보도 이후 보여준 대응도 공영방송의 자세라고 보기엔 아쉬웠다"고 지적했다.

호스티스 출신 서울대학교 여학생의 '충격 고백'

"가난에 찌들린 집안의 여학생이 서울대에 입학했다고 떠들썩하던 때가 엊그제 같은데 벌써 9년이 지났다. 고향 전주에 있는 모교의 정문에 내 이름이 걸려 있던 그 시절. 86년 3월 나는 그런 동생들을 남겨두고 서울로 올라왔다.……나는 사회대에서도 꽤나 지명도 높은 서클에 들어갔고 열심히 공부했다. 나는 점점 투사가 되어갔다. 거기서 나는 운동의 순수성을 깨뜨리고 말았다. 서클 선배를 사랑하게 된 것이다. 그의 별명은 '딘레닌'이었다. 박종철 군 사망과 호헌 철폐 운동의 와중에서도 나와 그 선배는 사랑을 불태웠다. 그해 6월 우리는 승리했고 여름은 온통 민주화의 열기로 뜨거웠다. 하지만 나는 기뻐할 수 없었다. 어느 날 한 여자가 찾아왔다. 귀티가 줄줄 흐르는 그녀는 서울 모 여대 4학년이었다. '그이와 헤어져 주세요. 우린 결혼할 사이에요. 제 몸 속에는 이미 그이의 아기가 자라고 있어요.' 얼마 후 나는 그 여자의 소개로 강남의 어떤 룸살롱으로 나갔다. 급기야 하루는 고급 요정에 차출까지 되었다."

『조선일보』가 만드는 여성 잡지 『FEEL』 1994년 8월호에 실렸던 기사의 제목은 「독점 수기 호스티스 출신 서울대 여학생의 충격 고백」이었다. 충격적이긴 했다. 잡지사는 수기의 당사자를 전라북도 전주 출신의 서울대학교 사회대 86학번 여학생으로 명시했다. 이 학생이 이른바 운동권 선배를 사랑하다 배신당한 뒤 유흥업소 호스티스 생활을 하게 되었으며 이후 재벌 회장과 동거 후 복학했다는 내용이 수기의 주요 내용이었다. 드라마 여주인공 같은 스토리로 이어진 수기는 구체적이었다.

문제는 수기에 당사자가 지목되고 있다는 사실이었다. 당시 서울대학교 사회대 86학번 여학생은 48명이었다. 그중 전주 출신은 2명이었다. 당장 86학번 여학생 15명이 소송을 제기했고, 재판부는 소송을 낸 개개인의 명예훼손을 모두 인정했다. 이들은 소장에서 "월간 『FEEL』은 86학번 여학생 가운데 기사 내용과 일치하는 인물이 없는데도 허위 사실을 기재해 원고들의 명예를 심각히 훼손했다"며 8,500만 원의 손해배상 청구 소송을 냈다. 이들은 "이 기사로 인하여 전주를 모교로 한 여학생은 물론이고 서울대 사회대 86번인 원고들은 대부분 미혼의 신분으로 주위로부터 사실 확인을 요구받는 등 터무니없는 억측에 시달리고 있다"고 주장했다.

당시 잡지사 측은 정정 보도문을 거부했고, 2년간 법적 소송을 벌였다. 그리고 패소했다. 48명 모두가 수기의 주인공으로 오해받을 수 있기 때문이었다. 해당 수기에 대해 잡지사 측은 훗날 '가벼운 오락거리를 제공하는 의도에서 가공의 사실을 수기 형식으로 기사화했다'고 밝혔다. 재판부는 "기사로 인해 학생들의 명예와 인격권이 침해됐다"며 "서울대 사회대 86학번 여학생 모두가 이 기사 내용과 관련이 없다는 내용의 반론 기사를 게재하라"고 밝혔다. 서울중앙지방법원은 또한 소송을 제기한 15명에게 4,600만 원을 지급하라며 원고 승소 판결을 내렸다.

당시 재판부는 "가벼운 오락거리를 제공하려는 의도에서 가공의 사실을 수기 형식으로 기사화하는 경우에도 독자들이 기사 중의 모델을 실제 인물에 맞추어서 추측하는 수도 있으므로 기사의 형식과 내용면에서 일반인들이 그 기사 내용을 완전한 허구라고 인식할 수 있을 정도로 승화시켜 특정인의 구체적 행동을 추지할 수 없을 정도가 되어야 한다"고 지적했다. 아무리 여성 잡지에서 재미를 위해 소설을 쓰더라도, 이렇게 누군가가 특정될 수 있는 식의 소설은 매우 위험했다. 『FEEL』은 이 사건 이후 폐간되었다.

우리는 굳이 『FEEL』의 사례가 아니어도 타블로이드판 주간신문이나 잡지들을 통해 '충격 고백' 따위로 버무려진 갖가지 소설 같은 기사를 접한다. 대부분 익명 처리되어 있어서 사실인지는 알 수 없다. 『FEEL』의 경우처럼 없는 사실을 지어낸 경우도 있을 것이다. 하지만 이런 황색 저널리즘 콘텐츠는 여전히 잘 팔리고 있다. 'MSG'를 팍팍 넣은 기사는 결국 들통 나기 마련이다.

자유한국당 대변인이 미국 태평양사령관으로

2018년 5월 3일자 『조선일보』의 「북 위협 사라져도…미군 주둔은 한미 동맹의 상징」이란 제목의 기사에 당시 주한 미 대사 유력 후보였던 해리 해리스Harry Harris 태평양사령관의 발언이 등장했다. 그가 지난달 의회에서 "주한 미군은 중국의 과도한 군사 팽창을 억제하고 일본의 야욕을 제어하는 역할을 한다"며 "단순히 북한 때문에 주한 미군이 있는 것이 아니다"라고 발언했다는 것이다.

『조선일보』는 "평화협정 이후에 동북아 정세 안정을 위해 주한 미군 주둔은 필수라는 게 한·미 전문가들의 평가"라고 보도라며 해리 해리스 사령관 발언을 인용했다. 그러나 해리 해리스는 이와 같은 말을 한 적이 없었다.

나는 당시 미국 상원 군사위원회 청문회 속기록을 확인했다. 해리 해리스는 이날 "한국에서 우리 군대를 제거하면 김정은에게 어떤 영향을 미칠까"란 미 상원의원의 질의에 "그는 승리의 춤을 출 것이다"라고 말했고 "우리가 한국과 일본과의 동맹을 폐기한다면 그는 행복한 사람이 될 것"이라고 밝히기도 했다. 이 대목은 한국 언론에도 많이 소개되었다. 하지만 해리 해리스가 "주한 미군은 중국의 과도한 군사 팽창을 억제하고 일본의 야욕을 제어하는 역할을 한다"고 말한 대목은 속기록을 다 뒤져봐도 도저히 찾을 수 없었다.

해당 기사를 작성한 『조선일보』 유용원 군사 전문기자에게 전화를 걸었다. 유용원 기자는 내게 "『CBS노컷뉴스』 4월 5일자 기사를 인용했다"고 말했다. 실제로 『CBS노컷뉴스』 4월 5일자 「[팩트 체크] 평화협정 체결되면 주한 미군 철수한다?」란 제목의 기사에는 해리 해리스 사령관이 지난 3월 15일 미국 상원 군사위원회 청문회에 참석해 "주한 미군은 중국의 과도한 군사 팽창과 북의 도발을 억제하고 일본의 야욕을 제어하는 역할을 한다"며 "단순히 북한 때문에 주한 미군이 있는 것이 아니다"고 발언한 대목이 등장했다.

그렇다면 『CBS노컷뉴스』는 어떻게 이 같은 발언을 확인했을까? 『CBS노컷뉴스』 측과 통화해보니 3월 21일자 『월간조선』에서 이와 같은 발언을 인용했다고 밝혔다. 『월간조선』은 이날 「트럼프-김정은 만남 이후 발생할지 모를 우울한 사건은?」이란 제목의 기사에서 해리 해리스가 "이 순간에 우리는 주한미군 철수가 단순히 북핵 폐기의 협상카드로 쓰여도 되느냐에 대한 진지한 성찰이 필요하다. 주한 미군은 중국의 과도한 군사 팽창과 북의 도발을 억제하고 일본의 야욕을 제어하는 역할을 하고 있다"고 말했다고 보도했다.

그렇다면 『월간조선』은 어디서 이 같은 발언을 확인했을까? 해당 기사를 쓴 『월간조선』 기자와 통화했다. 그는 내게 "인터넷을 보고 썼는데 출처가 정확히 기억나지 않는다"고 말했다. 현재 『조선일보』, 『CBS노컷뉴스』, 『월간조선』에서 해당 발언은 삭제되었다. 『CBS노컷뉴스』는 유일하게 사과문을 냈다.

2018년 3월 10일, 자유한국당 정태옥 대변인이 남북정상회담과 관련해 논평을 냈다. 논평의 한 대목은 다음과 같았다. "주한 미군은 중국의 과도한 군사 팽창과 북한의 도발을 억제하고 일본의 야욕을 제어하는 역할을 하고 있다." 자유한국당 대변인은 그렇게 언론을 통해 미국 태평양사령관으로 변신했다.

경찰을 마취 환자 방치시킨 파렴치한으로 만들다

2014년 9월 22일 MBN 메인 뉴스 〈뉴스8〉은 「마취 환자 방치시킨 위험한 압수 수색」이란 제목의 리포트에서 서울 강남 서초경찰서 수사과 경찰들이 수술실에 난입해 전신마취 환자가 방치되었다고 보도했다. 이어 A씨가 허위로 영장 청구서를 기재했고, 영장 집행 과정에서 보험사 직원이 경찰을 사칭했다고도 보도했다. MBN은 이날 보도에서 영화의 한 장면을 편집해 내보내며 경찰과 보험사 직원의 유착이 있는 듯한 인상까지 주었다.

이 보도 내용이 사실이라면 경찰청장이 옷을 벗을 만한 사건이었다. 하지만 재판부는 보도 내용 대부분이 허위라며 MBN에 손해배상 및 정정 보도 판결을 내렸다. MBN은 도대체 무슨 '깡'으로 이런 보도를 한 걸까? 문제가 된 기사는 「마취 환자 방치시킨 위험한 압수 수색」, 「환자 "당시 생각하면 끔찍" 위험한 압수·수색 공방」, 「환자 "당시 생각하면 끔찍" 의료계도 반발」, 「경찰 "병원이 동의", 병원 "동의한 적 없다"」, 「경찰 사칭 보험사 직원 알고 보니 전직 경찰」, 「의사들 뿔났다, 경찰 보험사 직원 고발」 등 총 8건이다.

해당 기사들은 경찰의 무리한 압수·수색으로 수술을 받던 환자가 방치되었고, 환자는 마취를 한 상황에서 수술이 중단되고 코를 절개한 채 8분 동안 혼자 방치되다시피 했으며, 보험사 직원이 압수 수색 영장 집행 과정에서 경찰을 사칭하고 압수 수색을 주도했다는 내용을 담고 있다. MBN은 "당시를 생각하면 끔찍하다"는 환자 인터뷰도 보도했다.

그러나 재판부에 따르면, 경찰은 병원의 보험 급여 편취 혐의에 대한 수사를 개시해 압수 수색영장을 받아 영장 집행 과정에서 병원장 동의를 받고 수술실에 들어갔고, 그로 인해 진행 중인 수술이 중단된 것은 사실이나 환자가 방치된 사실은 없는 것으로 드러났다. 보도에 등장했던 인터뷰 환자는 경찰이 들어간 수술실의 환자도 아니었다. 보험사 직원이 경찰을 사칭한 적도 없었다. 재판부는 MBN이 병원 측에 편향된 허위 보도를 했다고 판단했다.

재판부는 판결문에서 "환자에 대한 수술이 진행되던 도중에 경찰이 수술실에 무단 진입했다거나 그로 인해 진행 중인 수술이 중단된 사실은 없고, 환자의 코가 절개된 채 방치된 사실도 없으며 사건 보도에 인터뷰이로 등장하는 여성은 그 무렵 수술실에서 수술을 받은 환자가 아니어서 (MBN이) 수술실에서 수술을 받던 중인 환자처럼 보도한 것은 허위라 할 것이고, 그가 압수·수색으로 인하여 수술이 중단되고 위험한 상태로 방치되었다는 내용도 허위"라고 밝혔다.

MBN은 병원 CCTV 영상 자료와 병원장 녹음 자료를 증거로 제출하겠다고 했으나 끝까지 이를 제출하지 않았다. 당시 보도와 관련해 수사팀 책임자였던 A씨는 민사소송을 제기해 2016년 정정 보도와 함께 7,000만 원 배상 판결을 받아냈다. A씨의 담당 변호사는 『미디어오늘』에 "8차례에 걸친 허위 보도로 해당 경찰관은 사회적으로 매장당했다"고 밝혔다. 당시 A씨와 함께 수사팀에 있던 B씨 또한 보도로 명예훼손을 입었다며 마찬가지로 민사소송에 나서 2017년 1,000만 원 배상 판결을 받았다. 왜곡 보도의 결과는 이처럼 반복되는 패소다.

21세기 최악의 조작 방송, '찐빵 소녀'

누군가 21세기 최악의 조작 방송을 꼽으라면 나는 늘 '찐빵 소녀'를 이야기한다. 2018년 언론중재위원회가 발간한 「언론 관련 판결 분석

보고서」를 바탕으로 재구성한 이 사건의 전말은 이러하다.

강원도 국도변에 있는 휴게소를 운영하던 윤씨와 그의 아내 김씨는 2004년 5월부터 당시 고1이었던 변 아무개를 아르바이트로 고용했다. 잔심부름과 허드렛일을 시켰다. 휴게소 근처에 변씨의 이모할머니 집이 있었고, 할머니와 아버지가 있는 집에선 차로 30분 거리였다. 변씨는 처음에 출퇴근하다가 고등학교를 졸업한 2007년 8월부터 휴게소에서 숙식을 해결했다. 변씨는 여러 차례 휴게소 물품을 절도하며 부부에게 혼이 났고, 가족들에게도 자신의 잘못을 시인했다.

그런데 2008년 4월 27일 경찰서로 신고가 들어왔다. 여종업원이 학대를 받는 것 같다는 내용이었다. 경찰이 출동했다. 변씨는 폭행 피해사실을 부인했다. 6월 1일에도 신고가 들어왔다. 앵벌이가 의심된다는 내용이었다. 그러나 경찰은 특이사항이 없어 수사를 진행하지 않았다.

SBS 〈긴급출동 SOS24〉 제작진은 2008년 1월부터 6월까지 총 4건의 제보를 받았다. 찐빵 파는 20대 여자를 보았는데 얼굴에 멍이 있었고 휴게소 주인의 눈치를 보았다, 휴게소에서 호객 행위하는 20대 여자가 있는데 얼굴에 멍이 있고 몸에 늘 상처가 있다, 휴게소에 찐빵 파는 소녀가 있는데 말이 이상하고 얼굴이 멍투성이다, 휴게소에 찐빵과 감자를 파는 여자가 있는데 얼굴의 반 이상이 멍이 들어 있다는 내용이었다.

제작진이 '출동'했다. 휴게소 손님으로 가장해 휴게소를 몰래 촬영했다. 2008년 6월 25일, 눈의 상처를 물어보았다. 변씨는 "눈이요, 넘어져 다쳤는데, 피가 눈알로 들어가 치료는 받고 있는데, 아직 피가 안 빠져서 그런 거예요"라고 말했다. "여기 멍든 건?" 변씨가 답했다. "술 취한 손님이 오셔서 찐빵이 쉬었다고 시비 걸면서 막 그러다가, 손님 말리다가 손님한테 맞았어요."

6월 26일, 휴게소 길 건너편에 차량을 주차하고 휴게소 1층 내부를 촬영했다. 이를 수상하게 여긴 부부가 경찰에 신고했고, 제작진은 "촬영 경위를 설명하겠다"며 순찰 차량을 따라 파출소로 향하던 중 서울로 도주했다.

7월 3일, 또 다시 휴게소에 손님으로 찾아간 제작진은 부부에게 발각되었고 이후 면담을 진행했다. 부부는 "변씨 눈이 충혈된 건 넘어져서 그런 걸로 들었고, 목에 난 상처는 변씨가 자해를 한 것이며, 나머지 상처는 찐빵을 팔다가 승용차 문에 끼어 난 상처"라고 밝혔다. 그리고 변씨가 휴게소 2층 거실에서 잠을 잔다고 덧붙였다. 변씨 또한 "멍이나 상처는 부부로부터 맞아서 생긴 게 아니다. 목 부분 흉터는 자해로 생긴 상처고 눈 상처는 넘어져 발생했고 얼굴에 난 멍의 일부는 손님과 실랑이를 벌이다 맞아서 생긴 것이며, 가끔 자동차에 부딪히기도 한다"고 밝혔다. 이 당시 제작진은 변씨의 옷에 몰래 녹음기를 설치했고, 이 녹음기로 부부와 변씨 사이의 대화를 녹음했다. 이날 제작진과 동행했던 시민단체 관계자는 "학대 여부를 판단하기 어렵다"는 의견을 냈다.

제작진은 7월 8일에도 휴게소를 방문했다. 이날은 경찰도 동행했다. 부부가 촬영을 거절하며 항의했지만 촬영은 이어졌다. 당시 경찰은 이날 동행 수사와 관련해 "변씨가 지적장애인인지 여부를 판단하기 어렵고 일상생활에 지장이 없는 것으로 보이며, 휴게소 부부가 변씨의 퇴직을 종용했으나 변씨가 거부했다"는 수사 보고서를 작성했다. 변씨는 제작진을 향해 "나는 도움을 원치 않는다. 맞은 것도 아니고 장애도 없다. 왜 장애인이라고 하냐"고 따지며 더는 자신을 찾아오지 말라고 말했고 심리 상담도 거절했다.

하지만 변씨는 7월 29일 정신병원에 입원했다. 제작진은 먼저 정신병원을 섭외한 뒤, 변씨의 언니를 찾아가 그때까지 촬영한 영상을 보여주며 "변씨를 휴게소 부부로부터 격리시키면 피해 사실을 진술할 것 같다. 병원을 섭외했으니 입원 동의를 해달라"고 말했다. 할머니나 아버지 동의는 받지 않았다. 이후 제작진은 경찰서로 찾아가 129구급대원에게 언니가 동의했고 법적으로 문제가 없으니 정신병원에 입원시켜 달라고 요구했다.

제작진은 이어 "휴게소 부부나 변씨에게는 방송국이 개입되어 있다는 말을 하지 말아 달라"고 부탁했으며 변씨가 응하지 않을 것이기 때문에 물리적 방법을 이용해서라도 입원시키려 하는 것이라 설명했다. 129구급대원은 "제작진이 요구하는 사항은 90년대식처럼 그냥 잡아가는 것밖에 되지 않는다. 지금까지 일을 하면서 이런 적은 한 번도 없었다. 이는 납치식이다"라고 항의했다.

그러나 결국 변씨는 정신병원에 입원했다. 병원에선 변씨를 '외상 후 스트레스 장애'로 진단했을 뿐, 정신장애인으로 진단하지 않았다. 제작진은 정신병원에 보낸 지 일주일이 지난 8월 4일 변호사, 사회복지사, 정신과 전문의 등을 모아 놓고 솔루션 위원회 회의를 열었고, 그곳에서 변씨의 치료가 필요하다고 결론 냈다. 병원에 가둬 놓은 뒤 병원에 보내야 한다는 회의를 한 셈이었다.

변씨는 병원 입원 뒤에도 "나는 학대당하지 않았고 멍은 손님이 폭행해 생긴 것이며 다른 상처는 찐빵이 팔리지 않아 자해한 것"이라며 학대 사실을 부인하다 8월 21일경 병원 의사에게 "휴게소에서 일하는 동안 상습적으로 폭행을 당했다"는 취지의 편지를 보냈다. 진술은 이 시점부터 변경되었다. 변씨가 정신병원에 입원한 지 20여 일이 지난 뒤였다. 대개 정신병원에 입원한 사람들의 '제1목표'는 정신병원을 나오는 것이다.

이후 제작진은 9월 3일 변씨의 변경된 진술 내용을 취재했다. 7일에는 변씨를 정신병원에서 외출시켜 남이섬에서 닭갈비 먹는 장면, 화장품 가게에서 화장품 사고 화장하는 장면 등을 촬영했다. 이후 변씨는 9월 9일 강원지방경찰청에 2007년 4월경 김씨가 휴게소에서 주방용 칼이나 숟가락으로 가슴과 머리를 찌르고 때리는 등 수십 차례 폭력을 행사했고 부부가 그해 8월 자신을 협박해 600만 원짜리 변제 각서를 작성 받는 등 임금을 착취했다는 내용의 고소장을 제출했다. 이에 경찰은 9월 11일 휴게소를 압수 수색해 재킷과 식칼을 압수하고 제작진은 이 과정까지 촬영했다.

그렇게 9월 16일 '찐빵 파는 소녀 1부'가 30분 분량으로 나갔다. 변씨가 학대를 받고 있어 구제 조치를 취했고, 몸에 난 상처는 부부의 가해 행위로 인한 것이란 취지였다. 9월 30일엔 40분 분량의 2부가 나갔다. 부부가 흉기를 사용해 상습적으로 변씨에게 상해를 가했다는 내용과 함께 병원 입원 후 진술 변경과 경찰 수사 과정을 담았다. 방송의 파장은 컸다. 휴게소 부부 중 아내 김씨는 그해 10월 7일 80여 차례 이상 상습 폭행 등 혐의로 구속되었다. 제작진은 구속영장 집행 장면도 촬영했다. 그 후 제작진은 10월 14일 15분 분량의 3부를 내보내고 김씨 구속 과정과 변씨가 자유로워진 모습을 담았다. 방송에서 변씨는 '이세희'란 가명으로 등장했다.

방송 이후 이 사건에 개입한 사람이 원린수다. 나는 2018년 9월 13일 인천에서 원린수를 만났다. 원씨는 10년 전 일을 또렷이 기억하고 있었다. 원씨는 "담당 검사를 찾아가 관련 증거를 줬으나 검사들은 찐빵 소녀에게 성금을 전달했고 내가 찾아낸 증거는 땅 속에 묻혔다. MBC 〈PD수첩〉과 KBS 〈추적60분〉에 제보했는데 방송도 나가지 않았다"며 당시를 회상했다.

이 무렵 원씨는 SBS 〈그것이 알고 싶다〉의 '셜록 홈스를 원하는 사람들'편(2008년 10월 4일자)에서 능력 있는 '사설탐정'으로 소개된 인물이었다. 10월 12일, 10월 4일자 방송을 시청했던 가족들이 원린수를 찾아와 억울함을 호소하며 사건의 실체적 진실을 밝혀달라고 의뢰했다. 이에 원씨는 11월 22일까지 조사 활동을 벌였다.

모든 여론은 원씨와 휴게소 부부에게 불리했다. 방송 이후 휴게소 부부는 '휴게소에서 지적장애가 있는 소녀를 4년간 감금한 채 임금도 주지 않고 막일을 시키며 찐빵을 팔게 한 뒤, 찐빵을 못 팔면 칼과 흉기로 온몸을 찔러 상해를 입히고 외부 사람들이 상처를 물으면 자해했다고 대답하도록 교육을 시킨' 파렴치범이 되었다. 제작진은 '정신병원에서 치료를 받게 해 진실을 이야기하게끔 도와주고 휴게소 주인을 고발해 구속시키고 소녀를 평온한 가정으로 돌려보낸' 정의의 파수꾼이 되었다.

휴게소가 있던 지역의 군청은 변씨에게 불우 이웃 돕기 성금 일부를 전달했고, 춘천지방검찰청은 변씨에게 생계비 221만 원과 치료비를 지원한다고 밝혔다. 당시 방송 이후 「찐빵 소녀 사연 네티즌 뿔났다」(2008년 9월 20일자 『강원도민일보』), 「SOS 멍투성이 찐빵 소녀 학대 사실 끝까지 부정한 주인 가족 시청자들 분노 폭발」(2008년 10월 1일자 『뉴스엔』)과 같은 제목을 보면 당시 여론을 짐작할 수 있다.

『경향신문』은 그해 11월 26일자 기사에서 "고교 재학 시절 '독서 많이 하기' 금상을 차지할 정도로 학구열이 높던 이씨의 불행은 2005년 김씨가 운영하던 휴게소에서 아르바이트를 하면서 시작됐다"며 "가출한 어머니 대신 할머니와 함께 간경화로 투병 중인 아버지와 동생 2명을 돌보던 이씨가 진학 자금 등을 마련키 위해 일자리를 찾은 게 화근이었다"고 보도했다.

원씨의 조사는 순탄치 않았다. 그럼에도 변씨가 정신병원 폐쇄 병동에 입원해 있을 당시 자해했던 사실을 기록한 간호 일지를 확보했다. 원씨는 당시 휴게소에서 일했던 사람, 변씨와 같은 학교를 다녔던 학생들을 찾아다녔다. 정신병원 간호사들에게서도 중요한 증언을 받아냈다. 이 무렵 10월 29일 국과수는 휴게소에서 채취했던 혈흔이 사람의 것이 아니라는 감정 결과를 강원지방경찰청에 알렸다. 원씨는 자신이 수집한 관련 증거를 검찰이 무시했다고 판단하며 기자회견을 결정했다.

2008년 12월 12일 프레스센터에서 SBS 방송이 조작되었다는 취지의 기자회견을 하기 전날, SBS PD가 원린수를 찾아왔다. 그는 4시간 동안 '기자회견을 하지 마라'며 원씨를 회유했다. 방송사와 싸워서 뒷감당을 어떻게 하려고 하느냐는 내용이었다. 이 순간 원씨가 SBS PD 말을 듣고 기자회견을 하지 않았더라면, 그는 어쩌면 표창원보다 유명한 '스타 탐정'이 되었을지도 모른다.

그러나 원린수는 기자회견에 나섰다. SBS 제작진과 변씨는 기자회견 전날이던 11일 인천지방검찰청에 원씨를 공무원 자격 사칭, 변호사법 위반, 협박, 비밀 침해, 허위 사실 유포로 인한 명예훼손 등 혐의로 고소·고발했다. 원씨는 "기자회견을 막기 위해 기자회견 전날 나를 고소했던 것"이라 말했다. 원씨는 "민사소송에서 이기기 전까지 방송사만이 진실이었다. 방송의 힘은 엄청났고, 나는 파렴치한 사기범으로 몰렸다"고 지난날을 회상했다. 당시 원씨가 기자회견에서 밝힌 조사 결론은 이러했다.

① 찐빵 소녀는 4년 이상 도벽이 있다가 2007년 8월 24일 처음 발각되어 확인서를 작성했고, 이후에도 절도 행위는 끊이지 않았다. 이는 수개월 간의 통화 기록, 찐빵 소녀와 그 할머니가 자필로 작성한 월급 영수증, 함께 아르바이트를 했던 관련자와 친구의 진술 등에 의해 확인되었다.

② 찐빵 소녀 형부의 수사기관 진술에 의하면 찐빵 소녀의 잦은 외박 사실을 알 수 있고, 찐빵 소녀의 남자친구, 인근 야식집 주인에 의하면 찐빵 소녀는 월급을 주로 유흥비 등으로 소비했는바, 이에 비추어 그 품행은 물론 휴게소에서 4년간 임금을 받지 못했다는 주장은 믿을 수 없다.

③ 찐빵 소녀가 방송에서 언급한 가출 역시 2007년 4월 30일경 동네에서 빌린 돈으로 망신을 당한 후 집에서 통장과 도장을 훔쳐 남자친구

에게 갔다가 트러블이 생기자 휴게소 부부에게 도움을 청해 다시 돌아온 것으로, 찐빵 소녀를 감금했다는 것 역시 조작되었다.

④ 평소 도벽과 거짓말이 능숙해 가족도 외면했던 변씨를 SBS 방송이 머리가 모자라는 지적장애자인 것처럼 만들어 세상 물정 모르는 지적장애자가 파렴치한 사람에게 4년간 임금 착취와 갖은 학대를 당한 것처럼 방송을 조작해 시청자에게서 높은 인기를 얻어냈고 변씨의 도벽과 거짓말에 3년이나 속고 뒤늦게 알아 이를 고쳐주려 했던 부부를 파렴치한 범인으로 만들어 구속시킨 게 이 사건이다.

원씨의 기자회견을 인용 보도한 언론사는 많지 않았다. 2008년 12월 16일 SBS는 원씨를 가리켜 "일방적이고 근거 없는 휴게소 부부의 허위 주장을 그대로 반복하며 방송 조작설을 유포하고 있다"는 내용의 게시글을 프로그램 홈페이지 시청자 게시판에 올렸다. 이 글은 2010년 12월 26일까지 게재되어 있었다. 변씨는 기자회견 당일이던 12월 12일 병원에서 퇴원했다.

모두가 '찐빵 소녀'편을 잊고 있던 2009년 9월 18일, 휴게소 주인 김씨에 대한 형사사건을 심리한 춘천지방법원은 변씨에 대한 일부 폭행 사실만 인정해 벌금 100만 원의 유죄판결을 선고했다. 인정된 일부 폭행 사실은 김씨의 자백 진술에 따른 결과였다. 상습 상해, 상습 흉기 휴대 상해 등 나머지 공소사실에 대해선 무죄 판결을 받았다. 앞서 검찰은 김씨에게 징역 5년형을 구형했다. 김씨는 이 판결을 받기까지 6개월 넘게 감옥에 갇혀 있었다. 김씨는 벌금 100만 원에 해당하는 잘못을 저질렀다. 그러나 방송과 여론은 김씨에게 '사회적 사형' 선고를 내렸다.

"사건의 직접 증거인 피해자의 진술에 신빙성이 없다." 주요 공소사실이 무죄로 판결난 이유다. 예컨대 2008년 3월경 변씨가 폭행을 못 이겨 휴게소를 빠져나와 집으로 도망쳤다는 진술을 두고 재판부는 "변씨가 그 무렵 280만 원을 훔쳐 가족과 갈등을 빚고 있었을 가능성에 비추어 그대로 믿기 어렵다"고 했다. 진술 내용 중 방송 취재 이후에도 변씨가 피를 흘릴 정도로 (김씨가) 폭행했다는 부분 역시 상식적으로 믿기 어렵다고 했다.

재판부는 "상처 발생 경위 진술은 증거가 부족했다. 월급을 제대로 받지 못했다는 진술은 일관성이 부족했다. 현금 보관증 등 각종 확인서를 협박에 의해 억지로 작성했다는 진술의 경우 작성 당시 변씨 가족이 참석한 경우도 있었고 대부분의 서면이 변씨가 잘못을 시인하는 가운데 작성된 것으로 보여 믿기 어렵다. 피해자가 휴게소에 감금되어 있었다는 진술 역시 휴게소의 위치, 개방성, 바로 인근에 이모할머니가 살았던 점 등에 비추어 믿기 어렵다"고 밝혔다.

서울고등법원은 2010년 5월 14일 검찰의 항소를 기각했고, 판결은 확정되었다. 이 같은 판결 내용을 보도한 언론사는 거의 없었다.

2010년 어느 여름날, 편집국으로 전화가 걸려왔다. 내가 넘겨받은 전화 내용은 쉽게 믿기 어려운 단어로 가득했다. 조작 방송, 무죄, 정신병원, 혈흔, 국과수, 찐빵 소녀, 구속……. 제보자는 "MBC, KBS, 『한겨레』, 『경향신문』 아무 곳도 기사를 써주는 곳이 없다"고 말했다. 그 말을 듣는 순간 처음에는 '잘못 걸렸다' 싶었다.

하지만 거짓말을 한다고 판단하기에는 구체적이었고 수화기 너머로 억울함과 간절함이 느껴졌다. 하고 싶은 말이 너무 많아 내용이 뒤죽박죽이었다. 만나자고 했다. 지금 사는 곳이 경상도 어디라고 했다. 못 온다고 할 줄 알았다. 하지만 그들은 내가 지정한 서울 용산구의 한 카페로 정확히 찾아와 나를 기다리고 있었다. 휴게소 가족과의 처음이자 마지막 만남이었다.

아직도 김씨의 눈빛을 잊을 수 없다. 김씨의 눈은 붉게 충혈되어 있었고 분노와 불신으로 가득해 보였다. 김씨는 이 사건으로 180일 넘게 감옥에 갇혀 있었다. 내가 180일 넘게 억울한 옥살이를 했더라면 나 역시 김씨의 눈빛과 다르지 않았을 거라 생각했다. 그들은 긴 이야기를 털어놓았다. 그들은 SBS 방송 이후 부모와 지인에게조차 외면 받으며 삶의 터전에서 쫓겨나듯 떠나야 했다고 말했다. 김씨는 눈물조차 흘리지 않았다.

그들이 내게 해준 이야기는 너무 충격적이어서 혼란스러웠다. 지상파 방송사가 이들 주장대로 방송을 만들 리 없다는 상식 때문이었다. 더욱이 이들은 지금껏 가해자로 묘사되었다. 이들은 『한겨레』·『경향신문』을 비롯해 수많은 언론사에 제보했지만 미친 사람 취급을 받았다고 했다.

취재를 시작했다. 당시 SBS 〈긴급출동 SOS24〉 허 아무개 제작팀장은 휴게소 가족의 주장에 대해 "가해자들의 정도를 벗어난 흠집내기"라고 주장했다. 허 팀장은 "촬영팀은 경찰의 수사 과정을 따라간 것뿐"이라며 "팩트에 대한 방송을 했다"고 반박했다. 그는 "방송에서 감금이나 가해자란 표현을 안 썼고, 양쪽 주장을 같이 실었다"면서 "(김씨가) 피해를 당했다면 언론중재위원회나 법적 절차를 통해 대응하라"고 밝혔다.

'찐빵 소녀'편을 연출했던 이 아무개 PD는 "비록 판결은 났지만 폭력이 있었던 건 사실"이라며 "폭력이 있었음에도 억울하다고 생각하는 것은 부당하다"고 밝혔다. 이어 "악의적인 편집은 없었으며 사실 그대로 보도했다"고 강조했다. 이 PD는 윤씨와 김씨의 사과 요구에 대해 "이렇게 집요한 경우는 처음"이라고 말했다.

변씨와도 통화했다. 변씨는 통화가 이어지자 울며 말했다. "제가 잘못한 거라곤 못 도망친 것, 주변 사람에게 알리지 못한 거예요. 집이 잘살아서 재판에 매달렸다면 결과가 달랐을 거예요." 통화를 오래하기 힘들다고 판단했다. 나는 양쪽의 주장을 담아 2010년 6월 15일 이 사건을 기사화했다. 그해 7월 1일, 휴게소 가족이 SBS를 형사 고소한 내용도 기사화했다. 그 후 나는 부끄럽게도 이 사건을 잊고 살았다.

휴게소 부부는 2010년 11월 10일 SBS를 상대로 명예훼손에 따른 손해배상 청구 소송을 시작했다. 그리고 1심 법원은 2012년 2월 23일 선고에서 "이 사건 방송 내용은 허위 사실일 뿐만 아니라, 제작진이 이미 자신들만의 사실과 결론을 도출하고 줄거리를 구상한 다음 이에 맞추어 취재 및 촬영을 진행하고 줄거리에 맞게 편집해 제작한 악의적인 프로그램"이라고 결론 냈다. 많은 언론이 이 같은 대목을 인용 보도했다. 그러나 이 대목만으로는 이 방송의 문제점을 온전히 이해하기 힘들다.

재판부가 판단한 SBS '찐빵 소녀'편의 '암흑의 핵심Heart of Darkness'은 이러했다.

① 제보 동영상 부분=제작진이 휴대전화로 몰래 촬영한 영상을 제3

자의 믿을 만한 동영상 제보인 양 둔갑.

② 손님 인터뷰 부분=허위 인터뷰 대상자를 내세워 변씨의 피해 상황을 직접 목격한 것처럼 작출作出.

③ 변씨가 몸에 난 상처에 대한 질문을 회피한 채 자리를 피하는 장면=휴게소 주차장에서 손님에게 아이스커피를 갖다 주고 돌아가는 장면을 촬영한 것으로, 왜곡 편집.

④ 변씨 얼굴에 난 멍에 대한 김씨의 답변 부분=다른 일시, 다른 내용 질문에 대한 답변을 임의로 편집해 허위 진술하거나 하지도 않은 말을 한 것처럼 작출.

⑤ 변씨가 김씨 앞에서 연신 굽신 대는 장면=실제로는 변씨가 한 번 구부린 장면을 연속 재생하는 방식으로 작출해 노예처럼 쉴 틈 없이 일만 한다는 인상을 줌.

⑥ 김씨가 변씨의 답변 내용을 사전에 구체적으로 지시했다는 부분=김씨가 변씨에게 '지적장애인으로 몰리지 않으려면 잘 행동하라'고 충고한 대화 내용을 왜곡 편집.

⑦ 선생님 인터뷰 장면=교장 선생님 인터뷰를 담임 선생님 인터뷰로 왜곡해 김씨가 가해자인 것처럼 몰기 위한 의도로 편집.

⑧ 변씨 할머니의 진술 부분=할머니가 인터뷰하면서 변씨를 가리켜 '거짓말을 잘하고 집에서도 물건을 훔친다'고 진술했고, 가출 부분도 휴게소 부부 측 주장에 부합했지만 인터뷰 내용을 왜곡해 자신들의 주장에 부합하는 부분만 일부 발췌.

⑨ 정신병원 입원과 솔루션 위원회 구제 조치=시간 순서를 반대로

편집해 신빙성을 높이려 한 악의적 편집.

⑩ 정신병원 입원 과정=언니의 자발적 요청으로 (변씨가) 정신과 치료를 받도록 조치했다는 등 실제 사실관계와 다르게 구성.

⑪ 변씨의 부위 상처=대상포진으로 인한 상처라고 알렸음에도 김씨와 무관한 상처 장면과 변씨의 진술을 동시에 방영해 시청자로 하여금 이 부분 방송 장면의 상처가 김씨의 가혹 행위로 인한 것으로 오인할 수 있도록 교묘하게 조작.

⑫ 대질신문 회피 장면=김씨는 경찰에게서 대질신문을 통보받은 다음 날 대질신문에 응했고 제작진 역시 이를 알고 있었음에도 방송에서는 '아직도 대질 조사에 응하지 않고 있다'는 내용으로 허위 사실 공표.

⑬ 상당 기간 감금했다는 내용=제작진은 취재를 통해 변씨의 근무 형태, 숙식 기간, 외출 여부 등을 모두 확인했음에도 별다른 설명 없이 변씨 등의 진술을 그대로 방영해 상당 기간 감금당했음을 암시하는 화면 연출.

재판부가 밝힌 변씨의 진술 변경 경위는 이러했다.

① 제작진은 실정법인 정신보건법을 위반하며 직계혈족 동의 없이 변씨를 약 4개월간 정신병원에 강제로 입원시켰다. 변씨는 정상적인 성인 여성이었다. 입원 후에도 변씨 외출은 불가능했다.

② 형부는 면회 과정에서 변씨에게 "사실대로 말해주면 좋겠다. 제작진이 도와준다고 한다"고 말해 변씨가 진술을 번복하게 된다.

③ 의사가 변씨와 면담하면서 "방송국이 도움을 줄 수 있다. 경제적

도움도 받고 (몸이 아픈) 아버지가 입원하는 데 도움을 받기 위해서는 피해 사실을 진술할 필요가 있다. 방송에 출연해도 얼굴은 나오지 않고 목소리도 바뀌어서 나간다"며 변씨를 회유했다.

④ 해당 정신병원은 외부와 단절된 병원이고 병원 규칙을 위반할 경우 사지가 묶이는 징계를 받는 곳인데, 실제로 변씨는 병원 규칙을 위반해 위와 같은 징계를 수차례 받았다. 이는 위 정신병원이 정상인인 변씨가 지내기 어려운 환경이었다는 것을 방증한다.

⑤ 변씨는 진술을 변경하기 전까지 정신병원에 갇혀 지내다가 진술을 변경한 이후 2008년 9월 8일에서야 제작진과 함께 외출을 나갈 수 있었다.

이에 따라 재판부는 다음과 같은 충격적 결론을 내렸다. "SBS 제작진이 변씨를 정신병원에 입원시킨 것은 그 치유를 위한 것이 아니라 변씨를 압박해 자신들의 의도에 부합하는 진술을 받아내기 위함이었다." 방송을 위해 한 사람을 정신병원에 보냈다는 이야기다. 변씨도 피해자였다.

SBS는 휴게소 가족과 민사소송 과정에서 방송의 공익성, 진실성, 상당성을 주장했으나 모두 배척되었다. 재판부는 SBS가 이 방송으로 약 3억 원 정도의 광고 수익을 올린 점을 고려해 휴게소 가족에게 지급할 위자료 액수를 3억 원으로 산정해 원고 일부 승소 판결을 내렸다. 가족이 요구했던 위자료는 10억 원이었다. 이 사건 판결은 2013년 2월 2일 서울고등법원에서 최종 확정되었다. 〈긴급출동 SOS24〉 프로그램은 2011년 4월 폐지되었다.

2010년 6월, 휴게소 가족은 국가와 이 사건을 수사한 경찰 3명을 상대로 손해배상 청구 소송을 제기했고 서울중앙지방법원은 2011년 12월 휴게소 가족에게 4,200만 원을 배상하라며 원고 일부 승소 판결을 내렸다.

SBS에서 고소를 당했던 원린수도 혐의 없음 처분을 받았다. 원씨는 SBS 시청자 게시판을 통해 자신의 명예를 훼손한 SBS를 상대로 민사소송을 제기했다. 재판부는 SBS를 가리켜 "〈그것이 알고 싶다〉에서는 원씨를 우리나라 제도상으로는 아직까지 생소한 탐정으로 치켜세우면서 긍정적 면을 부각시켰지만, 원씨의 예리한 칼날이 자신(SBS)을 향하게 되자 이번에는 원씨의 활동을 불법 탐정, 공무원 자격 사칭 등의 표현을 동원해 비방하는 등 방송의 허위 조작 실태를 은폐하고 원씨가 정당하게 제기한 조작설의 유포를 차단하려 했다"고 지적했다. SBS가 이 사건에서 원씨에게 배상한 위자료는 4,000만 원이었다.

사건의 결말은 이러했으나 어느 가족의 삶을 송두리째 바꿔놓은 이들은 거의 아무런 처벌을 받지 않았다. 방송된 지 10년 후 나는 창고에 처박혀 있던 8년 전 취재수첩을 꺼내 잊고 있던 전화번호를 찾아냈다. 〈긴급출동 SOS24〉 제작팀장이었던 허 아무개 PD는 최근까지 TV조선 〈시그널〉에서 연출을 맡았다. 〈시그널〉은 〈긴급출동 SOS24〉와 비슷한 류의 고발 프로그램이다. 그는 법원 판결에 대한 입장을 묻자 "다음에 통화하자"며 전화를 끊었다.

'찐빵 소녀'편 담당 PD였던 이 아무개 PD에게 법원 판결 이후 개인적으로 사과를 했는지 물었다. 그는 "SBS 측과 이야기하라"며 전화를 끊었다. 당시 변씨를 담당했던 정신병원 의사는 "더이상 이 사건에 대해 이야기하고 싶지 않다"며 전화를 끊었다. 이제는 성인이 된 변씨에게도 전화를 걸었다. "이 사건과 관련해 할 말이 있으면 연락을 달라"고 부탁했다. 연락은 오지 않았다. 변씨는 2008년 9월 9일 허위 고소장에 따른 무고 혐의로 2011년 9월 23일 징역 1년 집행유예 2년의 유죄판결을 받았다.

혹시, 그래도 법원 판결 이후에 누군가는, 그래도 한 명 정도는 도의적으로 비공식적으로 개인적으로 사과하지 않았을까? 또 다시 아픈 기억을 요구하는 것이 마음에 걸려 머뭇거리다 8년 만에 휴게소 주인 김씨에게 전화를 걸었다. 김씨는 나를 기억하고 있었다.

"SBS로부터 공식 사과는 전혀 없었어요. 여태껏 가해자 어느 누구 하나 아무도 사과하지 않았어요." 돌아온 답변은 절망적이었다. "이 사건을 아는 사람과는 거의 만나지 않아요. TV도 안 봐요. 이제 TV에 나오는 내용을 믿을 수가 없어요……." 조작 방송 피해자의 고통은 현재진행형이다. 아마 여기까지 다 읽은 독자 중에도 여전히 이 방송이 조작되었다는 사실을 믿지 못하는 사람이 있을 것이다. 그게 바로 방송사가 가진 '권력'이다.

"홍가혜 씨에게 진심으로 사과합니다"

세월호 참사 당시 언론의 괴상한 보도를 이야기할 때 홍가혜를 빼놓을 수 없다. 홍가혜는 2014년 4월 16일 세월호 참사 당시 잠수 지원 활동을 위해 팽목항에 간 뒤 4월 18일 MBN과 인터뷰하며 논란의 대상이 되었다. 당시 홍씨는 "언론 보도되는 모습과 실제 모습은 다르다", "지원해준다고 했었던 장비며 인력이며 배며 다 지원이 안 되고 있다", "구조대원이라는 사람이 한다는 말이 여기는 희망도 기적도 없다 그런 말을 하고 있었다"고 말했다.

홍씨는 해경에 대한 명예훼손 혐의로 구속되었다. 명예훼손 구속만큼 충격적인 사실은 그녀가 무려 101일간 수감 생활을 겪었다는 것이다. 그리고 그녀는 무죄판결을 받아냈다. 하지만 홍씨는 세월호 참사 이후 소위 '거짓 인터뷰'로 해경의 명예를 훼손했다는 혐의로 재판을 받으며 언론의 허위·왜곡 보도와 함께 인격 살인에 가까운 악플에 시달렸다. 그녀는 세월호 참사 국면에서 '아니면 말고'식의 무차별적 허위·왜곡 보도의 피해자였다. 홍씨는 여러 언론을 상대로 법적 대응에 나섰다.

그리고 『스포츠서울』은 2017년 9월 19일 홍가혜와 관련된 자사 보도의 상당수가 오보였다고 인정한 뒤 공식 사과했다. 홍가혜는 이 사과를 듣기까지 1,251일이 걸렸다. 『스포츠서울』은 2015년 1월 19일 「홍가혜, 과거 '걸그룹' 사촌 언니 사칭설…정체가 뭐야?」, 「홍가혜, 과거 연예부 기자 사칭 B1A4와 인증샷?…우리도 어이없어」, 3월 25일 「홍가혜, 과거 인터뷰 발언 다시 보니…'연예부 기자' 사칭까지?」, 「홍가혜, '여기자 사칭' 후 남 아이돌과 사진을?…멤버들 어이없어」, 「홍가혜, 과거 여 가수 사촌 언니 사칭까지? '대박'」, 「홍가혜, 야구 선수 애인 행세하며 가짜 임신 소동까지」, 「홍가혜, 압구정 백야보다 기 막히는 화려한

전적 '놀라움의 연속'」이라는 제목의 기사를 올렸다.

당시 『스포츠서울』은 홍가혜가 B1A4 콘서트에서 연예부 기자를 사칭하고 사진을 찍었으며, 과거 SNS를 통해 티아라의 전 멤버 화영의 사촌 언니라고 주장했으며, 다수 야구 선수들의 여자 친구라 밝히고 애인 행세를 했으며, 사망한 모 야구 선수와 일면식이 없음에도 자신의 통장으로 관련 모금을 진행했으며, 도쿄 거주 교민 행세를 했다는 내용 등을 보도했다.

그러나 『스포츠서울』은 9월 19일 입장문에서 "위 내용은 모두 사실이 아니다"라고 밝혔다. 홍가혜는 WM엔터테인먼트 박동주 실장의 지인과 함께 공연을 보고 공연 후 박 실장의 소개로 기념사진을 촬영했을 뿐 여기자를 사칭한 적이 없으며, 티아라 전 멤버 화영의 사촌 언니라고 주장한 적이 없음에도 홍가혜가 화영의 사촌 언니라는 기사가 나오자(2012년 8월 1일 『스포츠조선』의 「티아라 화영 사촌 언니 'KIA 진해수 여친' A급 몸매」) 언론사에 먼저 연락해 정정 보도를 했고(2012년 8월 3일 『중앙일보』의 「기아 진해수 선수 여친, 화영 사촌 언니 No」), 다수의 야구 선수들의 여자 친구라고 거짓 애인 행세를 한 적이 없다고 밝혔다.

또 야구팬으로서 고故 이두환 선수를 위한 모금을 도왔을 뿐 자신의 통장으로 모금을 진행한 적이 없고, 2007년경부터 2011년경까지 도쿄에서 외국인 등록증을 발급받고 실제 교민으로 거주하던 중 우연히 인터뷰를 하게 된 것일 뿐 도쿄 거주 교민을 사칭한 것이 아니라고 밝혔다.

『스포츠서울』은 이 같은 홍씨의 입장을 전한 뒤 "세월호 현장에서 해경의 구조 활동 책임이라는 공익적 사안과 무관한 사생활에 관하여 인터넷에서 떠도는 허위 사실을 충분한 사실 확인 없이 수차례 보도했고 이로 인해 홍가혜 씨는 '거짓말쟁이'로 인식되어 수사와 재판 과정에서 불이익을 받았을 뿐만 아니라, 자살 시도를 할 정도로 심각한 정신적 스트레스는 물론 악플과 협박 전화에 시달렸고 3년이 지난 지금까지도 고통에 시달리고 있다"고 밝혔다.

『스포츠서울』은 "언론사로서 정확한 사실 확인하에 보도 대상자의 명예권과 인격권을 존중하면서 보도할 의무가 있음에도 이를 위배하여 작성된 잘못된 기사로 홍가혜 씨와 홍가혜 씨의 가족들에게 큰 피해와 상처를 드린 점에 대해 진심으로 사과한다"고 밝혔다. 이어 "세월호 참사에 대한 구조 촉구 인터뷰를 한 홍가혜 씨에 대한 가십성 보도를 통해 재난 보도 준칙을 어긴 점에 대해 세월호 참사의 피해자 가족 여러분과 국민들께 죄송스러운 마음을 표한다"고 덧붙였다.

이번 사과문과 관련, 홍가혜는 19일 자신의 페이스북을 통해 "사과를 받기까지 1,251일이 걸렸다. 세월호 참사 이후 '사칭녀', '허언증녀', '사기꾼', '종북 빨갱이'란 딱지가 붙었다. 그 마녀의 딱지를 붙인 건 국가기관이었고 언론이었다"며 심경을 밝혔다. 홍씨는 "남들처럼 평범하게 살 수 없었던 시간이었기에 그 상실의 고통은 말로 다하지 못한다"며 "정말 많은 것을 잃어버린 시간"이라고 밝혔다.

홍씨는 2015년 3월 1심 명예훼손 재판 무죄판결 이후 『미디어오늘』과 인터뷰에서 "10분 인터뷰로 27년 인생이 뒤바뀌었다"며 "감옥에서 나온 다음에 죽으려고 했었다"는 등 비참한 심경을 토로하기도 했다. 당시 홍씨는 "언론은 무죄판결 이후에도 사실이 아니라고 밝혀진 루머를 기사로 쓰고 있다"며 법적 대응을 예고한 바 있다. 홍가혜는 자신과 관련한 오보를 두고 20여 곳의 언론사와 민사소송을 진행 중이다. 『스포츠서울』처럼 사과를 해야 할 언론사와 기자가 한둘이 아니다.

서울중앙지방법원은 2018년 6월 21일 홍씨가 제기한 명예훼손 민사소송과 관련해 피고 『세계일보』와 『스포츠월드』에 각 500만 원, 『스포츠월드』 기자 김 아무개에게 1,000만 원 손해배상 판결을 냈다. 『스포츠월드』 기자 김씨는 2014년 4월 18일경 자신의 트위터 계정에서 "저는 홍가혜 수사했던 형사에게 직접 그녀의 정체를 파악했습니다. 인터넷에 알려진 것 이상입니다. 허언증 정도가 아니죠. 소름 돋을 정도로 무서운 여자입니다", "예전 티아라 화영 사촌 언니라고 거짓말하던 홍가혜는 왜 진도에 가서 또 거짓말을 하고 있는가? 그때 울며불며 죄송하다고 해서 용서해줬는데……", "아~MBN이 홍가혜에게 낚였구나!", "홍가혜 정체는 제가 알아요. 사기 혐의로 검찰 조사 받은 적 있습니다" 등의 내용을 올렸다. 당시 김씨의 트위터는 수백 건의 기사에 인용되었다. 그는 '마녀사냥'의 '시발점'이었다.

그러나 홍씨는 앞서 밝혔듯이 화영의 사촌 언니라고 거짓말한 적이 없었다. 김씨는 형사재판의 증인신문에서 "사촌 언니라는 직접적인 표현은 하지 않은 것 같다", "저도 기억에 의존해 진술하다 보니 헷갈리는 부분이 있고, 수많은 사건을 취재했기 때문에 모든 사건 내용을 기억하는 것은 아니다"라고 답했다. 한 사람의 인생을 파탄낸 트윗치고는 너무나도 작성 과정이 불성실했다. 당시 김씨는 『스포츠월드』에 「내가 홍가혜의 정체를 공개한 이유」라는 제목의 기사를 작성하기도 했다. 김씨는 이 기사에서 "밑바닥 인생을 살던 홍가혜는 성공을 위해 계속해서 거짓말을 했고 다른 사람의 인생을 살았다"고 주장하기도 했다.

이후 김씨는 그해 7월 27일경 트위터를 통해 "말 나온 김에 홍가혜에 대한 새로운 사실을 하나 알려드리죠. 홍가혜는 영화배우 하고 싶다고 말했고, 실제로 캐스팅 디렉터에게 시나리오도 받았답니다. 그리고 진도에 갔죠. 이게 순수한 의도입니까?"라고 적은 뒤 "아! 홍가혜가 받은 시나리오는 조금 야한……(쿨럭)"이라고 적기도 했다. 그러나 홍씨는 영화배우를 하고 싶다고 말한 적이 없고, 야한 시나리오를 받은 적도 없었다. 홍씨 측은 "(김 기자가) 이름을 밝히기 어려운 여자배우에게 들었다고 했을 뿐, 별도의 사실 확인을 하지 않았다는 점을 증인신문 과정에서 밝혔다"며 역시 명예훼손을 주장했고 재판부는 홍씨 측의 손을 들어주었다.

나는 홍씨와 2017년 9월 통화를 했다. 수화기 너머 홍씨는 많이 지쳐 있었다. 그녀는 순간순간 감정을 억누르지 못하고 울먹였다. 제 정신으로 버틸 수 없는 순간들의 연속이었다고 했다. 나는 그녀가 겪었을 심적 고통이 어느 정도였을지 짐작조차 할 수 없었다. 2018년 가을, 홍가혜를 주인공으로 한 다큐멘터리가 개봉되었다. 시사회에서 홍씨를 만났다. 홍씨는 웃고 있었다.

'탈원전' 흔드는 원전 마피아들의 '입'

2017년 6월 19일 문재인 대통령은 고리1호기 영구정지 선포식에서

"원전 중심의 발전 정책을 폐기하고 탈핵 시대로 가겠다"고 선언했다. 정부는 2016년 현재 30.7퍼센트인 원자력에너지 비중을 2030년 18퍼센트까지 낮추고 신재생에너지(4.7퍼센트) 비율을 20퍼센트까지 높일 계획이라고 밝혔다. 그러자 '탈원전'에 부정적인 보수 언론의 보도가 쏟아졌다. 하지만 오보에 가까웠다.

『한국경제』는 6월 21일자 1면에서 "문재인 대통령이 내세운 탈원전 정책의 롤 모델인 대만이 최근 원자력발전소 가동을 재개하며 여당과 청와대가 난감한 상황에 빠졌다"고 보도했다. 그러나 당시 타이완臺灣의 에너지 및 탄소감축 위원회 위원인 홍선한洪申翰 타이완녹색공민행동연맹 사무부총장의 답변은 이러했다.

"6월에 핵 규제기구에서 2기 가동을 결정한 것은 핵 폐기 후 재가동을 선포한 것이 아니다. 핵발전소의 운영 기한 내에 있는 재가동일 뿐이다. 수리와 부품 교체 공사 후에 가동을 한다고 정부의 비핵 정책의 실패로 이해해서는 안 된다."

국제원자력기구IAEA에 따르면, 타이완은 6기의 원전을 운영 중이고 원전은 2016년 기준 전체 전력 공급의 13.72퍼센트를 분담하고 있다. 타이완 정부의 '2025원전제로' 정책은 제4핵발전소(7·8호기) 건설 중단 및 폐기, 제1핵발전소(1·2호기) 2018년·2019년 운영 마감, 제2핵발전소(3·4호기) 2021년·2023년 운영 마감, 제3핵발전소(5·6호기) 2024년·2025년 운영 마감이다. 수명 연장은 없다.

98퍼센트 완공된 제4핵발전소(7·8호기) 건설을 중단하고 '2025원전제로'를 입법화한 타이완에서 원전 2기에 대해 '폐기 후 재가동'이 아닌, '정비 후 재가동'을 실시했다. 사용 기간이 남은 원전을 고쳐 쓰는 과정을 '탈원전 정책 실패'로 일부 언론이 호도한 셈이었다. 이번에 재가동한 원전들은 2021년과 2025년에 폐기될 예정이다.

환경운동연합은 이 같은 보도를 두고 "문재인 정부의 탈원전 정책 방향을 후퇴시키려는 의도"라고 비판했다. 앞서 『한국경제』는 "원전은 무조건 나쁜 것이라는 선입견으로 에너지 정책을 짜면 대만과 같은 정책 실패를 되풀이하게 될 것"이라고 보도했다. 그러나 『한국경제』야말로 선입견을 갖고 있었던 것 같다.

『서울경제』는 6월 20일 "원전 감소분을 액화천연가스LNG와 신재생으로 대체하면 약 28퍼센트의 발전비용 인상 효과가 발생한다"는 에너지경제연구원 관계자 발언을 보도했다. 익숙한 '전기요금 폭등' 프레임이다. 하지만 같은 날 JTBC 〈뉴스룸〉은 펙트 체크를 통해 에너지경제연구원의 분석 결과를 인용, "1년에 한 가구가 추가로 부담해야 할 액수는 8,367원"이라고 밝혔다. 월별로 쪼개면 697원 수준이다. 상식적으로 걱정할 수준의 액수는 아니다.

『중앙일보』는 같은 날 "일본은 원전 참사 후 원전 가동 중단을 선언했지만 5년 새 전기료가 20~30퍼센트 뛰자 최근 원전 재가동을 추진하고 있다"고 보도했다. 사실일까? 일본은 신재생에너지 전력생산 비중을 2030년까지 23퍼센트 이상 올릴 계획을 갖고 있으며 2011년 후쿠시마 원전사고 이후 42기 원전 중 일부만 재가동하고 있다. 이는 탈원전 정책의 후퇴라기보다 급진적인 탈핵의 한 과정으로 보는 것이 타당하다.

『조선일보』는 6월 23일자 사설에서 정부의 산업용 전기 인상 방침과 관련, "우리나라 산업 경쟁력은 값싸고 안정적으로 공급되는 질 좋은 전력 덕을 크게 봤다. 환경 이상론에 빠져 현실을 무시했다가는 기껏 어렵게 쌓아놓은 산업 경쟁력이 흔들릴 수 있다"고 주장했다. 기업의 경쟁력이 떨어진다는 프레임이다.

2014년 기준 주택용 전기요금은 125.1원, 산업용은 106.8원이다. 한국은행 자료 기준 제조업 원가에서 전기료가 차지하는 비율은 평균 1.6퍼센트다. 기업 경쟁력이 흔들릴 만한 수치인가? 더욱이 한국의 산업용 전기요금 단가는 OECD 평균 이하다.

한국은 전 세계에서 원전이 가장 밀집한 나라다. 국토 면적당 원전 설비 용량은 물론 단지별 밀집도, 반경 30킬로미터 이내 인구수도 모두 세계 1위다. 한국은 이제 지진에서 안전한 곳이 아니다. 과연 기업의 경쟁력과 전기요금이 국민의 생명과 안전보다 중요한가?

OECD에서 파악 가능한 35개 국가 가운데 25개 국가가 원전이 없거나 중단 중이거나 특정 시점에 폐기하기로 발표한 상태다. 전체의 71퍼센트다. 미국은 1979년 이후에 신규 원전 건설을 중단했다가 2009년 4기를 새로 짓겠다고 밝혔으나 2기는 경제성이 떨어져 중단되었고 나머지 2기도 연기된 상태다. 오히려 기존에 11기는 연한이 남았지만 경제성을 이유로 조기 폐쇄를 결정했다. 세계적 추세인 '탈원전' 기조를 천명한 정부를 흔드는 원전 마피아들의 '입'을 꼼꼼히 따져볼 필요가 있다.

9.7퍼센트를 71퍼센트로 끌어올리는 '마법'

「국민 71%가 "원전 찬성"」. 2018년 8월 17일자 『조선일보』 1면 기사 제목이다. 한국원자력학회가 한국리서치에 의뢰한 설문조사 결과를 바탕으로 쓴 기사다. 그런데 이 기사 제목은 기자의 '관점'에 따라 이렇게 바뀔 수도 있었다. 「국민 70%, 전기 부족해도 원전은 싫어」.

『조선일보』 기사의 토대가 된 설문조사를 뜯어보자. 첫 번째 문항은 이러했다. "귀하께서는 우리나라에서 전기 생산수단으로 원자력발전을 이용하는 것에 대해 어떻게 생각하십니까?" '전기 생산수단'이란 설명이 붙었다. 전기는 우리에게 꼭 필요하다. 특히 폭염 속 에어컨에 의지하는 우리에게 전기는 꼭 필요하다. 이 질문은 전기 사용량이 급증하며 정부가 전기요금 누진제를 한시적으로 완화하는 방안을 확정하라고 지시한 8월 6일에서 7일 사이 던져졌다. 8월 6일은 '폭염보다 무섭다'는 전기요금 고지서가 배달된 날이기도 했다. 언론은 이날 '폭염 고지서'를 대대적으로 보도했다.

그 결과 전기 생산수단으로 원자력발전을 이용하는 것에 대해 '찬성한다'는 응답은 71.6퍼센트가 나왔다. 당시 국면에서 '반대한다'는 응답은 곧 "나는 에어컨을 포기하겠습니다"는 말과 같았다. '반대한다'는 응답은 26퍼센트에 그쳤다. 이와 관련 여론조사 전문가인 윤희웅 오피니언라이브 여론 분석 센터장은 "극악무도한 살인 사건 이후 사형제 폐지를 물으면 문제가 될 수 있듯이 여론조사 시점에 대한 문제제기는 가능해 보인다"고 밝혔다.

다음 문항은 이렇다. "현재 원자력발전은 우리나라 전기 생산의 약 30% 정도를 담당합니다. 귀하께서는 앞으로 원자력발전이 차지하는 전기 생산 비중을 어떻게 하는 것이 좋다고 생각하십니까?" 30퍼센트라는 수치는 왜 들어갔을까? 윤희웅 센터장은 "버스 요금 여론조사를 할 때 버스 요금을 언급해주는 식으로 사실을 언급해야 할 때가 있다. 하지만 선행 정보가 응답을 좌우하는 경우도 있다"고 지적하며 "30%라는 수치는 사회적 논란에 비해 생각보다 비중이 적다는 인상을 준다"고 지적했다.

이에 비춰보면 30퍼센트란 수치는 원자력발전이 전기 생산에 차지하는 비중이 생각보다 높지 않다는 관점을 심어주기 위함이고, 이렇게 되면 '축소해야 한다'는 주장은 나오기 어렵다. 설문 결과는 늘려야 한다는 응답이 37.7퍼센트, 현재 수준으로 유지해야 한다는 응답이 31.6퍼센트, 줄여야 한다는 응답은 28.9퍼센트였다.

2018년 6월 26일부터 28일까지 3일간 한국갤럽이 '30퍼센트' 수치와 '전기 생산수단'을 언급하지 않고 조사한 설문 결과는 어떨까? "귀하는 우리나라 원자력발전 정책이 다음 중 어떠한 방향으로 나아가야 한다고 생각하십니까?"란 설문에 원전 확대 14퍼센트, 원전 축소 32퍼센트, 현재 수준 유지 40퍼센트 응답이 나왔다. 불과 40일 전 설문인데 37.7퍼센트와 14퍼센트라는 간극이 벌어졌다.

한국리서치는 '전기 생산에 가장 적합한 발전원'을 묻기도 했다. 이 질문에 44.9퍼센트가 태양광을 선택했다. 원자력을 선택한 응답은 29.9퍼센트였다. 이는 방사능 안전에 대한 불신 때문이다. 이 대목을 기사의 리드로 뽑았다면 어땠을까? "지금처럼 전기가 부족하다고 느끼는 시기에도 원자력발전을 원하는 국민은 10명 중 3명뿐"이란 기사를 쓸 수 있다.

그러나 기사는 한국원자력발전에 우호적인 한국원자력학회가 원하는 대로 나왔다. 자신들의 이해관계를 고려해 보도자료를 구성했고, 언론은 한국원자력학회가 원하는 대로 보도자료를 베껴 썼기 때문이다. 그 결과가 8월 17일자 조선일보 1면 기사 「국민 71%가 "원전 찬성"」이다. 한국원자력학회 보도자료 제목은 「국민 10명 중 7명 '한국원자력발전 이용 찬성'」이었다.

한국원자력학회가 내놓은 설문조사를 바탕으로 쓴 기사만 놓고 보면 2017년에 공론화위원회 이후 한국 사회 원전 여론이 참 많이 바뀐 것 같지만 일종의 착시 효과다. 한국원자력학회가 원하는 것도 이거다. 한국원자력학회는 보도자료에서 "이 조사의 상세 결과 해석에는 여러 논란이 있을 수 있으나 확실한 것은 정부의 탈원전 정책에 대해 국민 다수가 동의하지는 않는다는 것"이라고 주장했다.

대표적인 친원전 매체인 『조선일보』는 이날 「71%가 원전 찬성, 탈원전 재검토하면 그게 진짜 소통」이란 제목의 사설을 내며 "우리 국민은 작년 6월 탈원전 선언 이후 1년 넘게 원전 논란을 지켜보면서 공론화 과정 못지않게 학습을 했고 탈원전 정책으로 실제 나타나는 결과들을 목격했다. 그 결과 국민 대다수가 원전의 유지 또는 확대가 필요하다고 생각하게 된 것이다"라고 주장했다.

앞서 2017년 10월 신고리 5·6호기 공론화위원회 시민참여단의

53.2퍼센트는 원자력발전을 축소해야 한다고 주장했다. 유지해야 한다는 응답은 35.5퍼센트였다. 확대는 9.7퍼센트에 그쳤다. 그러나 한국원자력학회와 『조선일보』를 비롯한 일부 언론은 9.7퍼센트를 71퍼센트로 끌어올리는 일종의 '마법'을 선보였다. 이 정도면 기사보다 선전에 가깝다.

이 같은 보도 행태는 '돈'과 연관되어 있을 수 있다. 『조선일보』는 2012년 4월 20일자에서 '원전 강국 코리아' 기획기사를 통해 "싼값으로 전기를 공급할 수 있었던 것은 원자력발전 덕분"이며 "우리나라 원전의 안전성은 세계 최고 수준"이라고 보도했다. 당시 한국원자력문화재단(현재 한국에너지정보문화재단)은 『조선일보』에 보도 협찬금으로 5,500만 원을 집행했다. 2012년 3월 6일자 『조선일보』의 천병태 원자력재단 이사장 인터뷰는 1,100만 원짜리였다. 해당 기사에 돈을 받고 나간 기사라는 고지는 없었다.

원전과 관련해 창작 수준의 기사는 어렵지 않게 찾아볼 수 있다. 『한국경제』는 8월 7일자 「영 『이코노미스트』 "한전, 탈원전 탓에 경쟁력 잃어가고 있다"」란 제목의 기사에서 "영국 『이코노미스트』지가 한국의 원자력발전이 국제적인 경쟁력을 잃고 있다고 분석했다. 탈脫원전 등 원전에 대한 반발에 직면했다는 이유에서다"라고 보도했다.

『한국경제』에 따르면, 『이코노미스트』는 "글로벌 원전 시장에서 러시아의 경쟁자는 거의 없다"며 "러시아 원자력공사가 한국전력 등 원전 기업을 제치고 세계 원전 시장의 지배자로 떠올랐다고 분석했다"고 보도했다. 이 신문은 이어 "한전은 한때 아랍에미리트UAE 원전 수주 성공 등으로 세계 원전 시장의 신흥 강자로 떠올랐지만 탈원전 등으로 경쟁력을 잃었다고 『이코노미스트』는 지적했다"고 보도했다.

그러나 『이코노미스트』는 그런 지적을 한 적이 없다. 이와 같은 보도 내용도 없다. 「Russia leads the world at nuclear-reactor exports(러시아가 세계 원전 수출을 이끌다)」란 제목의 해당 『이코노미스트』 기사를 보면, 한전이 언급되는 부분은 전체 기사에서 단 한 문장밖에 없다. "KEPCO, South Korea's energy company, is facing a domestic backlash against nuclear power." 이 문장을 번역하면 "한국의 에너지 회사인 한전은 원자력발전에 대한 국내의 반발을 사고 있다" 정도다.

『이코노미스트』 기사의 취지는 러시아가 세계 원전 수출의 리더가 되었다는 내용이다. 『한국경제』는 기사에 단 한 줄 언급된 이 문장을 거의 왜곡에 가깝게 자신들 입맛대로 확대해석했다. 원전에 대한 부정적 여론이 있다는 대목을 두고 어떻게 "한국 원전이 경쟁력을 잃었다"로 해석할 수 있을까? 이 정도면 소설이라 봐도 무방하다.

『이코노미스트』 기사를 인용하고자 했다면 방점을 잘못 찍었다. 『이코노미스트』는 "1980년대부터 침체에 빠져 있던 원자력 산업은 2011년 쓰나미가 일본의 후쿠시마 원자력발전소를 집어삼켰을 때 엄청난 타격을 입어 결국 붕괴를 초래했다"고 보도하며 "전 세계적으로 원자력발전으로 발생되는 전기량은 2년 만에 11% 감소했고, 그 이후로는 회복되지 못하고 있다"고 강조했다. 이어 『이코노미스트』는 "이 쇠퇴하는 산업 내에서, 한 국가(러시아)는 현재 원자력발전소의 설계 및 수출 시장을 지배하고 있다"고 보도했다.

우리가 주목할 대목은 바로 이 '쇠퇴하는 산업'에 미래가 없다는 사실이다. 러시아와 중국처럼 언론이 원전 공포와 우려를 제대로 보도하지 못하는 소위 독재국가들만 이 산업에서 발을 빼지 않고 있다. 이 기사는 「독재국가들이 주도하는 원전 산업」이란 제목으로 바뀔 수도 있었다.

강기훈 유서 대필 조작 사건

"사건번호 2014도2946 피고인 강기훈. 검사 상고를 기각한다." 저 한마디를 듣기 위해 싸웠던 시간이 24년이었다. 사법부의 치욕이자 언론의 치욕으로 남은 1991년 강기훈 유서 대필 조작 사건은 그렇게 허탈한 마침표를 찍었다. 강기훈은 대법원 무죄 확정판결이 난 2015년 5월 14일 언론 앞에 나타나지 않았다. 1991년 사건 당시 그를 취재했던 김의겸 『한겨레』 기자가 강기훈에게 전화를 걸어 왜 안 나왔는지 물었다. "그냥……들러리 서기 싫어서……." 1991년 5월 김의겸 기자와 인터뷰에서 "승리는 진실로 무장하고 있는 우리의 것"이라고 자신감을 드러냈던 이 청년은 이제 간암 투병으로 쇠약해진 중년이 되었다.

전국민족민주운동연합(전민련) 사회부장 김기설이 1991년 5월 8일 오전 8시쯤 서강대학교 본관 옥상에서 몸에 불을 붙인 뒤 노태우 퇴진을 외치고 투신했다. 옥상에선 유서 2장이 발견되었다. 『동아일보』는 사건을 목격한 서강대학교 학생 증언을 토대로 "어떤 사람이 갑자기 옥상 위에서 혼자 팔을 치켜들고 구호를 외친 뒤 갖고 있던 라이터로 온 몸에 불을 붙이고 곧바로 뛰어내렸다"고 보도했다. 검찰은 준비나 한 듯이 이 사건이 계획되었다는 프레임을 곧바로 들고 나왔다.

『조선일보』는 5월 9일 지면에서 "강경대 군 치사 사건 이후 일어난 4건의 연쇄 분신 사건이 방법이 유사하고 호남-영남-경기-서울 분포를 이루고 있다"고 전하며 "검찰이 분신 사건에 적극적으로 수사에 착수한 것은 이들 분신 사건이 우발적이라기보다 계획적일 가능성이 있다는 판단에 따른 것"이라고 보도했다. 제도언론은 검찰발發 기사 쓰기에 급급했다. 5월 9일자 『조선일보』는 「분신 현장 2~3명 있었다: 목격 교수 진술, 검찰 자살 방조 여부 조사」 기사를 실었다.

그런데 같은 날 『동아일보』에는 「옥상엔 혼자 있었다: 서강대 운전사 경찰에 밝혀, 목격 교수들 "2~3명 있었다고 말한 적 없다"」라는 정반대의 기사가 실렸다. 바로 다음 날인 10일자에서 『조선일보』는 문제의 목격 교수인 서강대학교 윤여덕 교수의 반박을 담았다. 윤 교수는 맞은편 본관 옥상에서 흰 점퍼 차림의 누군가를 보았는데 정황상 사건 직후 옥상에 올라가 상황을 살펴본 서강대학교 학생들이었다. 검찰 주장을 철썩 같이 믿었던 『조선일보』가 망신을 당했다.

하지만 대다수 언론은 검찰 뜻대로 움직였다. 당시 국면을 자살 방조 사건으로 몰고가며 운동권의 메시지를 패륜으로 덮어버리려 했던 노태우 정부는 서서히 안도하기 시작했다. 정부가 내놓은 카드는 '유서 대필'이었다.

『국민일보』는 5월 18일자 지면에서 "검찰은 김씨가 남긴 유서 필적이 자필과 다른 사실을 밝혀내 유서를 대신 써준 사람을 찾아내는 데 수사력을 모으고 있다"고 보도했다. 『세계일보』는 5월 19일자 지면에서 "검찰이 자살 방조 혐의의 유력한 용의자로 전민련 간부를 지목하고 신병 확보에 나선 것은 잇따른 분신 사건에 배후 세력이 있다는 가설을 입증해주는 것이어서 전율을 느끼게 한다"고 보도했다. 언론은 이 소설 같은 상황에 깊이 몰입했다. 전민련 측 반박은 검찰 주장과 비교할 수 없이 작게 처리되었다. 당시 『한겨레』만이 검찰발 주장을 반박하며 강기훈 측 주장을 중점적으로 보도했다.

검찰은 5월 11일 김기설 필적이 있는 업무일지 제출을 전민련 측에 요구한 뒤 13일 김기설의 애인 홍 아무개를 불러 100시간 넘게 조사했다. 그리고 16일 강기훈을 유서 대필 혐의자로 지목했다. 5월 21일자 『조선일보』는 "강기훈이 김기설 분신 직후 수사에 대비하기 위해 김기설의 애인 홍 아무개를 만나 수첩에 김기설이라는 글자와 전민련 전화번호를 써줬다"고 보도했다. 자신의 필적을 김기설의 필적으로 제출하게끔 했다는 것이다. 전민련 측은 "홍 아무개를 만난 건 사실이나 수첩에 글씨를 써주진 않았다. 검찰의 강압수사에서 (홍 아무개가) 착오로 진술한 것"이라고 반박했다.

검찰은 김기설 필적과 유서 필적을 감정한 결과, 필적이 다르다는 국과수 결과를 핵심 근거로 내세웠다. 그리고 강기훈이 1985년 경찰서에서 쓴 자술서와 유서가 동일 필적이라고 주장했다. 당시 『한겨레』만이 "사설 감정기관에 의뢰한 결과 전민련이 제출한 김씨 수첩과 유서가 동일 필적으로 나타나 국과수 감정 결과와 정면으로 배치되고 있다", "문제의 수첩에는 숨진 김씨밖에 쓸 수 없는 내용이 다수 들어 있다"며 '고

군분투'했지만 수사 결과를 바꿔놓지 못했다.

김기설의 필체를 찾아다니며 강기훈의 억울함을 풀고자 했던, 문재인 정부에서 청와대 대변인이 된, 김의겸 『한겨레』 기자는 당시 상황을 이렇게 회상했다. "김기설의 새로운 필체가 나타날 때마다 '이제는 검찰이 수사를 끝내겠지' 하고 기대를 걸었다. 하지만 매번 좌절이었다. 검찰은 어떤 증거가 발견돼도 다 조작이라고 했다. 특히 김기설이 쓰던 전민련 수첩이 발견되었을 때가 그랬다. 수첩은 누가 봐도 유서와 같은 필적이었다. 그런데 며칠 뒤 검찰이 '수첩의 절취선이 맞지 않는다'며 그 수첩마저 강기훈이 급하게 조작한 것이라고 강변했다. 상황은 다시 원점으로 돌아갔다."

검찰은 국과수 필적 감정 결과를 앞세워 강기훈이 김기설의 유서를 대신 써주고 자살을 방조했다는 혐의로 7월 12일 기소했다. 검찰은 1심 첫 공판에서 "혁명을 위해선 자신의 아버지도 죽일 수 있는 것이 공산주의자"라며 강기훈이 친구의 죽음을 혁명을 위해 이용했다는 식의 논리를 폈다. 이후 8월 12일 국가보안법 위반 혐의가 추가되었고 법원은 강기훈에게 징역 3년형을 선고했다.

이런 가운데 국과수의 김기설 유서 필적 감정이 조작되었을 가능성이 있다는 보도가 1992년 등장했다. 당시 MBC 홍순관 기자는 6개월간의 취재 끝에 국과수 문서분석 실장 김형영이 수많은 문서를 허위 감정해왔다고 보도하며 국과수의 신뢰도에 타격을 주었다. 하지만 MBC는 해당 기사를 축소시켰다. 김형영의 구속이 임박했던 2월 14일 MBC 〈뉴스데스크〉는 이 사건을 14번째 아이템으로 배치했다. 검찰은 이 사건을 단순한 뇌물 수수 사건으로 몰고갔다.

강기훈은 김형영의 구속 사실을 교도소에서 접했다. 그는 1994년 8월 17일 만기 출소한 뒤 『언론노보』와 인터뷰에서 "(국과수 필적 감정 조작이) 예상대로 그냥 흐지부지 넘어가는 모습을 보며 또 한 차례 언론에 대한 불신감을 가질 수밖에 없었다"고 말했다. 그는 "과거의 언론은 권력의 눈치를 보는 나약한 존재였지만 지금은 하나의 권력이 되어 기득권을 지키기에 급급하다"고 비판한 뒤 "이제 상품 가치가 없는 나를 신문들이 찾겠나"라며 씁쓸해했다.

이 사건은 잊혔다. 하지만 강기훈 자신만큼은 이 사건을 잊을 수 없었다. 2007년 참여정부 진실화해위원회 조사를 통해 진실이 드러났다. 국과수 감정 결과는 조작된 것이었다. 김기설의 필적이 담겨 있던 노트를 분석한 결과, 국과수와 7개 사설 감정 기관은 김기설 유서의 필적과 동일하다고 판단했다. 노태우 정부의 유서 대필 조작 사건은 김형영이 진행한 것으로 드러났다. 이 결과를 바탕으로 강기훈은 2009년 9월 서울고등법원에서 재심 개시 결정을 받을 수 있었다.

2014년 1월 16일 법정 최후 진술에서 강기훈은 말했다. "지난 20여년간 하루도 빼놓지 않고 꿈속에서도 무한 반복되는 장면으로 고통을 겪었다.……누구를 욕해야 할지 모르겠다.……끝없이 지속됐던 불면의 나날과, 여러 사람들을 저주하며 보냈던 시간과도 이별하고 싶다." 그해 2월 13일 서울고등법원은 그에게 무죄를 선고했다. 서울고등법원은 강기훈의 필적과 유서 필적 중 'ㅎ'과 'ㅆ'의 필법이 다른 점에 주목했다. 유서의 'ㅆ'은 제2획이 없는 독특한 글씨체였지만 강기훈 글씨는 그런

특징이 없었다. 23년 전에도 알 수 있었던 사실이다.

2015년 5월 14일, 대법원의 무죄 확정판결이 난 다음 날, 『조선일보』는 사설을 통해 "증거의 신빙성에 대한 판단은 재판부마다 다를 수는 있다. 궁극적 진실은 강씨 본인이 아는 것이다"라며 엉뚱한 주장을 폈다. 『조선일보』는 "모든 법관은 자신들의 판단 하나하나가 한 사람의 인생을 결정짓게 된다는 사실을 무겁게 봐야 한다"고 적었다. 어디 법관뿐이랴. 검찰 측 주장을 확대재생산하며 한 인간의 삶을 망가뜨린 공범치고는 예의가 없던 사설이다.

모든 언론은 자신들의 기사 하나하나가 한 사람의 인생을 결정짓게 된다는 사실을 무겁게 봐야 한다. 언론은 청년들의 죽음이 가리켰던 '사회 변혁'의 열망을 '유서 대필 공방'으로 몰고가며 체제 유지에 가담했다. 언론은 이 거대한 오보와 사기극의 공범이었다.

"나는 공산당이 싫어요"

20세기 가장 첨예했던 오보 논쟁을 빼놓을 수는 없을 것 같다. 내가 다녔던 초등학교에도 이승복 동상이 있었다. 초등학교 수업 시간에 등장하던 이승복 어린이는 북한과 공산당의 극악무도함을 비판할 때 꼭 등장했다. 이승복 어린이는 반공 글짓기의 단골 소재였다. 나 또한 초등학교 3학년 때 반공 글짓기 대회에 나가 최우수상을 받고 기분이 좋아 하굣길에 집까지 뛰어간 적이 있는데, 내 글에서도 이승복이 등장했다.

강원도 평창군에 살던 9세짜리 초등학생 이승복 어린이는 1968년 12월 9일 밤 울진·삼척에 침투한 무장공비에 의해 살해당했다. 어머니와 남동생, 여동생과 함께 공비에게 죽임을 당했다. 당시 장남은 생존했다. 이틀 뒤인 1968년 12월 11일자 『조선일보』 3면 톱기사에서 이 소식이 보도되었다. 기사 제목은 「"공산당이 싫어요" 어린 항거 입 찢어」였다. 기사 내용은 이랬다.

"장남 승원(학관) 군에 의하면 강냉이를 먹은 공비들은 가족 5명을 안방에 몰아넣은 다음 북괴의 선전을 했다. 승복 어린이가 우리는 공산당이 싫어요라고 얼굴을 찡그리자 그중 1명이 승복 군을 끌고 밖으로 나갔으며 공비들은 자식들이 보는 앞에서 벽돌만 한 돌멩이로 어머니 머리를 여러 차례 내리쳐 현장에서 숨지게 했으며 승복 어린이에게는 입버릇을 고쳐주겠다면서 양손가락을 입 속에 넣어 찢은 다음 돌로 내리쳐 죽였다."

『조선일보』는 현장을 목격하고 유일하게 생존한 장남 이학관(당시 15세)의 증언을 인용해 보도했다. 이후 이 사건은 도덕 교과서에 실렸고 초등학교마다 이승복의 동상이 세워졌다. 이승복은 이후 수십 년간 대한민국 반공 이데올로기의 아이콘이 되었다. 그러나 당시 언론계에선 『조선일보』 기사가 조작된 것이란 이야기가 등장했다. 실제로 "공산당이 싫어요"라는 말은 『조선일보』 기사에서만 등장했다.

1992년 당시 『언론노보』 기자였던 김종배는 장남 이학관과의 인터뷰를 통해 "학관 씨가 『조선일보』 기자를 만난 적이 없다"는 기사를 실었다. 김종배는 『미디어오늘』 기자이던 1998년에도 『조선일보』의 이승복 보도는 오보일 가능성이 높다고 보도했다. 이에 『월간조선』은 이학관이 중상을 입고 마을을 내려오다가 친척집에 들러 주민 최순옥에게 이승복의 죽음에 대해 이야기했고 최순옥이 이튿날 아침 사건 현장에서 입이 찢어진 시체의 모습에 의아해하던 군인 장교에게 이승복의 죽음에 대해 이야기했다고 반박했다. 군인 장교가 주변 사람에게 이 사실을 이야기했고, 이를 『조선일보』 취재기자가 알게 되었다는 해명이다.

우리는 "공산당이 싫어요"라는 멘트가 거짓이라는 걸 확인하기가 매우 어렵다. 유일한 목격자의 발언을 반박할 근거는 없다. 대신 김종배는 『조선일보』 기자가 현장에 없었을 가능성에 대해 의혹을 제기했다. 결국 『조선일보』는 민·형사 소송으로 대응했다. 『조선일보』는 1968년 12월 10일 찍은 사진 15장을 근거로 『조선일보』 기자가 현장에서 직접 취재했다고 주장했다. 그러나 김종배 측은 "한국사진학회 감정 결과 『조선일보』 기자가 사진 속 본인이라고 지목한 인물은 마을 주민으로, 고무신을 신고 있었다"고 반박했다. 『조선일보』가 제출한 『조선일보』 기자 인물사진은 파카 차림에 군화를 신고 있었다. 실제로 2심 재판부도 2004년 "『조선일보』 기자가 현장 사진에 자신의 모습이 찍혀 있었다고 허위 진술을 했다"고 판단했다. 또한 『조선일보』 측은 현장 도착 당시 이승복 가족의 시신이 마당에 옥수수 섶 더미로 덮여 있었다고 밝혔지만, 현장에 있었던 『경향신문』 기자는 『조선일보』가 말하는 시간대에는 시체가 입관되어 있었다고 주장했다.

그러나 대법원은 2006년 『조선일보』 기자가 사건 현장에서 직접 취재했다고 판단하고 『조선일보』의 이승복 보도가 사실이라고 판결했다.

『조선일보』 기자를 현장에서 만났다는 주민들의 진술을 근거로 『조선일보』 기자가 현장 취재를 했다고 인정한 것이다. 2심 재판부는 현장 사진과 관련해 『조선일보』 기자의 허위 진술을 인정하면서도 "사건 뒤 30여 년이 지나 증인들의 기억이 정확하지 않을 수 있기 때문에 『조선일보』 기자와 『경향신문』 기자가 서로 못 봤다고 진술한 것만으로는 현장에 없었다고 판단하기 어렵고, 시신 상태에 관한 마을 주민들의 진술을 종합하면 『조선일보』 기자의 진술에 더 신빙성이 있다"고 판단했다.

이에 김종배 측은 『조선일보』가 내놓은 사진 15장에서 당시 기사를 썼던 『조선일보』 기자가 한 번도 등장하지 않는 점, 『조선일보』 기자가 사진 속 인물을 자신이라고 지목했다가 번복하는 등 진술이 오락가락한 점, 시신의 위치에 대한 진술이 사실과 다른 점 등이 재판부에 의해 전혀 받아들여지지 않은 점을 비판했다.

그런데 사법부는 오보를 주장했던 김종배 『미디어오늘』 기자에게도 무죄를 선고했다. "의혹 보도 역시 충분한 구체성을 가지고 있다면 언론의 자유에서 용인할 수 있다"며 위법성 조각사유를 인정한 것이었다. 결국 『조선일보』 기사와 『미디어오늘』 기사 모두 오보가 아닌 모호한 상황이 되었다.

이와 관련 흥미로운 주장이 있다. 1968년 당시 『중앙일보』 기자였던 김진규 전 한국기자협회장은 2007년 『미디어오늘』과 인터뷰에서 『조선일보』 이승복 기사의 기필을 주장했다. 그는 "1968년 당시 법조팀에서 사회부 데스크를 보던 『조선일보』 최 아무개 기자가 후배 기자의 전화 송고를 받아쓰면서 기사에다가 '공산당이 싫어요'라는 말을 덧붙여

가필했다. 최씨는 기사가 실린 날 오후 법원에 나와서 나는 공산당이 싫어요라는 말을 가필했더니 사회면에 크게 실렸다고 떠벌리고 다녔다. 내 양심을 걸고 하는 말이다"라고 주장했다.

김진규 전 한국기자협회장은 "이승복 기사는 분명 사실이 아닌데 그 말을 한 최씨가 이미 고인이 돼버려 밝힐 길이 없다"고 말했다. 김 전 회장이 말한 최 기자는 이북 출신으로 반공 투사 기질이 있던 기자로 알려졌다. 이 주장이 사실이라면, 시대에 의해 희생당한 이승복 어린이는 망자가 되어서도 여전히 반공주의를 위해 이용되고 있었다.

『조선일보』는 2014년 책 『우리는 공산당이 싫어요』 536부를 사내에 배포했다. '조갑제닷컴'에서 발간한 이 책은 1998년부터 8년간 이승복 기사의 『조선일보』 측 소송 대리인을 맡았던 김태수 변호사가 저자였다. 프레임 전쟁은 여전히 계속되고 있다.

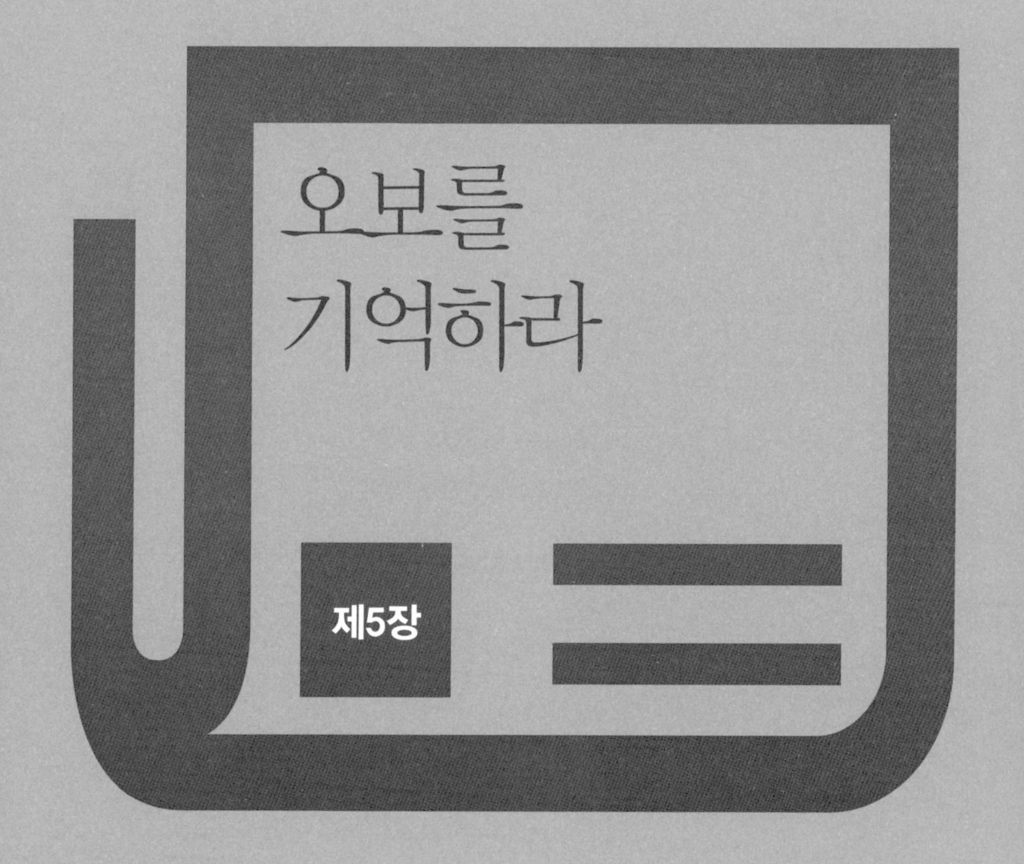

제5장
오보를 기억하라

"오보의 자유가 있는 나라"

언론은 오보를 감추고 싶어 한다. 언론중재위원으로 활동했던 강원대학교 신문방송학과 김세은 교수는 "중재위원회에서 만나는 언론사들은 명백한 오보 앞에서도 어떻게든 사과하지 않으려고 한다. 오보가 나면 기자 사회에서 강한 지탄을 받아야 오보가 줄어들 수 있는데, 지금은 서로서로 치부를 덮어주고 쉬쉬 한다"고 지적했다.

오보를 감추는 경향도 문제다. 한국언론진흥재단이 발표한 2014년 '언론 수용자 의식 조사'에 따르면, '신문사들은 오보가 많다'는 지적에 응답자의 47.9퍼센트가 '그렇다'고 동의했다. 방송사도 44.4퍼센트가 '오보가 많다'는 데 동의했다. 2017년 '언론인 의식 조사'에서 응답자의 33.7퍼센트는 지난 1년간 오보를 낸 경험이 있다고 답했다. 지면과 화면에서 접하는 정정 보도 횟수와 33.7퍼센트라는 수치 간에 괴리감이 느껴진다.

오보의 원인은 복합적이다. 언론중재위원회에 따르면, 마감 시간 · 상업주의에 의한 경쟁이라는 언론 산업의 속성에서 비롯된 오보가 있다. 오인 · 간과 · 선입견 · 조급성 · 단정적 감정 등 기자의 결함과 경험 미숙, 전문 지식 결여, 취재 부족 등에서 비롯되는 언론사 내부적 오보 요인도 있다. 보도자료, 권력의 간섭, 광고주의 간섭, 통신사의 잘못된 보도, 취재원의 고의 또는 실수에 의한 오보라는 언론사 외부적 오보 요인도 있다.

시민들은 권력의 부정부패에 눈감고 귀 닫으며 오보를 일삼아온 언론들이 수십 년간 별다른 책임을 지지 않고 지금껏 성장해온 과정을 보았다. 『보도의 진실, 진실의 오보』를 펴낸 인제대학교 신문방송학과 김창룡 교수는 "한국은 오보의 자유가 있는 나라다. 왜곡 · 조작 등 오보를 아무리 내도 윤리적 · 사회적 책임을 추궁하거나 역사적 심판을 하지 않기 때문"이라고 지적했다. 우리 사회가 오보에 둔감해진 이유다.

1984년 한국언론연구원의 신문 보도 정확성 보고서에 따르면, 표본 기사 284건 중 정확한 기사는 60.6퍼센트에 불과했으며, 부정확한 기사 중 1건당 평균 오류는 1.73건이었다. 김창룡 교수는 "언론은 오보를 기사화할 생각이 없다. 우리나라는 언론사들이 수도 없이 오보를 내고 있지만 오보를 정정하는 후속 보도를 하지 않는다. 오보 피해자의 경우도 언론사를 상대로 소송에 나서봤자 실익이 별로 없다"고 지적했다. 이는 과거나 지금이나 마찬가지인데, 언론사를 건드려봤자 오히려 보복을 당할 수 있다는 생각에 언론에 대한 불신만 가슴에 새길 뿐이다.

기자들도 할 말은 있다. 사실 오보를 내고 싶은 기자는 이 세상에 아무도 없다. 『연합뉴스』의 한 기자는 "취재원에 속아 오보를 낸 적이 있다. 빨리 써야 한다는 압박감 때문에 크로스 체크가 어려웠다. 급박한 사건일수록 시간에 쫓겨 사실관계 확인을 충분히 하지 못한다"고 털어놨다. 이 기자는 "세월호 참사 이후 보도의 정확성을 강조하고 있지만 현장에선 안 먹힌다"고 말했다. 종합일간지의 한 기자는 "요즘은 『연합뉴스』도 믿고 받아쓸 수 없다"고 말한 뒤 "인터넷 등장 이후 속보 경쟁에 몰리면서 다들 너무 쉽게 베낀다. 기자들이 많은 사안을 커버하면서 날림 기사가 나온다"고 지적했다.

예컨대 1998년 서울중앙지방검찰청은 식품업자들이 통조림을 만들면서 포르말린을 방부제로 사용한 혐의가 있다고 발표했다. 언론은 혐의에 불과한 사안을 단정적으로 받아썼다. 죄인으로 몰렸던 식품업자는 법원에서 무죄판결을 받았다. 언론사들을 상대로 19억 5,000만 원의 손해배상 청구 소송을 제기했다. 그러자 『조선일보』·『한국일보』·『경향신문』 등이 오보 피해자와 앞다퉈 인터뷰에 나섰다. 오보는 특종·속보 경쟁 속에 정보 접근의 어려움과 기자단 문화 등이 섞여 비일비재하게 벌어진다.

오보는 허위 보도다. 부정확한 기사부터 날조된 기사, 과장 보도가 모두 포함된다. 오보가 줄어들어야 언론 신뢰도가 높아진다. 그래야 언론이 산다. 이를 위해선 오보를 공개적으로 인정하고 오보의 경위를 독자들과 공유하며 오보를 줄일 수 있도록 조직 문화를 바꿔야 한다. 하지만 언론은 정정 기사를 많이 내면 신뢰도가 떨어진다며 이를 기피한다.

1986년 11월 16일 『조선일보』에서 김일성이 피격 · 사망했다는 단독 보도가 나왔다. 보도는 구체적으로 등장하기 시작했다. "북괴 김일성이 14일쯤 북괴의 반反김 세력에 의해 피습, 사망한 것이 확실시 된다", "김정일도 부상을 당했거나 사태를 통제할 만한 위치에 있지 않은 것으로 관측된다", "16일 오후 판문점의 북괴 선전 마을에 조기가 게양됐다" 등이었다. 하지만 11월 20일자 신문은 일제히 김일성이 살아 있다고 보도했다.

오보에 대한 사과 기사는 찾기 어려웠다. 대신 신문들은 "우리는 휴전선 전역에 설치된 적들의 대남 선전 방송들이 우리에 대한 교란과 기만과 모략을 목적으로 하고 있다는 사실을 알고 있다"며 오보 책임을 "북괴의 작태"로 돌렸다. 당시 오보는 일본과 미국 정보 당국에서 비롯된 착각을 『조선일보』가 그대로 받아쓴 결과 일어난 것으로 알려졌다.

앞질러 추측 보도를 하거나 취재를 게을리하면 코미디 같은 상황이 연출된다. 2014년 5월 14일 『문화일보』는 청계산에서 북한 무인기가 발견되었다고 보도했다. 「또 무인기…이번엔 청계산」이란 제목의 1면 기사에서 관련 사실을 보도했다. 그러나 합동참모본부 확인 결과, 플라스틱 계열 소재의 문짝이었다. 한참 북한 무인기로 나라가 시끄럽던 때, 확인 없는 경쟁적 취재가 불러온 오보였다. 군 당국의 성급한 발표도 문제였다. 군도 언론도, 문짝을 무인기로 믿고 싶었던 결과다.

정정 기사를 많이 낸다고 반드시 언론 신뢰도가 떨어지는 것은 아니다. 미국 『뉴욕타임스』는 영화 〈노예 12년〉의 실화를 다룬 흑인 남성 납치 사건 관련 기사를 161년 만에 정정했다. 2012년 영국 BBC의 조지 앤트위슬George Entwistle 사장은 유명 정치인을 아동 성학대범으로 잘못 보도한 것에 대한 책임을 지고 사퇴하기도 했다. 당시 조지 앤트위슬 사장은 "책임지고 사퇴하는 것이 명예롭다"고 밝혔다. 최고의 신문과 방송이 최고의 지위를 유지하는 방법이다.

1983년 독일 잡지 『슈테른stern』은 히틀러 일기장을 보도하며 "나치의 역사는 새로 기술해야 한다"고 보도했다가 일기장이 가짜로 판명된 이후 편집장과 기자가 형사처벌을 받기도 했다. 1989년 일본 『아사히신문』은 자사 기자가 오키나와 거대 산호초에 'KY' 낙서를 새긴 뒤 누군가 낙서를 했다며 거짓 기사를 내보내자, 해당 오보 과정을 철저히 규명했으며 『아사히신문』 사장은 이 사건에 책임을 지고 물러났다. 이처럼 언론의 자유는 언론의 책임 의식에서 그 가치를 찾을 수 있다.

국내 유료부수 1위 신문사인 『조선일보』는 2013년 8월 29일자 「김정은 옛 애인 등 10여 명, 음란물 찍어 총살돼」란 제목의 기사에서 "김정은 노동당 제1비서의 연인으로 알려진 가수 현송월을 포함해 유명 예술인 10여 명이 김정은의 지시를 어기고 음란물을 제작·판매한 혐의로 지난 20일 공개 총살된 것으로 28일 밝혀졌다"고 보도했다. 하지만 현송월은 2018년 평창 동계올림픽 당시 한국에 방문했다. 이에 『조선일보』 독자권익위원회는 2018년 초 "2013년 현송월이 총살되었다고 오보를 냈지만 아직까지 정정 보도하지 않았다"고 꼬집기도 했다.

허위 제보와 팩트 체크

언론은 오보에 솔직해져야 한다. 2014년 4월 16일 오전, 언론이 사실 확인이란 기본에만 충실했더라면 '전원 구조' 오보는 발생하지 않았다. "언론 신뢰의 위기"를 습관적으로 내뱉기 전에, 스스로 신뢰를 떨어트리지 않았는지 되돌아봐야 한다. 오보를 줄이려면 책상 어딘가에 처박혀 있는 보도 가이드라인 대신 '물을 먹더라도 똑같이 따라가지 않겠다'는 자세와 '늦더라도 한 번 더 확인해야 한다'는 조직 문화가 필요하다.

조직 문화에 따라 오보는 막을 수도 있다. 『워싱턴포스트』는 2017년 11월 27일 제이미 필립스Jamie Phillips라는 여성이 제보한 로이 무어Roy Moore 앨라배마주 공화당 상원의원 후보의 성추문이 허위이며 제보자가 언론을 타깃으로 하는 보수 단체에서 일하는 것으로 보인다고 보도했다. 『워싱턴포스트』는 필립스가 '프로젝트 베리타스'라는 보수 성향 단체의 일원이며, 기자들이 필립스와 2주에 걸쳐 제보 내용에 관해 인터뷰를 가진 결과 그의 이야기가 일관적이지 않다는 점을 고려해 제보 내용을 보도하지 않았다고 밝혔다.

필립스는 "저널리스트를 타깃으로 하는 어떤 단체와도 일하고 있지 않다"고 밝혔지만 『워싱턴포스트』는 "그가 '프로젝트 베리타스'의 사무실에 걸어 들어가는 걸 목격했다"고 보도했다. 『워싱턴포스트』는 해당 단체가 "주류 미디어와 진보 성향 단체들을 타깃으로 그들이 편향됐다는 점을 드러내기 위해 가짜 이야기와 영상 등으로 함정을 만드는 곳"이라고 밝혔다.

허위 제보의 단서를 찾은 것은 『워싱턴포스트』 취재진의 팩트 체크와 엄밀한 배경 조사였다. 『워싱턴포스트』는 필립스가 10대 시절 여름 한때만 앨라배마에 살았다는 주장과 달리 현재 사용하는 휴대전화 번호에 앨라배마 지역 코드가 포함된 점을 이상하게 여겼다. 또 취재진은 그가 직장이라고 밝힌 'NFM 렌딩'에 확인한 결과, 그가 일하고 있지 않다는 사실을 확인했으며 그가 면접을 보았다는 회사 '데일리 콜러'에 문의한 결과, 면접을 보지 않았다는 사실을 알아냈다.

결정적 단서는 필립스가 그해 5월 '고 펀드 미'라는 모금 웹사이트에 올린 글이었다. 앨리스 크라이트 『워싱턴포스트』 리서처는 해당 사이트에 동명의 인물이 "진보적인 주류 언론의 거짓말과 기만에 맞서 싸우는 보수 성향의 미디어 단체에 일자리를 얻어 뉴욕으로 떠난다"고 올린 내용을 찾았다.

『워싱턴포스트』에 따르면 그로부터 두 달 전인 그해 3월 '프로젝트 베리타스'는 가짜 신분을 써서 사람들에게 접근해 정보를 폭로하게 하는 '첩보 기자'를 모집하고 있었다. 해당 단체는 공고에서 지원사가 대본 외우기, 주어진 역할을 뒷받침하는 배경 준비하기, 타깃과 접촉하거나 약속 잡기, 몰래 녹음기기 작동시키기 등을 '마스터'해야 한다고 밝혔다.

『워싱턴포스트』는 "필립스는 자신이 제보 내용을 밝히면 무어 의원이 선거에서 패배할 거라고 보장해달라고 거듭 요청했다"고 밝혔다. 이 같은 내용은 취재진이 필립스와 만나 '오프더레코드'로 한 인터뷰 내용을 공개하면서 밝혀졌다. 당시 『워싱턴포스트』 마틴 배런Martin Baron 편집국장은 "우리는 항상 '오프더레코드' 합의를 지키려고 하지만 이번 경우는 우리를 함정에 빠트리고 난처하게 하려는 사기의 진수였다"면서 "우리의 엄밀한 저널리즘 덕분에 속지 않았다"고 밝혔다.

"노조 쇠파이프 없었으면 국민소득 3만 불 넘었을 것"

한국 언론도 오보를 검증하기 시작했다. 대표적인 모습이 JTBC 〈뉴스룸〉의 '팩트 체크' 코너다. 2014년 9월 〈뉴스룸〉이 100분으로 개편되며 탄생한 '팩트 체크'는 '받아쓰기'에 익숙한 언론계에서 '사실 확인'이란 언론 본연의 임무에 충실하다는 호평을 받고 있다. '팩트 체크'는 오늘날 압도적인 신뢰도 1위 JTBC를 견인하고 있는 '손석희 뉴스'의 상징이 되었다.

JTBC는 '팩트 체크' 200회 특집에서 조회 수 10만 이상을 기록한 '팩트 체크' 콘텐츠 가운데 20개를 추려 시청자 500여 명을 대상으로 가장 인상 깊었던 팩트 체크를 물었다. 그 결과 '선풍기 밤새 틀고 자면 죽는다?'란 속설이 한국에만 있는 괴담이었다는 검증과 '돼지고기 덜 익혀 먹어도 되나', '배 위에서 술 마시면 안 취하나' 같은 기존 통념에 대한 검증이 높은 관심을 보였다. 직장인 평균 월급이 264만 원이라는 정부 통계를 '난쟁이 행렬' 이론으로 검증해 중위소득은 191만 원 수준이며 통계 근거가 연말정산 대상자여서 비정규직 노동자들을 고려했을 때 한국의 평균 임금은 더 떨어질 것이라는 팩트 체크도 시청자들의 높은 호응을 이끌어냈다.

시청자들이 꼽은 인상 깊은 팩트 체크 3위는 '포털 뉴스 편향성 논란, 사실일까'였다. 새누리당 여의도연구소가 엉터리 포털사이트 보고서를 근거로 일방 주장을 펼치며 여론전을 벌이던 와중에 편향성 주장이 갖는 허점을 의미 있게 짚어냈다. 2위는 "과잉 복지로 그리스 국민이 나태해졌고, 필연적으로 찾아오는 부정부패로 나라 재정은 엉망이 됐다"는 새누리당 김무성 대표 발언을 검증해 실제 그리스 국민들은 나태하지 않고 그리스는 과잉 복지국가도 아니라고 밝힌 것이었다.

인상 깊은 팩트 체크 1위는 "노조 쇠파이프 없었으면 국민소득 3만 불 넘었을 것"이라는 김무성 대표 발언 검증이었다. 김 대표는 "CNN에 연일 쇠파이프로 경찰 두드려 패는 장면이 보도되는데 어느 나라가 투자하겠습니까"라고 말했는데, JTBC는 CNN에 확인을 거쳐 "2009년 7월 쌍용차 사태 이후로는 (관련 내용이) CNN에 보도된 적이 없다"고 밝혔다. 또 2013년 코트라KOTRA에서 실시한 설문을 근거로 한국 투자 시 가장 우려하는 요인은 사업 용이성, 정부 규제 및 투명성, 정치적 안정성이었고, 노사 관계는 4번째 순위였다고 전했다.

JTBC 〈뉴스룸〉의 '팩트 체크' 코너는 일종의 뉴스 재검증이다. 팩트 체크에서 다루어지는 아이템의 80퍼센트는 당일 발제로 알려졌다. 그만큼 주제들이 시의적절하고 생활 밀착형이다. '팩트 체크'를 담당하는 김필규 JTBC 기자는 JTBC 매거진 『톡』에 기고한 글에서 "처음 기획할 때는 이 코너가 과연 한 달을 버틸 수 있을까 비관적이었다. 팩트를 체크한다는 콘셉트 자체가 논쟁적이고 위험하다는 판단에서였다"고 전했다.

이후 미국 듀크대학에서 팩트 체크 연수를 받고 한국에 돌아온 김필규 JTBC 기자는 "체커블checkable(검증할 수 있는) 팩트라는 개념이 있다. 결국 팩트 체크는 기자 개인 역량에 달려 있다. 또한 팩트 체크는 노동집약적이다"라고 설명한 뒤 "팩트 체크는 보통 선거를 거치며 성장하지만 한국은 아이러니하게도 선거 때 팩트 체크를 할 수 없는 상황이다. 공정성 문제를 지적하는 선관위 유권해석 때문"이라고 꼬집기도 했다. 아직 갈 길이 멀다는 의미다.

2018년 여름 발표된 영국 로이터저널리즘연구소의 디지털 뉴스 리포트에 따르면 '온라인 뉴스를 생각할 때 인터넷에서 어떤 것이 사실이고 어떤 것이 거짓인지 우려스럽다'는 진술에 조사 대상인 전 세계 37개국 뉴스 수용자 54퍼센트가 '그렇다'고 답했다. 오늘날 전 세계 주요 뉴스룸은 오보와 가짜뉴스에 맞서고 있다. 오보와 가짜뉴스는 사실과 진실에 대한 뉴스 수용자들의 접근을 방해하며 뉴스에 대한 불신으로 이어져 저널리즘 자체를 위협하고 있다.

한국도 마찬가지다. 유튜브를 이용한 뉴스 소비가 늘어나는 가운데 '최순실 태블릿PC 조작'부터 '5·18 북한군 개입설', '문재인 건강 이상설', '노회찬 타살설' 같은 가짜뉴스가 유튜브 인기 영상에 오르며 비상식적인 사회 갈등을 조장하고 있다. 한국의 극우보수 성향 유튜브 상위 17개 채널의 총구독자만 2018년 10월 현재 200만 명을 넘겼다. 가짜뉴스는 정치적 선동과 더불어 상업적 목적이 결합되어 진화하고 있다.

전 세계적으로 '미디어 리터러시', 즉 미디어에 대한 비판적 독해 능력은 주요 사회 의제로 떠오르고 있다. 미국 워싱턴주는 미디어 리터러시 교육 강화 법안을 통과시켰으며, 캘리포니아주는 미디어 리터러시 교육을 정규 교과에 편성하는 안을 검토 중이다. 영국 BBC는 수년 전부터 자체적으로 미디어 리터러시 정책을 수립해 운영하고 있다. 우리는 무엇을 할 것인가? 최근 KBS에서 시작한 〈저널리즘 토크쇼J〉는 미디어 리터러시를 위한 좋은 사례가 되고 있다. 이와 유사한 더 많은 프로그램과 지면이 필요하다. 미디어 리터러시의 시작은 실패한 저널리즘을 기억하는 것이다.

에필로그

대법원에서 뒤집힌 판결

2018년 유례없는 폭염 속에 양승태 대법원 시절 법원행정처의 '재판거래' 의혹 문건이 사법권 남용이란 비판과 함께 세상에 드러났다. 상고법원 도입을 위해 1·2심 판결을 뒤집은 정황이 나오며 한국 사회가 충격을 받았다. 대법원은 정말 꼼꼼했다. 문건 중에는 2014년 9월 29일자 '『미디어오늘』 기사 관련 언론 동향 보고'도 있었다. 『미디어오늘』 대표이사, 편집국장, 편집국 인원 등이 문건에 상세히 적혀 있었다. 대법원은 『미디어오늘』을 가리켜 "좌파 미디어 비평 전문 매체"로 소개한 뒤 "주로 보수 언론의 문제점을 비평하고 기성 언론이 다루지 않는 사회문제를 조명하며 한국 사회 언론 권력의 문제점을 지적해왔다"고 소개했다. 소개가 썩 나쁘지 않다.

각설하고, 상고법원 입법 추진을 위한 대응 문건이 집중 등장했던 2015년 당시 대법원과 MBC 간에 일명 '권재홍 할리우드' 보도 관련 재판 거래를 의심할 만한 정황이 나왔다. MBC 김재철 사장 퇴진을 요구하는 전국언론노조 MBC본부의 파업이 100일 넘게 지속되던 2012년 5월 17일 MBC 〈뉴스데스크〉에서 정연국 앵커는 "어젯밤 권재홍 앵커가 퇴근하는 도중 노조원들의 퇴근 저지를 받는 과정에서 신체 일부에 충격을 입어 당분간 방송 진행을 할 수 없게 되었다"고 말했다.

배현진 아나운서는 "권재홍 보도본부장은 어젯밤 10시 20분쯤 본사 현관을 통해 퇴근하려는 순간 파업 중인 노조원 수십 명으로부터 저지를 받았다. 권재홍 보도본부장은 차량 탑승 도중 노조원들의 저지 과정에서 허리 등 신체 일부에 충격을 받았고, 그 뒤 20여 분간 노조원들에게 둘러싸인 채 옴짝달싹하지 못하는 상황을 겪어야 했다"고 말했다.

당시 경영진은 보도본부장 퇴근 저지 시위를 주도했다는 이유로 박성호 기자회장을 해고했으며 최형문 기자회 대변인에겐 정직 6개월, 왕종명 기자에겐 정직 1개월 징계를 통보했다. 당장 권재홍 본부장의 '할리우드 액션'이 논란의 중심이 되었다. 전국언론노조 MBC본부는 당시 여의도 1층 로비에서 촬영한 영상을 공개하며 권재홍 보도본부장과 조합원들 간 신체 접촉이 없었다고 반박했으며 MBC 기자회는 "17일 뉴스는 노조를 탄압할 명분을 찾기 위한 명백한 대국민 사기극"이라며 정정보도와 손해배상을 요구하는 민사소송을 제기했다. 기자들이 자사 보도가 오보라고 주장한 초유의 사건이었다. 때문에 이 사건에 대한 재판부 판결은 중요했다. 2013년 5월 9일 1심 판결과 2014년 4월 11일 2심

판결은 동일했다. 재판부는 MBC의 허위 보도를 인정하고 정정 보도와 2,000만 원 손해배상 판결을 내렸다.

그러나 2015년 7월 23일 대법원은 1·2심 판결을 기각하며 사건을 파기환송했다. 결국 이 사건은 2016년 2월 18일 노동조합의 반론 보도 청구만을 인용하는 판결로 종결되었다. 정정 보도와 반론 보도는 하늘과 땅 차이였다. MBC 경영진은 환영했다. 경영진은 2월 19일 보도자료를 내고 "노조가 신청한 '정정 보도'가 아닌 일부 내용에 대한 '반론 보도'만 인정돼 전체적으로 회사 입장을 수용했음을 의미한다"며 "당시 〈뉴스데스크〉 보도는 진실한 것이었음을 확인하는 것"이라고 주장했다.

대법원은 판결문에서 "MBC 조합원들과 권재홍 사이에 직접적인 신체적 접촉이 없었음에도 그들 사이에 직간접적인 물리적 접촉이 있었던 것처럼 받아들여지는 부분 등 일부 객관적 사실과 합치되지 않는 부분은 있으나, 사건 보도의 전체적인 취지가 조합원들이 권재홍에게 고의적 공격 행위를 했다는 것이라고 볼 수 없는 이상, 이는 권재홍이 당분간 방송 진행이 어렵게 되었다는 결과를 야기한 본질적 원인에 대해 그릇된 인상을 심어준다고 보기 어려워 사건의 세부적 경위에 관한 과장된 표현으로 볼 여지가 충분하다. 결국 이 사건 보도는 전체적인 맥락에서 그 내용의 중요 부분이 객관적 사실에 합치되므로 보도 내용이 허위라고 볼 수는 없다"고 밝혔다.

2015년 대법원 판결 당시 MBC 보도본부장은 김장겸 전 MBC 사장이었다. 그리고 그는 2015년 4월 27일부터 2년간 제5기 대법원 양형위원회 민간위원으로 활동했다. 양형위원회 자문위원은 양형 기준이나 양형 정책에 관한 의견을 위원회에 제출할 수 있으며 상대적으로 일반인보다 대법원 인사들을 만나기 쉬운 위치다.

그런데 참 이상한 대목이 등장했다. 대법원의 파기환송 판결 바로 전날인 7월 22일자 MBC 〈뉴스데스크〉 '뉴스플러스' 코너에서 '대법원, 업무 과부하…상고법원이 대안이다?'란 제목의 리포트가 등장했다. MBC는 "대법관 한 명이 1년에 처리해야 하는 상고심 사건이 3,000건이 넘어 그야말로 과부하 상태"라고 전하며, "대법원 접수 후 최종 판결까지 걸리는 기간이 해마다 늘어 비효율을 고치겠다며 대법원이 내놓은 대안이 상고법원 제도"라고 소개했다. 반대 의견도 일부 담겼지만 취지는 상고법원이 필요하다는 결론이었다.

MBC는 "실질적인 4심제가 될 수 있다"는 정의당 서기호 의원의 주장을 소개한 뒤 "대법원은 4심제 시비를 피하기 위해 상고법원을 대법원 건물 안에 두고, 2심도 1심에 대한 재심사 위주로 충실화하겠다고 밝히고 있다"고 설명했다. MBC는 대법원의 파기환송 판결 다음 날인 7월 24일 당시 〈이브닝뉴스〉에서 대법원 양형위원회 위원장이던 이진강 변호사를 스튜디오로 초대했다. 이진강 위원장은 『조선일보』 등에 상고법원의 필요성을 주장하는 칼럼을 쓴 인물로, 당시 양형위원회 민간위원이던 김장겸 보도본부장과 공적 관계가 있었다.

이날 7분 여간 출연한 이진강 위원장은 "국민들 입장에서는 제일 중요한 게 충실한 재판을 좀 해주고 신속하고 비용 덜 들이는 재판을 해줬으면, 바라는 그런 측면"이라고 말한 뒤 "상고법원 제도야말로 국민들을 아주 위한 제도"라고 강조했다. 이날 방송에서 앵커는 양형위원회가 하는 일을 물은 뒤 화제를 바꿔 "요즘에 보면 국회와 법조계를 중심으로 상고법원을 설립해야 된다, 이런 논의가 지금 굉장히 활발하게 진행되고 있다"며 상고법원 홍보에 나섰다.

공교롭게도 MBC 경영진에 부담으로 작용했던 '권재홍 할리우드' 패소 판결이 대법원에서 기각된 전날과 다음 날 상고법원 홍보성 리포트가 등장한 것이다. 이건 우연일 거다. 무조건 우연이다.

그런데 앞서 법원행정처가 작성한 2015년 문건을 보면, 7월 22일과 7월 24일 보도 예정이란 대목이 등장했다. 대법원 기획조정실에서 작성한 '상고법원 관련 신문 방송 홍보 전략'과 사법정책실에서 작성한 '6월 홍보 전략'이라는 제목의 문건을 보면, MBC 〈뉴스데스크〉의 집중 취재 코너인 '뉴스플러스'를 활용해 상고법원을 홍보하겠다는 내용이 담겨 있었다. 7월에 작성된 '상고법원 입법 추진을 위한 홍보 방안' 문건에는 MBC와의 접촉이 완료되었다고 적혀 있었다. 당시 보도가 대법원과 사전 교감이 있었다고 볼 수 있는 대목이다.

MBC는 2015년 11월 24일 〈뉴스데스크〉에서도 "오늘 국회에서 1년 만에 상고법원 설치안 등에 대한 논의가 본격화됐다"며 상고법원 도입의 필요성을 강조하는 리포트를 냈다. MBC는 "무전취식에 벌금형까지 대법원에서 시시비비를 가리겠다는 통에 사건 적체가 심각한 수준"이라며 "국민적 공감대에 따라 여야 의원 168명의 발의로 국회에 제출된 상고법원 관련 법안, 하지만 내년 19대 국회 임기까지 통과되지 못하면, 자동 폐기되게 된다"고 보도했다.

나는 김장겸 전 MBC 사장의 입장이 궁금했다. 그는 내 전화를 받지 않았다. 대략적인 질문을 문자로 보냈더니 답이 왔다. "짜깁기식 소설 쓰지 말라. 작문이 대단하고 터무니없다. 왜곡 보도 일삼지 말고 더이상 연락 말라." 그는 관련 의혹을 강하게 부인했다. 답을 해줘서 고마웠지만 나는 소설을 쓴 적이 없다.

이강혁 민주사회를위한변호사모임 언론위원장(변호사)은 "이 사건 보도는 '조합원들이 권 앵커의 신체에 직접적인 폭력을 행사하였다'는 인상을 시청자들에게 주는 허위의 보도라는 판단이 보다 설득력 있게 보인다"며 "허위 보도를 인정한 1·2심 판단을 정면으로 뒤집은 대법원 판결은 매우 이례적인 것으로 볼 수 있다"고 지적했다. 이강혁 위원장은 또한 "대법원이 MBC 사측에게 유리한 판결을 선고하는 것에 시기적으로 맞물려, MBC도 양승태 대법원이 열망하던 상고법원 도입에 관한 우호적 보도를 집중시켰다면 대법원과 MBC 사이에 모종의 거래 관계가 존재했던 것 아니냐는 합리적인 의심이 충분히 가능하다"고 지적했다.

전국언론노조 MBC본부는 기사가 나간 다음 날 성명을 내고 "이 정황들은 모두 한곳을 가리키고 있다. 당시 김장겸을 비롯한 MBC 경영진과 양승태 대법원이 재판과 홍보 보도를 맞바꾸는 '검은 거래'를 했을 가능성"이라면서 "의혹이 사실이라면 법을 수호해야 할 사법부가 오히려 적극적으로 방송 프로그램을 판결과 맞바꾸는 검은 거래를 한 것이다. 이는 명백한 방송법 위반이고, 헌법 위반"이라고 주장했다. 이들은 검찰 수사도 요구했다. 때론 오보가 사법부의 이해관계에 따라 오보로 인정되지 않을 가능성도 있다는 점에서 이 사건은 꼭 기억해야 한다.

변희재와 가짜뉴스

2016년 12월부터 2년간 JTBC 태블릿PC 보도가 조작되었다고 주장해온 『미디어워치』에 대해 2018년 12월 10일 법원이 허위 사실 유포에 의한 명예훼손을 인정했다. 『미디어워치』 변희재 대표고문은 징역 2년, 『미디어워치』 황 아무개 대표는 징역 1년, 『미디어워치』 이 아무개 기자는 징역 6월 집행유예 2년, 오 아무개 기자는 벌금 500만 원을 선고받았다. 변씨는 선고 공판 내내 굳은 표정으로 서 있었다.

1심 재판부는 이날 『미디어워치』를 가리켜 "JTBC의 구체적 해명 보도와 검찰·국회·법원 등 국가기관에 의해 밝혀진 사실도 외면하면서 오로지 JTBC와 손석희가 허위 조작 보도했다는 기사만 반복했다"고 지적한 뒤 "언론사로서 감시와 비판 기능을 하는 행위라고 보기는 어려운 악의적 공격이었다"고 결론 냈다.

『미디어워치』는 지금껏 태블릿PC 입수 경위, 태블릿PC 내용물, 태블릿PC 실사용자를 중심으로 조작 프레임을 펼쳐왔다. JTBC가 2016년 10월 10일 이전 김한수 전 청와대 행정관 등과 사전 공모해 태블릿PC와 비밀번호를 건네받았다, JTBC가 태블릿PC 입수 후 수천 개의 파일을 생성·수정·삭제하는 등 태블릿을 조작했다, JTBC는 최순실이 태블릿PC로 청와대 문서를 수정한 것처럼 조작했다는 주장이 세 갈래 주요한 '조작 프레임'이었다.

재판부는 이 같은 주장이 담긴 기사를 모두 허위 사실 유포로 판단했다. 재판부는 JTBC가 김한수에게서 태블릿PC를 제공받았다고 주장하면서도 『미디어워치』가 구체적 소명자료를 제출한 바 없는 점, 국과수에서 태블릿PC 내용이 조작되거나 변조되었다고 보기 어렵다고 결론낸 점, 박근혜가 보도 이후 연설문 작성에 최순실의 도움을 받았다고 대국민 사과에 나섰던 점 등을 언급하며 『미디어워치』의 주장 대부분이 막연한 추측이거나 주관에 기인했다고 판단했다.

재판부는 "피고인들은 추가 보도가 사소한 부분에서 최초 보도 내용과 일치하지 않는다는 등의 이유로 허위 날조 조작 거짓 왜곡 등의 표현을 직접적으로 사용하며 JTBC가 조작·왜곡 보도하고 있다는 기사를 반복적으로 게시했다"고 지적한 뒤 "검찰 수사와 국정조사 결과 등에 대해서도 자신들에게 불리한 내용에 대해서는 전문가 의견 조회 등 최소한의 검증을 안 거친 채 믿을 수 없다는 주장만 되풀이했다"고 판시했다.

재판부는 『미디어워치』가 태블릿PC 조작 주장의 허위 여부를 인식하고 있었다고 판단했다. "피고인은 언론 지위를 이용해 범행을 저질렀다. 자신들에게 부여된 공적 책임을 외면하고 최소한의 사실 확인도 수행하지 않은 채 반복적으로 허위 사실을 보도하고 이를 출판물로 배포하기까지 했다. 재판 중에도 출판물과 동일한 주장을 담은 서적을 다시 배포하고 있다. 이런 행위로 인해서 사회 불신과 혼란은 확대됐고 그로 인한 피해는 온전히 사회 전체의 몫으로 돌아가고 있다."

단순한 오보가 아니었다. 악의적인 허위 사실 유포였다. 더욱이 반성의 여지가 없었다. 징역형은 사필귀정이었다. 재판부는 "피해자(JTBC)들은 아무 근거 없는 피고인의 의혹 제기에도 해명 방송 하는 등 성실히 대응하였으나 그 같은 피해자들의 노력은 오히려 피고인들의 추가 범행의 대상이 됐다"고 지적한 뒤 "피고인들은 합법적인 집회를 빙자해 피해자들에 대한 물리적인 공격을 감행하거나 이를 선동하기도 한 사정도 엿보인다"고 판시했다. 실제로 『미디어워치』 '애독자'들은 손석희 JTBC 사장 집 앞에 찾아가 "죽이러 왔다"고 소리쳤다. 『미디어워치』는 언론을 빙자한 '저널리즘 테러 집단'이었다.

JTBC는 선고 공판이 있던 날 〈뉴스룸〉 '팩트 체크' 코너를 통해 『미디어워치』가 지난 2년 동안 내놓은 인터넷 기사들 중 태블릿PC 조작설에 대한 것이 563건이었다고 전하며 "태블릿PC 조작설은 허위 조작 정보의 폐해를 적나라하게 보여주는 가짜뉴스의 전형"이라고 밝혔으며 "『미디어워치』에서 본격적으로 시작된 가짜뉴스가 이제 유튜브로 옮겨 붙으면서 더 확대됐다"고 우려했다.

'언론인' 변희재의 이력은 화려하다. 방송인 낸시랭을 친노종북이라고 했다가 2심에서 400만 원 벌금형을 선고받았고, 이재명 전 성남시장을 종북·매국노라 했다가 2심에서 400만 원 배상 판결을 받았고, 김광진 전 더불어민주당 의원의 명예를 훼손해 1심에서 징역 6개월 집행유예 1년을 선고받았다. 포털사이트 다음까지 친노종북이라 부르다가 1심에서 게시물 200여 개 삭제와 2,000만 원 손해배상 판결을 받았다.

변희재는 상습적인 '명예훼손 유발자'였다. 돌이켜보면 변씨의 공격 대상은 이명박·박근혜 정부 블랙리스트 인사와 자주 겹쳤다. 그는 이정희 전 통합진보당 의원을 종북 주사파라고 했다가 2심에서 1,500만 원 벌금형을 선고받았고 방송인 김미화에게 친노종북이라고 했다가 1심에서 800만 원 벌금형을 선고받았고, 배우 문성근이 2013년 박근혜 정부를 비판하며 분신한 이 아무개 사건을 사전 기획했다고 주장했다가 1심에서 300만 원 벌금형을 선고받았고, 당시 분신 사건이 친노종북의 조직적 행동이라고 했다가 1심에서 유족들에게 위자료 600만 원 지급 판결을 받았다.

'친노종북.' 많은 사람이 변희재의 프레임에 휩쓸렸다. 2009년 노무현 전 대통령 서거를 기점으로 이명박 정부의 국정원이 설계하고 변희재가 유포했던 친노종북 프레임은 한때 이명박·박근혜 정부를 관통하는 강력한 무기였다. 친노종북은 일종의 '변형된 인종주의'로, 한국 사회 공론장을 퇴행시켰으며 지난 9년간 블랙리스트 판단 기준으로 기능했다. 그 무기의 설계자는 여론을 장악하려는 국가권력이었고, 변희재는 그 '스피커' 중 한 명이었다.

국정원 개혁발전위원회에 따르면 이명박 정부의 국정원은 2009년 초 『미디어워치』 창간부터 재원 마련을 위해 조언을 해주거나, 측면 지원이 필요하다는 내용을 청와대에 보고했다. 국정원은 삼성 등 26개 민간기업과 한전 등 10개 공공기관에 광고 지원 요청을 지시했고 『미디어워치』는 2009년 4월부터 2013년 2월까지 2년 10개월간 이들에게서 4억 여 원의 광고비를 받았다. 국정원이 국정원법을 어기고 국내 정치 개입을 위해 조직적 여론 조작 공작에 나서며 특정 매체를 '육성'한 셈이다.

주로 온라인에 머물던 변씨의 동선은 박근혜 탄핵 국면에서 오프라인으로 이동했고, 그는 탄핵반대 집회를 주도하며 지지세력 결집을 위한 '주술'로 탄핵의 스모킹건이었던 최순실의 태블릿PC가 조작되었고, JTBC가 조작에 가담했다고 주장했다. 변씨는 태블릿PC조작진상규명

위원회 집행위원이 되어 "태블릿PC 조작을 보도하지 않는 무식한 기자들 때문에 손석희가 버티고 있다"고 주장했다. 집회→형사고발→인신공격→농성으로 이어지는 흐름은 조직적이고 일사불란했다. 손석희 사장은 길거리에서 자신의 화형식을 지켜봐야 했다.

변씨의 프레임은 "언론의 조작·왜곡 보도로 대통령이 탄핵됐다"는 신화 같은 서사를 형성했으며, 이는 극우보수 유튜브 채널의 활성화와 '가짜뉴스'란 이름의 허위 정보 확산으로 이어졌다. 변씨는 많은 이에게 조롱의 대상이었으나, 공론장에 일정한 '타격'을 준 사실은 부정할 수 없다. 2017년 대한애국당 정책위원장을 맡으며 『손석희의 저주』란 책을 내고 유명세를 탈 때만 하더라도, 변씨는 실제로 자신이 성공할 거라 확신했을지도 모른다. 감옥에 갇힌 지금도 자신의 성공을 확신하고 있을지 모른다.

언론의 탈을 썼던 선동가의 최후를 끝까지 지켜봐야 한다. 변희재 같은 '유사 언론인'의 성장은 곧 저널리즘의 패배다.

뉴스와 거짓말

초판 1쇄 2019년 1월 30일 펴냄
초판 4쇄 2022년 5월 23일 펴냄

지은이 | 정철운
펴낸이 | 강준우
기획 · 편집 | 박상문, 김슬기
디자인 | 최진영
마케팅 | 이태준
관리 | 최수향
인쇄 · 제본 | ㈜삼신문화

펴낸곳 | 인물과사상사
출판등록 | 제17-204호 1998년 3월 11일

주소 | (04037) 서울시 마포구 양화로7길 6-16 서교제일빌딩 3층
전화 | 02-325-6364
팩스 | 02-474-1413

www.inmul.co.kr | insa@inmul.co.kr

ISBN 978-89-5906-513-4 03300

값 15,000원

이 도서의 국립중앙도서관 출판예정도서목록(CIP)은 서지정보유통지원시스템 홈페이지 (http://seoji.nl.go.kr)와 국가자료공동목록시스템(http://www.nl.go.kr/kolisnet)에서 이용하실 수 있습니다. (CIP제어번호: 2019001849)